Venise

portrait historique d'une cité

Philippe Braunstein

Robert Delort

Venise

portrait historique d'une cité

Éditions du Seuil

Détail de la vue perspective de Venise (Jacopo de' Barbari, 1500).

Pages suivantes : « Barene » dans la lagune.

Texte intégral

En couverture : photo J.-P. Leloir

ISBN 2.02.000649-9

Le « miracle vénitien »

Venise est née de rien, d'un peu de boue et de l'écume de la mer, comme Vénus, sa presque homonyme. C'est une des plus belles leçons pour l'histoire de l'humanité que la naissance, le développement, la maturation d'une ville dans le site le plus hostile qui soit à l'urbanisation. Ville décharnée, sans assise rurale, loin des champs et des vendanges, qui a dominé, exploité et en partie peuplé le seul Empire colonial que le Moyen Age ait connu; qui, étendant son empire sur les mers, puis partant à la conquête de son arrière-pays, est devenue une des plus grandes puissances européennes; une ville qui a reculé les frontières du monde connu, dévoilant aux Occidentaux l'Extrême-Orient à travers le témoignage de Marco Polo, le Sahara et l'Afrique Noire grâce aux rapports de Ca'da Mosto, les Amériques à la suite de Sébastien et Jean Cabot.

Dans le même temps, Venise créait au centre de sa lagune « le plus prodigieux événement urbanistique existant sur terre », selon les termes de Le Corbusier; ville-musée, protégée par sa structure même de l'envahissement automobile, et qui se perpétue telle que l'ont décrite et célébrée la plus féconde des écoles de peinture italienne, des Bellini à Tiepolo, et le cortège des gloires d'Occident, de Pétrarque à Mon-

Venise Anadyomène « née des vagues et sortie de l'écume ».

taigne, de Dürer à Shakespeare, de Rousseau à Byron, et Wagner, Musset, Ruskin et Thomas Mann... A la différence d'autres capitales, Venise a su orchestrer thèmes et sortilèges d'un charme qui ne finit pas, et qui prolonge et fond dans le mythe tous les aspects de l'âge d'or. Cette ville de pierre et d'eau, portée par son histoire comme la fille divine de Jupiter et des flots, est le miroir intact où la vieille Europe industrielle contemple, non sans nostalgie, son passé, donc sa jeunesse.

De la boue et de l'eau

Dès l'abord, on butte sur le mystère de sa naissance, car ce n'est pas une situation géographique favorable qui a pu créer Venise. On peut assurément, avec le recul des siècles, vanter sa position, au débouché de la plaine lombarde sur la mer Adriatique, fenêtre d'une région très anciennement active et peuplée, ouverte sur la Méditerranée et le monde, autant que sur l'Istrie voisine et sur la côte dalmate semée d'îles. A ces avantages s'ajoute encore la proximité des cols alpins et des relations aisées avec les pays germaniques.

Mais il est bien évident que ces avantages ne se sont révélés que peu à peu : la proximité des pays germaniques fut au contraire, au bas Empire et durant le haut Moyen Age, un inconvénient, puisque c'est de là que provenaient les envahisseurs barbares; d'Istrie et de Dalmatie, occupées aux siècles suivants par des peuples slaves, dont plusieurs faisaient de la piraterie leur principale industrie, venaient également des menaces précises; quant à la proximité, à l'omniprésence de la mer, il suffit de rappeler le danger que courent les cités maritimes, à la merci d'envahisseurs venus du large : la Venise carolingienne est reprise par les Byzantins au IXe siècle, menacée par les flottes arabes victorieuses au Xe siècle; au XIVe siècle encore, des ennemis mortels de Venise, les Gênois, viennent s'installer en assiégeants dans la lagune, lors de la guerre de Chioggia.

Une étude plus précise du site n'est guère plus explicative. Certes, ce site présentait, à l'origine, les avantages d'un refuge : des îlots de boue, dans une lagune proche des vaisseaux byzantins, étaient aptes à abriter temporairement une population romanisée fuyant une terre envahie par des barbares à cheval, les Lombards. Mais l'histoire a montré qu'il fallut plus de deux siècles pour que Venise se fixât autour du Rialto, et qu'Héraclée ou Torcello étaient plus aisés à défendre. Perpétuellement au péril de l'eau, le site propre de Venise a dû sans relâche être aménagé et sauvegardé par un effort humain exceptionnel, qui l'a en définitive entièrement recréé.

Entre les fleuves Reno et Pô, au sud, Tagliamento et Isonzo au nord-est, s'étendaient d'immenses lagunes d'eau salée ou saumâtre, presque entièrement séparées de la mer par des cordons littoraux *(lidos)*; quelques graus *(porti)* perçaient ces lidos, en particulier aux environs des villes actuelles de Comacchio, Venise et Grado, et permettaient à la marée d'entrer dans ces lagunes; mais la situation évoluait sans cesse en raison non seulement des mouvements de la mer, mais encore et surtout de l'alluvionnement gigantesque, causé par les nombreux fleuves alpestres et les courants littoraux du fond du golfe Adriatique.

On sait depuis assez longtemps que le niveau des mers varie. A l'heure actuelle, les marégraphes signalent une hausse continue de ce niveau d'environ 1,3 mm par an. Ce mouvement, très général, date en gros du milieu du XIXe siècle et fut, semble-t-il, précédé par une variation annuelle en sens inverse. Comme on a mis en évidence lors des glaciations quaternaires et des phases interglaciaires des mouvements d'une ampleur beaucoup plus considérable, de 200 m et plus par rapport au niveau actuel, il paraît admis que la raison principale de ces variations est d'ordre climatique : un léger refroidissement fait avancer les glaciers, en particulier les énormes calottes du Groenland et de l'Antarctique, qui capitalisent ainsi des km^3 supplémentaires d'eau, au détriment des océans; inversement, un léger réchauffement fait reculer les glaciers dont l'eau de fusion vient augmenter la masse océanique. De très récentes études ont mis en évidence de tels mouvements au cours du Moyen Age : comme toutes les mers, l'Adriatique a vu son niveau monter légèrement jusque vers 750, descendre au moins jusqu'au XIe siècle, remonter du XIe au XIIIe siècle, remonter encore au XVe et

XVIe, puis baisser à partir de la fin du XVIIe jusqu'au milieu du XIXe.

Il ne faudrait pas cependant attribuer à ce mouvement très général une influence prépondérante sur les débuts de Venise, même si ces débuts se placent dans la phase de régression marine du VIIIe au Xe siècle; il faut en effet compter avec un phénomène local d'une ampleur considérable : l'affaissement du sol, sous le poids des alluvions fluviales concentrées dans la région des lagunes. Cet affaissement, de l'ordre de 2 mm par an, peut amplement compenser la régression marine, et, dans les périodes d'avancée de la mer, il est clair que les deux effets s'ajoutent. A l'heure actuelle, le sol s'enfonçant de 2 à 2,5 mm par an et le niveau de la mer s'élevant de 1,3 à 1,5 mm par an, la montée locale des eaux marines à Venise est de 3,3 à 4 mm par an : on conçoit l'ampleur du danger, qui se mesure au lent envahissement des palais vénitiens par les eaux de la lagune.

Coupe géologique du bassin subsident du Pô.

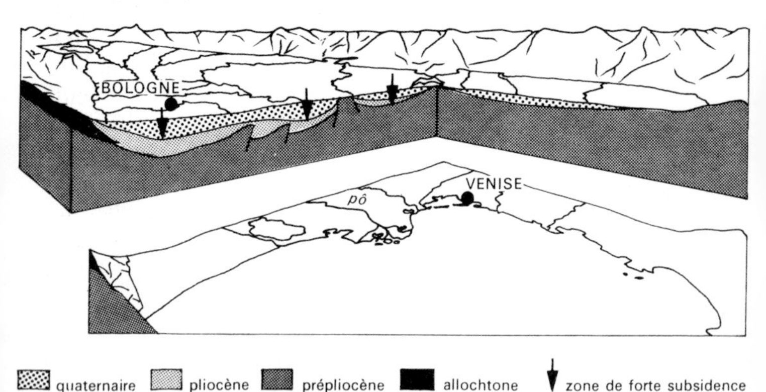

Le phénomène est d'autant plus perceptible que des conditions particulières accroissent encore les mouvements journaliers de la mer, peu apparents dans le reste du bassin méditerranéen : la marée, sous l'action, conjuguée ou non, de la lune et du soleil, peut atteindre ici une ampleur de 1m, facile à repérer, dans la ville, sur les murs ou les poteaux d'ancrage, et, dans la lagune, à la limite de la végétation halophile, qui sépare les eaux vives des eaux mortes. Cette marée accentue les effets de la hausse du niveau marin moyen; mais elle est aussi l'élément fondamental qui rythme la vie vénitienne : c'est elle qui apporte l'eau nouvelle, qui nettoie, emporte la vase, chasse l'anophèle et la malaria, rend l'air salubre. Aussi pourrait-on penser que ses avantages compensent largement ses inconvénients, s'il n'y avait assez fréquemment des marées plus importantes, dangereuses pour la survie de Venise. Outre les phénomènes astronomiques (conjonction de la lune et du soleil) et des phénomènes de résonance des marées ioniennes au fond du golfe, des pluies considérables peuvent augmenter brusquement le volume d'eau déversé par les fleuves, et des basses pressions atmosphériques sur le nord de l'Adriatique peuvent provoquer le sirocco, vent du sud-sud-est, ou la bora, vent du nord-nord-est, qui poussent la mer dans la lagune, vers Venise.

Il en résulte la fameuse *acqua alta*, qui envahit plusieurs heures de suite la place Saint-Marc sous 50 cm d'eau; cette « curiosité » vénitienne ne doit pas faire oublier que le rez-de-chaussée des immeubles est dans plusieurs quartiers constamment humide, et que les îlots les plus bas de la lagune peuvent être temporairement recouverts par une eau salée qui les stérilise. Phénomène inverse, la *secca*, à marée basse : la baisse du niveau pouvant atteindre 1,20 à 1,30 m, les communications sont interrompues, tous les canaux étant à sec, à l'exception du Grand Canal, et la vase découverte exhale des effluves pestilentiels.

La marée, entrant dans la lagune par les « ports », les brèches du cordon littoral, remonte par des chenaux plus profonds qu'empruntent des bateaux portés par son flot; ces chenaux serpentent en volutes, parfois en méandres, au point de sembler prolonger d'anciens lits de fleuves, comme le

Grand Canal, peut-être façonné par la Brenta avant sa submersion. De ces chenaux, l'eau salée vivifiante se répand tous les jours dans une partie de la lagune, dite « lagune vive » ; aux trois « ports » (Saint-Nicolas du Lido, Malamocco, Pellestrina) correspondent trois bassins vifs régulièrement nettoyés. Contiguës à ces bassins, quelques zones déprimées, où la marée n'arrive pas par les chenaux, mais dont les eaux sont cependant superficiellement renouvelées par des échanges journaliers avec la lagune vive. Au-delà, la lagune morte n'est qu'exceptionnellement atteinte par la marée lors des syzygies, voire de l'*acqua alta*; ses fonds sont vaseux, une dense végétation de plantes halophiles ou d'espèces typiques des marais abrite une foule d'échassiers ou de palmipèdes; c'est le paysage des *barene*. Des parties importantes de la lagune ont été presque complètement enserrées de digues ou de treillis pour enfermer les mulets, les anguilles, les dorades, qui y remontent au printemps et tentent d'en sortir à l'automne; ainsi sont constituées les *valli da pesca*, que la marée n'atteint que de temps à autre.

Parallèlement aux phénomènes de submersion, se déroulent d'importants phénomènes d'émersion et d'envasement ou comblement. Les premiers responsables en sont les fleuves qui se déversent et se décantent dans la lagune; presque tous, de l'Adige à l'Isonzo, sont de type torrentiel, avec passage rapide, voire fulgurant, de l'étiage à la crue; dévalant de fortes et courtes pentes, ils apportent un volume d'alluvions considérable. Le Pô, recevant des affluents des Alpes et des Apennins, construit à une vitesse étonnante un énorme delta, sur lequel il divague. En 589, une crue extraordinaire a bouleversé le réseau hydrographique : le Mincio est devenu affluent du Pô, l'Adige a été rejeté vers le sud, et la Brenta a délaissé la ville de Padoue...

Les alluvions contribuent par leur poids à l'affaissement du sol; elles colmatent d'autre part les parties mortes de la lagune, renforcent les îles et les *lidi*; atteignant la mer, elles alimentent enfin les courants littoraux.

Ces courants, particulièrement actifs au fond de l'Adriatique, constituent, selon un processus classique, des accumulations sablonneuses, qui, peu à peu, émergent à marée basse;

dès lors, le vent commence à les modeler, fait monter les dunes, émergées en permanence, où s'accroche une végétation primitive, puis des pins. Bref, un cordon littoral *(lido)* discontinu isole peu à peu la lagune de la mer, et, selon les mouvements du sol ou du niveau des mers, plusieurs cordons parallèles peuvent se constituer : une suite d'îles, de Torcello et Mazzorbo jusqu'à Chioggia, à l'intérieur de la lagune, rappelle le tracé d'un ancien lido. Par ailleurs, çà et là, quelques pointements calcaires renforcés par des carapaces de crustacés morts, finissent par constituer un autre type d'îles, que consolident des accumulations de boue, plus ou moins abritées des chenaux de marée; des roseaux s'y implantent avant même l'émersion et accélèrent le processus. Les noms mêmes des grandes îles constituant l'actuelle Venise évoquent la complexe morphologie du paysage lagunaire : un affleurement rond et dur comme un dos *(dorsoduro)*, une longue échine *(spinalunga)*, un foisonnement de roseaux dressés au-dessus de la surface des eaux *(cannareggio)*; radeaux de boue flottant entre l'eau salée de la lagune et la nappe phréatique d'eau douce venue des Dolomites, dont l'homme peut s'emparer pour y vivre, pourvu que l'eau et l'air soient renouvelés et purifiés par la marée.

On conçoit les problèmes que pose une nature singulièrement active aux éventuels habitants de la lagune. Les lidos, sans cesse renforcés par les alluvions fluviales et par les courants littoraux, tendent à constituer une ligne continue, qui isolerait inéluctablement de la mer une lagune vite dévorée par ses îles, si les vagues, la houle, la montée relative ou absolue du niveau marin ne contribuaient à ronger en permanence ces cordons littoraux. Les « ports » où s'engouffre la marée purificatrice tendent en conséquence à se déplacer, provoquant de continuelles variations de la lagune vive et une instabilité catastrophique pour des habitats humains...

Sauf si l'homme parvient à maîtriser ces phénomènes : à la base du miracle vénitien, il y a donc cette lutte de treize siècles contre les forces aveugles de la nature.

Jusqu'au XXe siècle, la principale action a été menée pour la sauvegarde de la respiration lagunaire; elle s'est poursuivie sur quatre fronts : maintien des chenaux, sacrifice raisonné des parties les moins indispensables de la lagune, détournement des fleuves, renforcement des lidos.

La solution la plus simple paraissait être le maintien des chenaux par dragage; en les approfondissant, en les empêchant de divaguer, on pouvait espérer que l'eau salée continuerait à remonter les fleuves, à diluer la boue et à l'entraîner à la mer lors du reflux. Mais ce travail incessant ne pouvait être qu'un palliatif, et pouvait même se révéler dangereux, le dragage trop profond d'un chenal entre deux îles risquant de faire couler la boue des berges et les bâtiments qu'elle supporte.

Une autre solution consistait à sacrifier les zones envasées, en les bonifiant : les canaux creusés pour l'écoulement des eaux et le dessalage du sol permettaient à la fois d'éviter la malaria et de laisser la marée s'épandre aux endroits jugés indispensables. La lagune qui s'était rétrécie de manière anarchique et malsaine jusqu'au Xᵉ siècle, continua par la suite à se rétrécir, mais sous la surveillance des hommes, et, à partir du XVIᵉ siècle, à leur profit.

Ce système suggérait avec force une troisième solution, plus radicale : le détournement des fleuves hors de la lagune, par un réseau de canaux qui contribuerait à bonifier une grande partie des marécages, tout en facilitant les communications par la voie d'eau. Cette lutte directe contre huit fleuves, dont deux très importants (Brenta et Piave) a suscité les travaux les plus gigantesques qu'ait connus l'Occident au Moyen Age et aux Temps Modernes. La Brenta, fleuve capricieux et chargé d'alluvions, était dès le XIIIᵉ siècle contenue, après Padoue, entre des digues que Dante comparait aux digues flamandes élevées contre la mer; mais ces digues, comme celles du Pô, si elles canalisaient les crues, n'arrêtaient pas les alluvions. Venise étant exactement située dans l'axe du débouché de la Brenta, la situation paraissait dramatique au début du XIVᵉ siècle : une délibération du Sénat constate en 1324 que les roseaux gagnent sans cesse et atteignent déjà l'île de San Giorgio « in Alga ». Pour éviter le sort qui avait scellé le destin de Iesolo, Cittanova et Torcello, il fallait séparer l'eau douce de l'eau salée, donc barrer la Brenta avant son embouchure dans la lagune et la diriger vers le port de Malamocco. L'objectif fut atteint en 1327, mais il fallut d'incessants travaux jusqu'en 1458, date à laquelle fut prise une décision plus radicale encore, facilitée par la domination de Venise sur la terre ferme : détourner la Brenta sur la lagune de Brondolo, non loin de Chioggia. Les travaux durèrent jusqu'au XVIIe siècle *(taglio novissimo)*; les lagunes méridionales furent sacrifiées, mais celle de Venise fut sauvée.

Les petits fleuves du Nord furent également repoussés et aménagés entre 1356 et 1507; la menace des plus importants, le Sile et le Piave, fut définitivement écartée au XVIIe siècle. A cette date, tandis que les immenses lagunes du Nord, entre Piave et Isonzo, et du Sud (Adige, Pô, Reno), où l'homme n'avait pu ou su intervenir, étaient soit comblées, soit réduites à l'état de marécages (songeons au sort de Grado ou de Comacchio!), la lagune vénitienne était non seulement sauvée, mais encore entourée d'un réseau de fleuves navigables, permettant le drainage et la bonification des marais préexistants.

Le danger le plus pressant enfin éliminé, un autre péril nécessita des travaux non moins gigantesques. Les alluvions, déversées plus loin, ne renforçaient plus les cordons littoraux que la mer risquait d'emporter ou de déplacer; au contraire, ramenées par les courants, elles tendaient à obturer les « ports » et à amoindrir la respiration lagunaire. Il fallut donc construire d'énormes môles à San Niccolo di Lido, Malamocco et Chioggia, et, au XVIIIe siècle, ces immenses murailles, les *murazzi*, qui protègent frontalement le lido de Venise; aux XIXe et XXe siècles, on prolongea dans la mer, de 2 à 3 km, par des ouvrages perpendiculaires au cordon, chacun des trois « ports », afin de faciliter l'entrée de la marée dans la lagune.

La partie n'a jamais été définitivement gagnée; aujourd'hui encore, Venise connaît l'un des pires dangers qui ait jamais menacé son existence. Mais, grâce à son énergie et à des investissements considérables, elle a toujours su reculer le moment fatal qui serait sa défaite : miracle permanent d'un sauvetage continuel par les hommes d'un site urbain condamné par la nature.

Marins et marchands menant saint Marc vers les îlots qui lui sont consacrés. (Basilique Saint-Marc, mosaïque du XIIIe siècle.) ▶

VS ADEST NAVTE DIC·VEL

Le dynamisme vénitien

Le *Sinus Adriaticus* d'après
la Table de Peutinger (IVe s.).

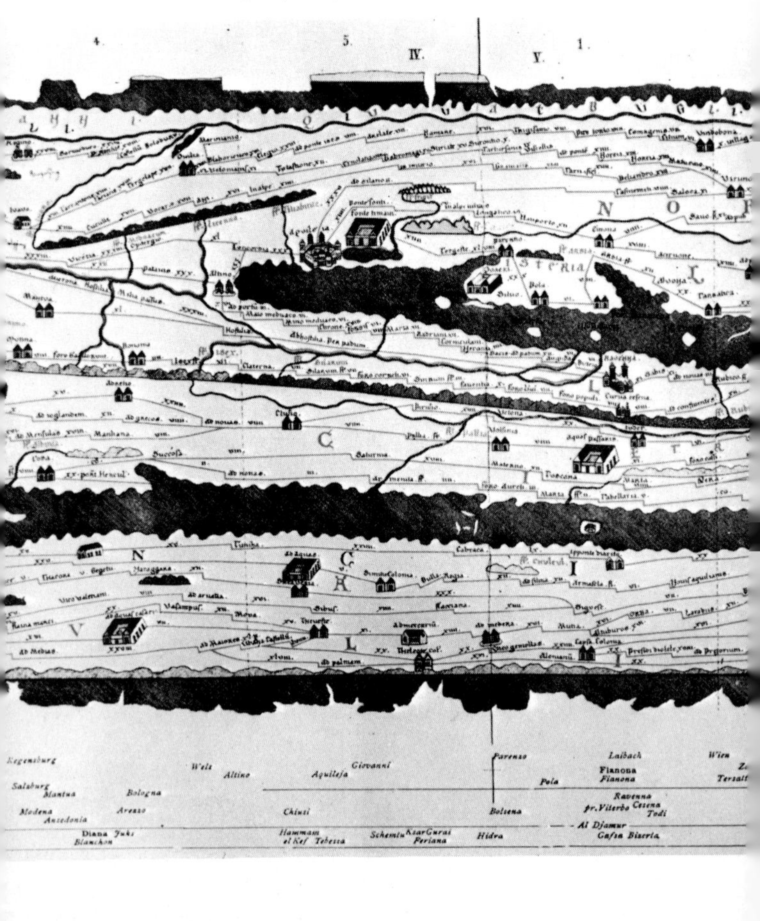

Le nom même de Venise nous plonge dans un mystère originel : d'où venaient les peuples que l'Antiquité connut sous le nom de Vénètes, et dont on discerne au moins trois groupements, extraordinairement éloignés les uns des autres [1], l'un près de Vannes, dans le Morbihan, l'autre, entre Spree et Elbe, que les Germains appelaient aussi Wendes, le troisième, entre Frioul et Lombardie?

Comment ce dernier groupement vécut-il si longtemps au sein de l'Empire romain sans créer de cité prospère entre Aquilée, Padoue et Ravenne, sans donner de preuve du dynamisme qui allait pendant des siècles porter la grandeur de Venise? Rien ne permet de résoudre ces énigmes; seule peut être étudiée la longue naissance des villes de la lagune, et l'apparition sur la scène de l'histoire de populations moins floues que les Vénètes, que l'on peut alors appeler les Vénitiens.

1. Au point que leur parenté semble douteuse.

Les Vénitiens avant Venise

Bien que les villes, durant tout le bas Empire, aient été sur le continent, il n'est pas impensable que de petits bateaux aient pratiqué le cabotage, de Ravenne jusqu'aux environs d'Aquilée, en empruntant les eaux calmes de la lagune, à l'abri des lidos. La région était probablement peuplée de pêcheurs, de marins et de sauniers; il est possible que l'arrivée d'Attila et de ses Huns en 453-454 ait poussé une partie de la population d'Aquilée et des cités voisines à se réfugier dans la lagune parsemée d'îles; l'arrivée des Ostrogoths de Théodoric, exécutant, contre Odoacre, la mission que leur avait confiée l'empereur d'Orient, dût avoir des effets comparables, déterminant une migration partielle et brève des habitants de la Terre Ferme vers la lagune.

Nous avons la fortune de posséder une lettre de Cassiodore [1], préfet du prétoire, haut fonctionnaire romain investi de la confiance du roi ostrogoth, qui, datée de 537-538, donne la première description des lagunes et de la vie de ces populations, dont les descendants devaient créer Venise. Si l'on écarte l'hyperbole, le style odieusement ampoulé de ce parfait

1. D'une grande famille originaire de Syrie, possédant de grands biens dans le Bruttium (Calabre), Cassiodore, né vers 470-480, mort nonagénaire vers 570-575, fit, aux côtés de son père, puis seul, une brillante carrière : consul en 514, maître des offices en 526, préfet du prétoire, il quitta la scène politique lors de la reconquête de l'Italie par les Byzantins, et se retira dans son couvent calabrais de Vivarium. Outre divers ouvrages juridiques, historiques (*Histoire gothique*), philosophiques (*De anima*), religieux, Cassiodore écrivit des lettres, qui sont presque la seule partie de son œuvre à nous être parvenue. Son influence fut grande sur la renaissance littéraire, en particulier par la transmission des œuvres antiques, qu'il fit inlassablement recopier dans son monastère.

Le port de « Classe » (Mosaïque de Saint-Apollinaire-le-Neuf à l'époque de Théodoric, fin du Ve s.).

rhéteur, on découvre à travers ce document exceptionnel le paysage immense et pauvre, des maisons construites comme les nids des oiseaux aquatiques; les ressources sont peu variées – pêche et marais salants –, mais les habitants sont tous égaux, libres et probablement autonomes, sous la direction de leurs « tribuns maritimes »; ils ont le monopole des transports, et le puissant préfet du prétoire en est réduit, à la veille de l'attaque byzantine contre l'Italie ostrogothique, à négocier avec leurs chefs un passage de marchandises.

Aux tribuns maritimes, Cassiodore, préfet du prétoire.

Nous avons donné récemment l'ordre et sommes d'avis que l'Istrie dirige heureusement ses marchandises (vin, huile, ou blé), dont cette année elle a la chance de disposer en abondance, vers la résidence de Ravenne.

Quant à vous, qui possédez de nombreux navires dans cette région, veillez (à les transporter rapidement)...

Passez par ce que l'on peut appeler vos havres hospitaliers, vous qui naviguez dans le pays de vos pères : s'ajoute en effet à toutes les commodités que vous avez, le fait que vous est ouverte une seconde voie, jouissant de la tranquillité d'une perpétuelle sécurité; car, quand la mer est fermée par des vents déchaînés, vous est alors libre le chemin par les plus amènes des fleuves; vos carènes ne craignent point les âpres ouragans : elles touchent la terre avec le plus grand bonheur, et n'en sauraient périr, elles qui la heurtent si souvent; de loin on pense presque qu'elles sont portées par des prés, car il arrive qu'on ne puisse voir leur coque; elles vont, tirées par des cordes, elles qui ont coutume d'être maintenues par des câbles, et, par un renversement de l'ordre des choses, c'est de leurs pieds que les hommes aident leurs navires : ils tirent sans effort ces nefs porteuses et, reculant devant l'emploi des voiles, ces nefs utilisent le pas plus efficace des matelots. On aime à rapporter nos remarques sur la manière dont vos maisons sont situées. Ces louables Vénéties, jadis riches en nobles, touchent au sud Ravenne et le Pô; à l'est elles jouissent des agréments du littoral ionique : là, une marée qui va et vient, tantôt, en montant, emprisonne, tantôt au reflux, libère le paysage, en inondant par alternance la campagne. Ici votre maison est faite comme celle des oiseaux aquatiques, car ce qui maintenant est terre, parfois paraît île, au point que l'on croit tout à fait être aux Cyclades là où brusquement l'on revoit, inchangé, l'aspect des lieux. Cette grande ressemblance fait apparaître dispersées, par ces plaines liquides, étendues sur une si grande longueur, des habitations qu'a produites la nature, mais qu'ont fondées les soins des hommes : en effet, par le tressage de joncs flexibles, on consolide là le terrain et l'on ne doute pas d'opposer au flot marin une si fragile défense, quand le rivage semé de flaques ne sait rejeter la masse des ondes et que, sans défense, est emporté tout ce qui n'est pas aidé par l'altitude. Les habitants ne disposent donc que d'une ressource unique, les seuls poissons dont il y a grande abondance : la pauvreté y vit sur un pied d'égalité avec les riches; une seule nourriture les réconforte tous, un même type d'habitation les enferme : ils ignorent la jalousie en ce qui concerne leurs pénates, et passant une vie ainsi mesurée, ils évitent le vice auquel on sait qu'est exposé le monde.

Tous leurs efforts visent à exploiter des salines : au lieu d'araire, au lieu de faux, tournez les cylindres [1] : de là viennent tous vos revenus puisque vous possédez en eux ce que vous ne produisez pas; la monnaie que l'on y frappe est, en quelque sorte, alimentaire; le flot se dévoue entièrement à votre activité. Tel ou tel peut chercher l'or avec moins de zèle : il n'est personne qui ne désire trouver du sel et, à juste titre, car c'est à lui qu'on doit toute nourriture, ce dont on peut lui être particulièrement reconnaissant. Ainsi donc les navires que, à la place d'animaux, vous liez à vos mains, entretenez-les avec un soin diligent pour que, quand Laurent, cet homme si expérimenté, chargé de l'approvisionnement en marchandises, vous aura avertis, vous vous hâtiez d'arriver, car aucune difficulté ne peut vous faire reculer devant les frais nécessaires, vous qui pouvez, suivant l'état de l'atmosphère, choisir à votre gré la route la plus courte. (*Monumenta Germaniae Historica*, éd. Th. Mommsen, « Auctori Antiquissimi », t. XII, p. 380, Berlin, 1894.)

La conquête lombarde et les réfugiés dans la lagune

Ce n'est donc qu'à la fin du VIe et au VIIe siècle que la lagune connaît un nouveau type de peuplement, créateur de villes, qui se juxtapose aux populations, pauvres et libres, de pêcheurs, transporteurs et exploitants de salines. La nouvelle conjoncture politique en est responsable : les Byzantins, menés par Bélisaire et Narsès, entreprennent une longue et sanglante reconquête de l'Italie (539-563), qui aboutit à l'élimination des Ostrogoths : un dernier carré s'est désespérément défendu entre l'Adige et l'Isonzo en 563. Mais la péninsule ravagée, où les Byzantins s'avèrent incapables de remplacer les Ostrogoths, est envahie et rapidement occupée par le plus sauvage des peuples germaniques, les Lombards, qui entraînent avec eux des Saxons, des Suèves, des Bavarois, des Gépides et des Bulgares.

1. Cylindres contenant l'eau salée. Le sel se dépose à la surface de contact entre eau et paroi. En tournant au fur et à mesure le cylindre, on accroît la vitesse d'évaporation de l'eau, donc la production de sel.

On s'est étonné de la rapidité de cette conquête en Italie du Nord; en fait, la région avait été ruinée par les guerres, puis par les impôts byzantins, et affaiblie par des pestilences. Une partie de la population valide avait pris, contre les Byzantins, le parti des Goths, qui depuis quelques décennies assuraient sa protection entre Pavie et Ravenne. L'effondrement du pouvoir politique et militaire laissa le champ libre à un peuple semi-nomade, qui, en 568, sous la conduite de son chef Alboin, abandonna la Pannonie (actuelle Hongrie) aux Avars et fit irruption dans le Frioul. A peine arrivés, les Lombards s'attaquèrent aux villes, sans avoir toujours les moyens de les prendre; ils piétinèrent plusieurs mois devant Aquilée, Oderzo, Padoue, et, semant la terreur, se répandirent dans toute l'Italie du Nord. Assez rapidement maîtres du plat pays, ils mirent des décennies, voire des siècles pour s'emparer des villes, derniers bastions de la défense byzantine : ainsi Ravenne, qui ne tomba qu'en 751. Il semble que les Byzantins aient organisé le repli en bon ordre en direction d'une région où leur flotte pouvait efficacement intervenir contre un ennemi terrien; la lagune, proche de l'Istrie et de la Dalmatie byzantines, convenait admirablement à ce dessein.

Des paysans, mais surtout des citadins, lorsque la défense n'était plus possible, émigrèrent en corps : les habitants de Concordia se fixèrent à Caorle, ceux du bas Frioul, à Iesolo, ceux de Trévise, à Rialto, ceux de Padoue, à Malamocco, ceux d'Altino, à Torcello, ceux d'Oderzo à Cittanova (Héraclée)... Exode massif, durable, et qui sépara durablement la lagune de sa terre ferme : le patriarche d'Aquilée, réfugié à Grado, exerça sa prééminence sur les cités maritimes et sur l'Istrie byzantine; mais dans son ancien siège sous contrôle lombard, puis franc, s'installa un nouvel évêque, revendiquant la dignité patriarcale et la prééminence sur les évêchés voisins; la querelle des deux patriarches devait pendant des siècles empoisonner la vie religieuse en Frioul et en Vénétie. Et on sait, de manière générale, combien fut profonde dans la politique et la pensée vénitiennes la coupure que la conquête lombarde détermina entre la ville et les campagnes de son arrière-pays.

La lagune byzantine

Aux VIIe et VIIIe siècles, la lagune se peuple donc de cités romano-byzantines, encadrées par l'administration traditionnelle; à la tête de cette administration est placé un très haut fonctionnaire, délégué de l'empereur, l'exarque de Ravenne. Contrairement aux légendes répandues par l'historiographie vénitienne, la lagune ne possédait pas son doge avant le VIIIe siècle; les deux premiers « doges » mentionnés par ces légendes, Paoluccio et Maurice, étaient en fait l'exarque et le maître des soldats. Un document remarquable, trouvé à Torcello, non loin de l'autel, lors des fouilles de la basilique, est un excellent témoignage de la présence byzantine. Il s'agit d'une inscription lapidaire, relatant la dédicace d'une église Notre-Dame, qui est peut-être l'église de Torcello. Datée de la 29e année du règne d'Héraclius (610-641), donc de 639, elle évoque l'année même de la prise d'Oderzo par le roi des Lombards, Rothari, et l'exode de la population romaine dans l'île où se bâtit la nouvelle cité, Cittanova, appelée, en l'honneur de l'empereur, Héraclée; il est donc possible que cette pierre ait été primitivement gravée à Héraclée, et, après le déclin, voire la destruction d'Héraclée en 810, réemployée à Torcello. Quoi qu'il en soit, elle nous prouve qu'en 639 l'armée byzantine, « très méritante », était conduite par un glorieux maître des soldats, c'est-à-dire par le gouverneur d'Istrie-Vénétie, qui avait réussi à couvrir le repli de la population civile d'Oderzo, en retardant l'armée lombarde. Le maître des soldats, installé à partir de 639 à Héraclée, ne dépendait que de l'exarque de Ravenne, pourvu dans ce texte de la dignité suprême et très rare de *patrice*. En dehors de la hiérarchie byzantine il n'est pas question d'un duc ou « doge » de la lagune.

Au nom du Seigneur notre Dieu Jésus-Christ.
Régnant notre seigneur Héraclius, perpétuel auguste, an 29, indiction 13, faite... par ordre de sainte Marie, mère de Dieu, le pieux et... notre seigneur Isaac, très excellent patrice, exarque et, avec la volonté de Dieu... pour ses mérites et ceux de son armée... arche le glorieux Maurice, maître des soldats... a fait faire à ses propres frais dans ce lieu cette église.

Il est cependant possible que des conflits soient nés entre les anciennes populations de la lagune ou les anciens réfugiés, plus dynamiques et combatifs, et les nouveaux arrivés, chassés par les Lombards. Des échos de ces dissensions nous ont été transmis par les premières chroniques vénitiennes : Malamocco et Iesolo auraient secoué la tyrannie d'Héraclée. Il est certain que la politique maladroite des exarques et les discordes religieuses, nées de la crise iconoclaste, ont entraîné une temporaire sécession de la lagune en 726-727.

Pierre de Torcello, VIIe siècle.

[*In nomine domi*]NI DeI N*ostri* IHV XP. IMP*erante* Dom*i*N*o* N*ostro* HERA*clio*

[*perpetuo*] AVGV*sto* A*nno* XXVIIII IND*ictione* XIII FACTA

.... *Sanc*T*e* MARIE DeI GENET*ricis* EX IVSS*ione* PIO ET....

Dom*i*N*o* N*ostro* ISAACIO EXCELL*entissimo* EX*ar*C*ho* PATRICIO ET De*O* VOL*ente*

.... OEYSMER.... ET... VS EXERC. HEC FABRI*ca* ES....

.... M : MA/ .... /B .... \GLORIOSVM MAGISTRO MIL*itum*

AR .... RES .... EL.... EM IN HVNC LOCUM SUUM.

SIE .... HVIVS ECCL*esiae*.

On sait l'ampleur de la crise iconoclaste : les empereurs, soutenus par la partie orientale de leur Empire et par l'armée, qui s'y recrutait dans sa grande majorité, ont voulu épurer la religion de toutes les superstitions attachées au culte des images saintes, tandis que la partie européenne de l'Empire, la moins subtile, tenait passionnément au culte de ces images en elles-mêmes. En Italie byzantine, dont Rome faisait partie, l'exarque Paul se heurta à la détermination des adorateurs d'images (iconodules); le pape, qui s'était déclaré contre l'iconoclasme, fut soutenu par les dernières villes continentales (Pentapole) [1] et les villes de la lagune; Paul fut battu et tué, et les armées de la lagune élirent un duc (doge), Orso.

Le péril lombard ramena certes la concorde entre le pape et le nouvel exarque, et Orso demeura duc; mais, après son assassinat, ce furent, comme par le passé, des maîtres des soldats au nom grec qui lui succédèrent; ce n'est qu'après la chute de Ravenne et la fin de l'exarchat (751) que des changements profonds se produisirent dans le nord de l'Adriatique; seules la lagune et l'Istrie restaient théoriquement byzantines, mais l'Empire n'y maintint pas sans difficulté son autorité directe : le fils d'Orso, ex-maître des soldats, se proclama duc en 742, quitta Héraclée pour Malamocco, et entreprit de son propre chef d'élever à Brondolo des fortifications pour défendre la lagune contre les Lombards.

A la même époque, le pape, assiégé dans Rome, appela à son aide les Francs de Pépin le Bref (751) et cette intervention militaire lui valut les territoires de l'ancien exarchat, récupérés sur les Lombards, et non rétrocédés à Byzance. La lagune avait donc un nouveau voisin, le pape, et, derrière lui, son protecteur le roi franc. La situation, pour cette portion extrême de l'empire byzantin, devint délicate, lorsque le fils de Pépin, Charlemagne, ayant en 774 remporté une victoire définitive sur le roi des Lombards, devint le maître de toute la Terre Ferme jusqu'à l'Istrie : pour quatre siècles, la lagune allait se trouver à la frontière des deux Empires.

1. Province comprenant les cinq cités (évêchés) de Rimini, Pesaro, Fano, Ancône et Senigallia.

L'empereur d'Occident, Louis le Pieux (814-840).

L'empereur d'Orient, Constantin VII Porphyrogénète (912-959).

Venise entre les Empires (VIIIe-XIIe siècles)

C'est durant cette période capitale que se fixent le site définitif de Venise, ses premières institutions, que se définissent les grands traits de sa politique, et que commence son expansion commerciale.

On peut avoir une idée assez précise de la lagune au début de cette période, grâce à un document célèbre, rédigé au xe siècle par l'empereur Constantin Porphyrogénète [a], sur la base de documents antérieurs.

... Avant que les Vénitiens ne fissent la traversée et ne s'installassent dans les îles où ils vivent actuellement, on les appelait « Enetikoï » et ils habitaient sur la Terre Ferme dans les cités suivantes : la cité de Konkordia [1], la cité de Ioustiniana [2], la cité de Nounon [3], et beaucoup d'autres cités.

Quand ceux que l'on appelle maintenant Vénitiens, mais qui s'appelaient Enetikoï, firent la traversée, ils commencèrent par construire une cité extrêmement fortifiée, dans laquelle le *dux* de Venise siège encore actuellement et qui est entourée sur 6 milles par la mer, dans laquelle se jettent 27 fleuves. Il y a également d'autres îles à l'est de ladite cité. Et, sur lesdites îles, ceux que l'on appelle actuellement Vénitiens ont construit des cités :

a. Malgré son long règne (912-959), Constantin, empereur à sept ans, tînt rarement les rênes du pouvoir, que lui ravirent successivement son oncle Alexandre (912-920), son beau-père Romain Lécapène (920-944), sa femme Hélène, ou son frère bâtard Basile. Il consacra le plus clair de son temps à l'étude, ou à l'expansion de l'université de Constantinople et rédigea ou fit rédiger des manuels fondés sur des documents authentiques. Entre 948 et 952, il écrivit pour son fils et héritier Romain un manuel d'éducation, qui devait rester confidentiel, fondé sur des rapports secrets d'ambassadeurs; on l'appela par la suite *De administrando imperio*; l'ouvrage concerne principalement les pays voisins et la politique à suivre à leur égard.

1. Concordia, près Portogruaro.
2. Capodistria (?)
3. « Ad Nonum » (entre Padoue et Altino).

VENISE AU Xe SIÈCLE, D'APRÈS CONSTANTIN PORPHYROGÉNÈTE.
Le tracé du littoral du Xe siècle n'a pas été reconstitué.

Kogradon [4] dans laquelle il y a également une grande église métropolitaine et beaucoup de reliques de saints y ont été déposées; la cité de Rivalenses [5], la cité de Loulianon [6], la cité d'Apsanon [7], la cité de Romatina [8], la cité de Likentzia [9], la cité de Pinetai que l'on appelle Strobilos [10], la cité de Viniola [11], la cité de Voes [12], dans laquelle se trouve l'église du saint apôtre Pierre, la cité Elitoualva [13], la cité de Litoumankerses [14], la cité de Bronion [15], la cité de Madaucon [16], la cité d'Ebola [17], la cité de Pristenai [18], la cité de Klougia [19], la cité de Broundon [20], la cité de Phosaon [21], la cité de Lauriton [22]. Il y a également d'autres îles sur le même territoire de Venise et sur le continent, dans le pays d'Italie, se trouvent des cités vénitiennes et les voici : la cité de Karpe [23], la cité de Néokastron [24], la cité de Phines [25], la cité d'Aikulon [26], la cité d'Aeimanas [27], le grand emporium de Tortzelo [28], la cité de Mourân [29], la cité de Rivalto [30], ce qui signifie « lieu le plus haut », dans laquelle siège le *dux* de Venise, la cité de Kavertzentzes [31]. Il y a également des *emporia* et des châteaux.

Jadis, Venise était un lieu désert, inhabité et marécageux. Ceux que l'on appelle actuellement Vénitiens étaient des Francs d'Aquilée et des autres lieux de Francie et ils habitaient sur la Terre Ferme en face de Venise. Mais quand Attila, le basileus des Avars, vint et dévasta complètement et dépeupla toutes les régions de Francie, tous les Francs d'Aquilée et des autres cités de Francie commencèrent à fuir et à aller dans les îles inhabitées de Venise et à y construire des cahutes en raison de la peur causée par le basileus Attila. Et quand le basileus Attila a eu dévasté toute la région de la Terre Ferme et avancé aussi loin que Rome et la Calabre et a laissé Venise bien loin derrière lui, ceux qui avaient fui pour se réfugier dans les îles de Venise, ayant acquis un endroit où vivre et tiré la crainte de leur cœur, décidèrent ensemble de s'établir là, ce qu'ils firent et ils s'y sont établis jusqu'à ce jour. Mais à nouveau de nombreuses années après

4. Grado.
5. Bibiones (Biacinum).
6. Près Caorle.
7. Ausanus (?), Baseleghe.
8. Altanea et Revedole (?)
9. « Linguentie » (Livenza, près Caorle).
10. De Cortellazo à Cavallino.
11. Vignole.
12. Boes, Cavallino.
13. « Litus Album » (Lido Piccolo, au nord de Cavallino).
14. « Litus Mercedis » (Lido Erasmo).
15. Près l'actuel San Niccolo du Lido.
16. Malamocco.
17. Albiola.
18. Pellestrina.
19. Chioggia.
20. Brondolo.
21. Fossone.
22. Loreo.
23. Caorle (6).
24. Cittanova (Héraclée).
25. Fines.
26. « Equilo » (Iesolo).
27. Ammiana.
28. Torcello.
29. Murano.
30. Rialto.
31. Cavarzere.

qu'Attila s'était retiré, arriva le roi Pépin qui régnait alors sur Pavie et d'autres royaumes. Ce Pépin avait trois frères et ils régnaient sur les pays francs et esclavons. Or quand le roi Pépin arriva contre les Vénitiens avec toute sa puissance et une forte armée, il en fit le blocus du côté de la Terre Ferme, à l'opposite du passage entre elle et les îles de Venise, en un lieu appelé Aeibolas [17]. Et donc les Vénitiens voyant le roi Pépin venir contre eux avec toute sa puissance et se préparer à s'embarquer avec tous ses chevaux pour l'île de Madamaucon (car c'est une île proche de la Terre Ferme) ils plantèrent des pieux et barrèrent complètement ce passage.

L'armée du roi Pépin fut obligée d'en rester là (car il ne lui était pas possible de passer en un autre endroit) et en fit le blocus côté Terre Ferme, six mois durant, sans cesser un jour de la combattre. Les Vénitiens voulurent équiper leurs bateaux et prirent position derrière les pieux qu'ils avaient plantés et le roi Pépin voulut prendre position avec son armée le long de la côte.

Les Vénitiens l'assaillirent avec flèches et javelots et l'arrêtèrent dans sa tentative de passer vers l'île. Or le roi Pépin, en fin de compte, dit aux Vénitiens : « Vous êtes sous ma main et ma *pronoia* puisque vous êtes de mon pays et de mon domaine. » Mais les Vénitiens lui répondirent : « Nous voulons être les sujets de l'empereur des Romains et non de vous. » Puis, cependant comme ils avaient été longtemps gênés par tous les ennuis qui leur étaient arrivés, les Vénitiens firent un traité de paix avec le roi Pépin, acceptant de lui payer un tribut considérable. Mais jusqu'à présent le tribut est allé diminuant d'année en année, bien qu'il soit encore payé actuellement. En effet les Vénitiens paient à celui qui règne sur le royaume d'Italie, c'est-à-dire Pavie, une rente annuelle de 36 livres d'argent non monnayé. Ainsi se termina la guerre entre Francs et Vénitiens.

Quand le peuple commença à s'enfuir vers Venise et à s'y grouper en nombre, ils proclamèrent comme doge celui qui surpassait tous les autres en noblesse. Le premier de leurs doges avait été désigné avant que le roi Pépin ne marche contre eux. A cette époque la résidence du doge était un endroit appelé Tzivitanouva [24] qui signifie « nouvelle cité ». Mais comme cette île susdite est toute proche de la Terre Ferme, d'un commun conseil ils transférèrent la résidence du doge dans une autre île, où elle est actuellement car elle est éloignée de la Terre Ferme, à une distance telle que l'on puisse distinguer un homme sur le dos d'un cheval. (Constantin Porphyrogénète, *De administrando imperio*, éd. C. Moravcsik et R. H. Jenkins, « Magyar Görod Tanulmaniok », t. 29, p. 116 sq. Budapest, 1949.)

17. Albiola.

24. Cittanova, Héraclée.

A partir de ce texte, mis à part quelques erreurs de détail, on peut dresser la liste assez complète des cités de la lagune soumises à la dure pression carolingienne lors de la campagne de Pépin, fils de Charlemagne; tandis que Torcello détient encore la primauté dans les échanges de la lagune, on voit le doge de Cittanova, après l'intermède de Malamocco, s'installer dans l'archipel du Rialto, où commence à se bâtir Venise.

Les premiers rapports avec les Carolingiens

S'il est vrai que les doges ont, à partir de 742, abandonné Héraclée pour Malamocco, il ne faudrait pas voir dans ce transfert de résidence l'expression d'un désaccord profond entre les populations de la lagune : le doge Maurice (764-787), dont le règne parut une sorte d'âge d'or, portait un nom grec, était originaire d'Héraclée, et avait reçu les dignités byzantines d'*hypatos* (consul), maître des soldats et *dux imperialis*; mais il avait d'autre part été élu par une nombreuse assemblée, réunie à Malamocco, des insulaires de la lagune; il conciliait donc parfaitement en sa personne délégation du pouvoir impérial et élection populaire, gouvernement souverain et gouvernement local, indigènes et Byzantins, Héraclée et Malamocco. C'est sous son règne que le patriarche de Grado perdit sa juridiction sur les évêchés de Terre Ferme, tombés au pouvoir des Lombards; ses prérogatives s'appliquèrent dès lors à l'ensemble des évêchés qui s'étaient transférés dans la lagune, d'Oderzo à Héraclée, d'Altino à Torcello, de Concordia à Caorle, et sur celui qui fut créé en 775-776 à Olivolo, îlot de l'archipel de Rialto, flanqué d'un château et d'un mur *(castelo)*, et où la cathédrale devait rester jusqu'à l'époque napoléonienne.

Cependant l'influence franque se fit de plus en plus évidente; elle se manifesta par l'élection de doges et de patriarches « francophiles », et, à la suite d'expéditions militaires en Istrie et en Dalmatie, par la probable allégeance de la lagune à l'empereur d'Occident en 805 : lors du premier projet de partage de l'empire carolingien en 806, Pépin, roi d'Italie, recevait nommément dans sa part Dalmatie, Istrie et Vénétie. C'était un affront direct à Byzance, qui aggravait le contentieux déjà très lourd depuis le couronnement impérial de 800. La flotte byzantine du *patrice* Nicétas entra dans la lagune, et des négociations s'engagèrent avec le roi d'Italie; elles aboutirent au traité de Ravenne (807), dont l'application fut retardée par un coup de main contre le repaire de la petite flotte franque à Comacchio, et la contre-offensive victorieuse de Pépin : les villes de la lagune durent payer tribut, comme le rapporte Constantin Porphyrogénète. La mort de Pépin, la flotte byzantine, la diplomatie grecque permirent à Byzance, lors du partage des sphères d'influence, de récupérer la Dalmatie, la Vénétie et les « lieux maritimes » *(loca maritima)* ; le duc francophile, abandonné, fut remplacé par un grécophile d'Héraclée, Agnello Partecipazio, et le siège ducal fut transféré de Malamocco au Rialto.

Les débuts de Venise

Le transfert au Rialto avait été préparé par le regroupement, dans cet archipel central de la lagune, de tous les réfugiés et opposants au précédent doge francophile, en majorité vieux Héracléens de la faction « mauricienne ». Partecipazio possédait des domaines dans l'île, en particulier la future région de Saint-Marc, où il bâtit sa résidence et où se perpétua, presque au même emplacement, le palais des Doges. D'autre part, le premier évêché purement lagunaire était déjà installé à Castelo.

La concentration des fonctions politique, administrative et religieuse sur l'archipel rialtin s'accéléra sous le règne des Partecipazio. La querelle entre Grado et Aquilée s'était exacerbée lors de l'intervention franque : le patriarche de Grado, récompensé de sa francophilie par l'extension de sa juridiction sur l'Istrie, ne cessait d'intriguer – en s'appuyant sur le duc de Croatie – pour déposséder son rival d'Aquilée des droits qu'il prétendait tenir de son glorieux prédécesseur, saint Marc. Or, curieuse coïncidence, deux marchands de la lagune parvinrent en 828 à dérober à Alexandrie les reliques de l'évangéliste; rapportées en triomphe au Rialto, ces reliques furent installées dans la demeure du doge, à l'emplacement de laquelle s'éleva la célèbre basilique, centre de la vie vénitienne. Ainsi saint Marc n'est pas un patron fortuit de la naissante Venise; avant même l'étonnante découverte, il cristallisait le patriotisme et l'esprit d'indépendance des suffragants de Grado par rapport aux ambitions de la Terre Ferme.

S'il est impossible de ne pas souligner la résonance et l'exceptionnel destin du culte de saint Marc à Venise, on ne peut pour autant considérer que cette ville naissante ait immédiatement échappé à la double influence, franque et grecque, des Empires dont elle constituait l'une des frontières. En droit, elle était toujours province byzantine, dont le duc était hypatos *(consul imperialis)*, en contact fréquent avec Constantinople, d'où rayonnaient la mode, les genres de vie des grands, les exemples de technique et d'architecture, et une partie du vocabulaire.

D'autre part, peut-être sous l'influence du nombre des émigrés venus de Terre Ferme, on note l'extension de la domination des seigneurs fonciers sur des hommes libres ou des esclaves travaillant leur terre, et le contrôle que ces seigneurs *(tribuni)* exercent sur le doge par l'intermédiaire des juges *(giudizi)* qui le conseillent et limitent ses pouvoirs. On peut aussi rapprocher les assemblées du peuple en armes, les rassemblements populaires, des plaids carolingiens ; les *gastalds*, imités des Lombards, surveillant les *tribuni*, sont eux-mêmes contrôlés par des fonctionnaires qui évoquent les *missi dominici* ; enfin, la tendance est vite prépondérante d'un gouvernement aristocratique, exercé par les membres de familles foncières.

On a cependant la preuve qu'une partie du capital immobilier est déjà investi par les grands dans le commerce; des documents carolingiens signalent le trafic vénitien sur les fleuves; on sait que des bateaux naviguent en convois dans toute l'Adriatique; Torcello, l'*emporium* dont parle Constantin Porphyrogénète, est jusqu'au xe siècle le centre d'un actif commerce d'esclaves et de bois, transportés des pays slaves vers le monde musulman, de sel et de poisson fournis à l'empire carolingien, d'épices transitées depuis Alexandrie, de soieries de Constantinople...

Un heureux hasard nous a conservé le testament détaillé d'un des grands Vénitiens de l'époque, le doge Justinien Partecipazio, fils d'Agnello, qui, en 829, décida de partager ses biens, après sa mort, entre sa femme, Félicité, sa bru, Romana, les monastères bénédictins de Saint-Hilaire et de Saint-Zacharie, et quelques autres légataires. Ce document juxtapose des traits proprement byzantins, tels que le titre d'hypatos, la datation par année de règne des empereurs Michel et Théophile, des noms de personnes, et, d'autre part, des traits carolingiens, tels que noms de personnes et, surtout, position des biens de Terre Ferme. Deux types de biens et de revenus apparaissent : sont de type carolingien, maisons, terres[1], et la « cour », centre d'exploitation (la *curtis* occidentale) avec un certain nombre de biens meubles : esclaves, bœufs, instruments ferrés ou non; mais on trouve aussi des épices, des ornements et surtout des « sous » investis sur mer en quantité considérable, et il semble que si les livres citées sont des monnaies de compte correspondant à des deniers d'argent occidentaux, les sous « travaillant » sont une monnaie réelle, qui ne peut être que les sous d'or, base de la monnaie byzantine. Ce document atteste donc la précocité à Venise des activités commerciales, probablement en rapport avec le monde byzantin.

Au nom du seigneur Dieu, notre sauveur Jésus-Christ, sous le règne impérial de NN SS très pieux, augustes perpétuels, Michel et Théophile, couronnés par Dieu, pacifiques et grands empereurs, dans la neuvième année de Michel, empereur aîné et la huitième de Théophile, couronné par Dieu et fils bien-aimé du précédent, indiction 7.

L'inspiration divine, et le jugement d'un esprit prévoyant font que chaque homme, autant qu'il lui est possible, peut régler ses décisions de telle façon que, ceci fait, toute crainte écartée, ses volontés soient bien claires et respectées comme s'il vivait encore. C'est pour cela que moi, Justinien, *hypatos* impérial et duc de la province de Venise, étant tombé malade mais pouvant toujours me promener et m'asseoir, ayant l'esprit sain et toutes mes facultés, ayant bien réfléchi et tout surpris par la faiblesse de la nature humaine, j'ai rédigé ce testament et mes décisions et j'ai ordonné à Deusdedit, prêtre, de le mettre par écrit, je l'ai confirmé de ma propre souscription et j'ai fourni des témoins, invités par mes soins en nombre convenable pour que ce testament ressortisse

1. Mais les tenures ne sont pas mentionnées.

au droit civil et en sorte que tout ce que, par ce testament, j'aurai donné, dont j'aurai fait donation, que j'aurai enjoint de donner ou mandé de faire, soit fait et donné grâce à la foi prêtée, et vous, Félicité, ma femme, et Romana, ma bru, je vous constitue mes héritières et veux que vous soyez mes héritières au titre de l'héritage de mon fils, pour trois parts principales, dans leur intégrité, c'est-à-dire, la terre, la maison, l'or, l'argent investi, ou les épices, les ornements, le fer, les instruments, les outils et les biens mobiliers ou immobiliers ou se déplaçant par eux-mêmes, le tout venant de ce que l'on me voit posséder de la succession de mon seigneur et père ou de ce que j'ai acquis d'argent investi ou de ce que j'ai pu acquérir. Les six autres parts de tout ce que l'on me voit posséder, comme dit plus haut, je les réserve pour pouvoir les distribuer suivant ce que j'en déciderai justement et conformément à la volonté de Dieu, pour le salut de mon âme, les donnant de ma propre main ou de ma propre bouche ou par l'intermédiaire de quiconque je chargerai de les distribuer. Mais en ce qui concerne le monastère du bienheureux Zacharie et du très saint Hilaire, ma volonté est que je veux et j'ordonne que chacun reste à jamais libre et privilégié en possédant tous les biens que, avec l'aide de Dieu j'ai construits, agrandis ou entretenus, et tout ce dont j'ai fait donation ou que je donnerai... *(Suit liste des terres.)*

Tout cela, autant qu'il est en notre pouvoir, Dieu puissant, nous l'avons offert en donation audit monastère. En plus, pour en augmenter l'importance, nous ajouterons 200 livres de monnaie investie, à la part du susdit monastère du bienheureux Zacharie, en le disant de notre propre bouche ou dans une courte déclaration. En fait, tous mes biens décrits ici brièvement en plus de ces 200 livres que je viens de mentionner et que j'ai données au monastère, les épices et ornements, argent investi, s'ils sont rentrés sans dommage de la navigation en mer, montent à 1 200 livres. Et de tous ces biens, j'ai réservé 600 livres à distribuer pour mon âme à quiconque je désignerai, en n'importe quel lieu, par une courte déclaration. Et tout ce qui peut rester après ma mort, je le confie à Félicité, ma femme, et à Justus et Deusdedit, prêtres, pour qu'ils le distribuent, comme des serviteurs de Dieu peuvent pourvoir au salut de mon âme. Les 600 livres restantes, en plus de ces 200 que nous avons données au monastère, je les lègue à ma femme et à ma bru, comme nous l'avons spécifié plus haut.

Et en ce qui concerne le monastère de Saint-Hilaire, ma volonté sera ce qui est établi dans cette ordonnance que Deusdedit prêtre est en train de faire; j'ordonne que 160 livres d'argent soient données à ce dit monastère, des forêts que auparavant le glorieux duc Agnellus, mon père, (quand il a déplacé de l'église Saint-Servulus ledit monastère avec ladite église du bienheureux Servulus) a laissées à perpétuité en ce lieu, et les terres déjà citées et les forêts ainsi entourées sur leurs côtés : d'abord, en premier, par la rivière que l'on appelle Clarino, en suivant la rivière que l'on appelle Gambararia, et de là en suivant le fleuve dit Ruga, et de là en suivant le canal du lieudit Luva, puis parcourant le canal de Seuco jusqu'aux eaux salines; sur le second côté dudit lieu de Clarinus, en suivant les confins dits Aurelia et, de là, en arrivant par le canal dit Avisa, allant à la rivière Una, sur laquelle ledit monastère est construit, ainsi que (mon père) l'a décidé; et moi je confirme qu'il doit les posséder à perpétuité, et en plus je veux et concède que soient dans ledit monastère du bienheureux Hilaire, pour le salut de mon âme, des biens de ma propriété que l'on me voit posséder et détenir entre mes mains, les uns à côté des autres, d'un seul tenant, et qui sont en tout, 15 *massaritiae.*

Le premier lieu, le fonds dit Bursino, avec maisons, cour, jardins, terres, forêts et pâturages y attenant, près du lieudit Stornapetra. Le second lieu dit Cantana avec maisons, cour, jardins, terres, forêts et pâturages y attenant. Le 3e lieu dit Scorpetho, le bout touchant Cantenella, avec maisons, cour, jardins, terres, vignes, forêts et pâturages y attenant. Le 4e lieu dit Telido, jouxtant sur les côtés Pluvega avec maisons, cour, jardins, terres, vignes, forêts et pâturages y attenant. Le 5e lieu dit Mamoniga, de l'autre côté de Vulpino, avec maisons, cour, jardins, terres, forêts et pâturages y attenant. Le 6e lieu dit Tarvisiana, avec maisons, cour, jardins, terres et pâturages y attenant, lesdits lieux avec leurs bornes et bien entourés sur les côtés. D'un côté Rio, lieudit Cleusca, sur l'autre Pluvega lieudit Mamoniga, sur le 3e Pluvega, lieudit Tarvisiana, sur le 4e, en suivant Pouca; cette ordonnance est faite pour l'utilité des frères et le salut de mon âme. Que Deusdedit ait 60 livres d'argent... *(suivent divers dons)*... Moi Justinien, impérial *hypatos* et humble duc de la province de Vénétie, en tout ce que l'on a lu ci-dessus, il nous a plu pour en assurer la véracité, de signer de nos mains. Jean a signé de ses mains ce testament par la volonté du seigneur Justinien hypathos. Charles, tribun, a signé de ses mains ce testament par ordre du seigneur Justinien hypathos. Orso, évêque de la sainte église d'Olivolo... Justus, humble prêtre... Basile tribun... etc. (D'après A. Gloria, *Codice diplomatico padovano del secolo sesto a tutto l'undecimo*, p. 12-16.)

Denier carolingien de type vénitien (IXe s.).

+ HLVDOWICVS IMP[erator]

+ VENECIAS

Dès le milieu du IXe siècle, Venise s'affirme donc comme une puissance montante, grâce en particulier à sa flotte de guerre, qui lutte contre les pirates slaves de la Neretva, et répond à la fois aux demandes de secours qui lui sont adressées par Byzance contre les Sarrasins (840, 842) et à celles qui lui sont adressées par les Carolingiens Lothaire et Louis contre le duc de Bénévent (846) et contre les Sarrasins de Tarente.

On peut recourir à d'autres types de documents pour souligner, aux débuts de l'histoire de Venise, l'influence conjuguée des attaches terriennes fondamentales et des activités commerciales déjà notables. La comparaison entre elles des premières pièces de monnaie émises à Venise est éloquente : les premières sont des pièces d'argent, au type du denier carolingien, mais comportent le nom de Venise; puis, le nom de l'empereur carolingien s'amenuise devant le nom de Venise; il disparaît même, pour faire place au nom de l'empereur de Constantinople, sans que l'on puisse affirmer que la légende « empereur romain » désigne nommément l'empereur Romain Ier Lécapène.

Un dernier texte suggestif, qui refondant des documents antérieurs, dont plusieurs d'époque lombarde, émane de l'empereur carolingien Lothaire (840) constitue le pendant du texte cité de Constantin Porphyrogénète : il énumère les cités de la lagune, que Venise et son duc contrôlent définitivement, les villes carolingiennes de la Terre Ferme qui sont en rapport avec elles, et décrit les deux types d'économie, terrienne (pâturages, forêts...) et commerciale (esclaves, monnaies, circulation, sociétés maritimes) auxquels participe Venise.

Denier carolingien à interprétation vénitienne (Xe s.).

XPS (Christus)
CVNSERVA ROMANO
[i]MP[erator]

XPE (Christe)
SALVA VENECIAS

TRAITÉ ENTRE L'EMPEREUR LOTHAIRE ET LE SEIGNEUR PIERRE, DUC DE VENISE (840)

Au nom de notre Seigneur Jésus-Christ, Dieu éternel.

L'an de l'incarnation du Seigneur 840, Lothaire, par les soins de la divine Providence, empereur auguste, l'an vingt-sixième de son Empire, le 8 des calendes de mars, au palais de la ville de Pavie, à la suggestion et sur les prières de Pierre, très glorieux duc des Vénitiens, a décidé et fait mettre par écrit ce traité entre les Vénitiens et leurs voisins pour que, de part et d'autre, on prête serment d'observer ces constitutions, et que, par la suite, l'observance de ces constitutions maintienne durablement la paix entre eux. Voici les voisins qui sont concernés par la teneur de ce traité : les habitants de l'Istrie, du Frioul, de Ceneda, de Trévise, de Vicence, de Monselice, de Gavello, de Comacchio, de Ravenne, de Cesena, de Rimini, de Pesaro, de Fano, de Senigallia, d'Ancône, d'Umana, de Fermo, de Penne, en lesquels lieux, soit ils sont établis en ce moment même, soit ils s'établiraient dans le futur, grands comme humbles. Les concerne cette décision de l'empereur, avec Pierre, duc des Vénitiens, et le peuple même des Vénitiens, c'est-à-dire avec les habitants du Rialto, du *castrum* d'Olivo, de Murano, Malamocco, Albiola (Pellestrina), Chioggia, Brondolo, Fossone, Loreo, Torcello, Amiana, Burano, Cittanova (Héraclée), Fines, Iesolo, Caorle, Grado, Cavarzere, et tous ceux habitant ces endroits, tant évêques et prêtres que grands ou reste de la population et ceux qui d'une manière générale appartiennent au duché de Venise, tous doivent observer ce traité pendant un nombre d'années fixé à cinq, de manière à ce que ne soient commis entre les parties nul méfait, nul tort et si, ce qu'à Dieu ne plaise, quelque méchante affaire survenait entre les parties, elles se promettent réciproquement de la régler et de sauvegarder la justice suivant les clauses qui suivent :

1. Et si se produisait une incursion sur votre territoire des Vénéties, la personne même qui aurait été à sa tête et aurait accompli ce méfait, qu'on vous la livre dans les soixante jours et que tout ce qui aura été enlevé soit rendu au double et si nous ne vous avons pas donné ce double en composition ou si nous n'avons pas livré en vos mains cette personne dans les soixante jours, que nous donnions pour chaque personne qui aura accompli ce méfait, 500 sous...

2. Et nous voulons que tous vos hommes, qui, après le traité passé antérieurement à Ravenne, se sont enfuis auprès de nous, si nous pouvons les trouver, nous vous les rendions...

3. De même nous vous promettons à nouveau en ce qui concerne les hommes chrétiens que vous commandez comme seigneur ou roi, de ne pas, si nous le savons, les acheter ni les vendre, ni, par quelque moyen, de les exposer à souffrir de la captivité ou à être perdus par leur maître; et pour tout chrétien, où que ce soit, en n'importe quelle occasion, de ne pas l'exposer

à passer par la suite au pouvoir des païens. Et si nous apprenions que quelqu'un en a amenés dans nos duchés, que, par tous les moyens, nous vous rendions celui qui a amené ces esclaves chrétiens pour les vendre et que soit concédé tout ce qu'il aura amené avec lui à qui l'aura pris...

7. Et nous décidons que, chaque fois que ordre du seigneur empereur Lothaire, très illustre auguste, ou de ses *missi* nous en aura été transmis, de part et d'autre, nous devons vous fournir sans la moindre réclamation l'aide de notre flotte de guerre contre les peuples esclavons, vos ennemis, dans la mesure du possible...

17. Pour le *ripaticum* et les passages de fleuves, il est convenu que, selon l'antique coutume, nous devons les lever pour nos ports et fleuves et ne faire ni ennuis ni violences : et s'il en était fait et que cela parvienne à notre connaissance, que, sur-le-champ, nous en fassions faire justice. Et que vos hommes aient licence par terre de franchir les fleuves où ils veulent : et de même nos hommes par mer...

23. Et ceci est convenu : pour les cautions ou les commandes, quelles qu'elles soient, si quelqu'un a donné quelque chose à commercer ou a donné des gages et emprunté des sous, que jugement en soit fait suivant la loi et la justice, et que les uns fassent justice aux autres de cela et des causes semblables, dont il est fait mention dans le précédent traité...

24. Et ceci est convenu : pour la coupe du bois, que les habitants de Rialto, Murano, Malamocco, Albiola (Pellestrina), Torcello, ont faite, qu'à partir d'aujourd'hui, pour trente ans, ils aient licence de couper du bois où ils en ont coupé, ainsi qu'ils en ont eu coutume les susdites années, soit par fleuve, soit par mer; et les fleuves qui leur étaient ouverts, sur le territoire de Trévise, qu'ils soient à nouveau ouverts à partir d'aujourd'hui pour trente ans...

25. Quant aux gens de Iesolo, ils doivent couper sur la rive de Saint-Zénon jusqu'au fossé de Malamocco et de Zenson, où il n'est pas possible d'entrer en bateau : et les arbres qui ne sont pas de rapport signalés au-dessus de ces limites, qu'on ait licence d'en faire du bois, autant qu'on peut en porter sur le dos, mais non qu'on puisse tirer à force de bras; et qu'en aucun cas, aucun capitulaire ne permette de détruire des arbres de rapport et qui a osé détruire des arbres de rapport, qu'il paie 100 sous de composition : et s'il a osé entrer ailleurs, qu'il soit soumis à la peine susdite. Et que votre petit bétail ait licence de paître et de pacager dans ces limites...

26. Les limites de Citta Nova (Héraclée) ont été ainsi décidées : tout comme au temps du roi Liutprand a été fait le bornage entre le duc Pauluccio et le « magister militum » Marcellus, ainsi doit-il en être en permanence, suivant ce qu'Aistulf a accordé à vous, gens de Citta Nova... (*Monumenta Germaniae Historica*, *Capitularia*, éd. Boretius et V. Krause, t. II, p. 130.)

La position de Venise est plus délicate au XIe siècle. L'empereur Henri III lui a longtemps été favorable, et a accordé sa protection à Saint-Zacharie et à Saint-Hilaire, mais les partisans des réformes sont nombreux à Venise et à Grado; durant la minorité de Henri IV, l'influence du futur pape Grégoire VII y est grande, et, quand le conflit éclate (1073-1075), on peut craindre des troubles considérables. De fait, bien que la lagune parût « grégorienne », le doge Selvo n'hésita pas à passer deux accords avec l'empereur excommunié (1077 et 1085), pour sauvegarder les positions commerciales des Vénitiens en Italie du Nord, bien suggestif exemple du réalisme qui anime dès cette époque la politique d'une cité essentiellement marchande.

Sa position était d'autant plus délicate qu'il convenait de ménager également l'autre empire, dont la puissance ne cessait de croître depuis l'installation de la dynastie macédonienne (867) et sous les règnes des empereurs Romain Lécapène (920-944), Nicéphore Phocas (963-969) et Jean Tzimiscès (969-976). Or la politique germanophile des doges Candiano était mal vue à Constantinople; le basileus prétendit même que Venise ravitaillait les ennemis musulmans de l'Empire en matériel de guerre (poix et bois pour la construction navale, esclaves pour les équipages, fer pour l'armement). C'est seulement à la fin du Xe siècle que les rapports redevinrent bons entre Constantinople et Venise, qui faisait toujours partie juridiquement de l'Empire. Engagés dans une longue lutte contre les Bulgares (définitivement vaincus en 1018 par Basile II) les Byzantins eurent recours à la flotte vénitienne pour les transports de troupes et de matériel. En échange les Vénitiens se virent en 993 gratifiés de divers avantages commerciaux : pour les conflits à Constantinople, ils seraient justiciables du seul Logothète du Drome, et non du juge du port; ils ne paieraient que la moitié (17/30) des droits exigés à l'entrée et à la sortie d'Abydos.

Tous les doges du XIe siècle ont su maintenir des relations confiantes avec Byzance, portant les dignités de *patrice* ou de *protosébaste*, recevant une pension en sous d'or, et prêtant l'appui de leur flotte contre les Normands (1081-1085). En 1082, l'empereur Alexis Comnène récompensa leur fidélité par le fameux chrysobulle (bulle d'or), qui abandonnait pratiquement à Venise toute l'Adriatique au-dessus de Durazzo, et amplifiait les privilèges commerciaux de 993 : liberté de circulation, de commerce, diminution des droits, autorisation de tenir boutique et entrepôts à Constantinople.

Alexis Ier Comnène (Bibliothèque Vaticane).

... C'est pourquoi, et en récompense des services de ce genre, ma (majesté) impériale a bien voulu, suivant la teneur de ce présent chrysobulle, qu'ils reçoivent chaque année, à l'époque des solennités, une *roga* [1] de 20 livres et que cet argent soit distribué dans leurs propres églises suivant leurs volontés. Elle a également honoré leur noble duc de la très vénérable dignité de protosébaste avec sa *roga* dans toute son intégralité. Et elle n'a pas limité à la seule personne du duc (actuel) cet honneur, qui ne s'arrête pas, est perpétuel, et est transmis par voie de succession aux ducs qui seront par la suite à la tête de la ville. Elle a également honoré leur patriarche de la dignité d'*hypertinos*, c'est-à-dire superhonorable, avec une *roga* de 20 livres. Et cet honneur, elle l'a transmis par voie de succession à ceux qui seront patriarches par la suite, pour que lui aussi n'ait pas de fin, soit perpétuel et non restreint à sa personne (actuelle). Et ma (majesté) impériale a décidé que la très sainte église du saint apôtre et évangéliste Marc, qui est à Venise, reçoive chaque année 3 *nomisma* d'un représentant de tous les Amalfitains qui tiennent des *ergastères* [2] dans la grande cité et toute la Romanie. En plus, elle leur donne aussi les *ergastères* qui sont dans l'*embolos* de Perama [3], avec plusieurs étages, dont les entrées et sorties débouchent dans toute (la rue) qui va de l'Hebraica jusqu'à Vigla, ceux qui sont habités comme ceux qui ne le sont pas et ceux dans lesquels demeurent les Vénitiens comme ceux des Grecs, et trois échelles maritimes, qui sont délimitées audit endroit. Elle donne aussi à Saint-Akindinos un *mankipion* [4], à savoir un four qui est sur le côté de l'église, qui touche à la maison de Pierre; son revenu est de 20 besants. De même elle donne l'église du saint apôtre André, qui est à Dyrrachium (Durazzo) avec tous les revenus impériaux qui y sont attachés, à part l'*aphésis* [5] qui y est attachée et que l'on doit accorder aux *chelandia* [6]. Elle leur a aussi accordé de commercer avec toute marchandises dans toutes les régions de la Romanie, c'est-à-dire auprès de la grande Laodicée, Mammistra, Adana, Tarse, Atalia, Strobilos, Chio, Theologos, Phocée, Durazzo, Valona, Corfou (?), Bondiza, Modon, Coron, Nauplie, Corinthe, Thèbes, Athènes, Euripe, Démétrias, Salonique, Chrysopolis, Périnthe, Abydos, Rodosto, Andrinople, Apros, Héraclée, Sélimbrie, et dans la *Mégalopolis* [7] même, et plus simplement dans toutes les régions qui sont au pouvoir de notre pieuse mansuétude... (G. L. Fr. Tafel et G. M. Thomas, *Urkunden zur älteren Handels-und Staatsgeschichte der Republik Venedig*, Vienne, 1845, rééd. Amsterdam, 1964, p. 52.)

1. Revenu, traitement.
2. Boutique, échoppe, magasin.
3. Cf. plan p. 88.
4. Bâtiment de rapport.
5. Exemption.
6. Barques.
7. Constantinople (cf. carte p. 53).

Ce chrysobulle consacre toute la politique adriatique de Venise, qui durant deux siècles s'est employée à repousser les navires musulmans des environs de la lagune jusqu'au canal d'Otrante, d'où les corsaires arabes sont finalement expulsés en 1002-1003, et, d'autre part, à étendre sa prééminence au fond du golfe : Comacchio a été détruite, et ses habitants, déportés; Capo d'Istria a dû jurer amitié en 932, ainsi que, peu après, ses voisins d'Istrie. Venise a enfin combattu la piraterie slave de la Neretva, et soutenu, puis protégé la population romanisée de Dalmatie, refoulée de l'intérieur par les Croates; les commerçants vénitiens sont de plus en plus nombreux à s'établir sur la rive orientale de l'Adriatique.

Venise aux Xe et XIe siècles

Après l'union des cités actives de la lagune autour des demeures du doge et de Saint-Marc, qui matérialisait la cellule autonome constituée entre les deux Empires, l'étape suivante de la croissance vénitienne fut l'extension de son influence hors de la lagune, sur l'Adriatique.

La subordination des cités lagunaires par rapport au Rialto est marquée par l'évolution de leur structure urbaine, désormais commandée par une autorité centrale : Cittanova (Héraclée) est reconstruite, la cathédrale de Torcello est refaite, Malamocco s'orne de la magnifique église des Saints-Corneille-et-Cyprien. Mais c'est surtout la nouvelle cité du Rialto, jusque-là développée de manière anarchique, qui s'organise en fonction de son rôle de capitale. Peut-être son peuplement est-il accru par le repli des dépendants fonciers, sur les bords de la lagune, des grands monastères bénédictins devant les dévastations hongroises à partir de 899; un mur défensif, tourné vers la terre, joint Castelo à Santa Maria Zobenigo (Sainte-Marie-au-Lys) tandis qu'une chaîne barre le Grand Canal entre Saint-Grégoire et Sainte-Marie; à l'intérieur de ce réduit, les constructions s'ordonnent autour du palais et des reliques, surtout après le grand incendie de 976 : lors de la révolte contre les Candiano, le feu avait dévasté le palais, la basilique, l'église Santa Maria, et 300 maisons; la reconstruction culmina avec l'érection de la merveilleuse église San Marco en 1071. Le Rialto lui-même devient lieu de marché, près de l'église San Giovanni, au coude du Canal Grande que remontent les navires.

On remarque dans le tissu urbain, dans la répartition des palais qui naissent, dans l'arrivée au pouvoir de certaines familles, au sein desquelles se recrute le doge, que les activités et les revenus du commerce prennent peu à peu le pas sur les activités et les revenus fonciers et immobiliers.

L'élément dominant demeure le groupe des familles tribuniciennes (Contarini, Falier, Orseolo), en possession de vastes domaines; ces *case vecchie*, les vieilles familles, investissent de plus en plus dans le commerce, tandis que leurs biens ruraux, divisés entre les descendants, sont progressivement accaparés par les monastères en raison des donations, des legs, voire des ventes. A côté d'elles, les *case nuove* (Barbarigo, da Molin, Morosini) sont essentiellement formées d'actifs commerçants. Quant au peuple, encore peu nombreux, il ne se réunit que de temps à autre dans l'*arengo*, l'assemblée populaire, et ne connaît qu'une distinction fondée sur la fortune et l'influence : *maiores*, *mediocres*, *minores*.

Les grandes familles tentent de contrôler la politique des doges, mais y échouent entre 932 et 979, période pendant laquelle les Candiano semblent asseoir un pouvoir héréditaire; elles surveillent également les faits et gestes du patriarche de Grado; le soutenant à fond dans sa lutte contre le patriarche d'Aquilée, à qui le synode romain de 1027 avait donné raison et qui pouvait compter sur l'appui de l'empereur Conrad; mais aussi contenant, lors de la naissante querelle des Investitures, ses prétentions à contrôler les évêchés de la lagune, en particulier celui d'Olivolo (Castelo).

La politique du doge, les positions prises par le patriarche donnent aux Empires voisins de fréquentes occasions d'intervenir. Ainsi, les débuts de la réforme grégorienne, à partir de 1057, opposent le patriarche, soutenu par le pape, à l'empereur d'Occident, cependant que le schisme entre Rome et Constantinople, déclaré en 1054, dresse l'obédience romaine, et en particulier le patriarche, contre l'empereur d'Orient : Venise tient toujours sa difficulté d'être de sa situation entre les deux Empires.

Au Xe siècle, les doges de la famille Candiano, qui possèdent de grandes propriétés sur la Terre Ferme, sont en relations étroites avec le roi d'Italie; or, à partir du milieu du siècle, c'est le roi de Germanie, Othon le Grand, qui devient roi d'Italie; puis, en 962, il reconstitue à Rome un Empire, que la postérité connaîtra pendant huit siècles. Piero Candiano (959-976) est un fidèle admirateur de l'Empire; il a épousé l'Allemande Wadrada, et s'est entouré d'une garde du corps germanique. Lorsqu'un soulèvement populaire le tue, ainsi que son jeune fils, c'est la faveur d'Othon II qui rétablit sa famille, et l'empereur s'apprête à conquérir Venise à la demande des Candiano, lorsqu'il meurt brusquement (982); son fils, Othon III n'a que trois ans; il ne vient qu'à l'extrême fin du siècle à Venise et, accompagné fastueusement par le doge Piero Orseolo (992-1009) de Ferrare à Ravenne, il abandonne la perception du tribut traditionnel que lui versait la ville, accorde le libre accès à Pavie par les réseaux du Pô et de l'Adige, sans obtenir en contrepartie une aide pour ses opérations continentales.

Après les victoires de Zara et de Spalato, et la prise de Curzola (Korčula), le doge Piero Orseolo se proclame duc des Dalmates (1000) au nom de l'empereur d'Orient; à la fin du XIe siècle, il est également duc des Croates, et, si Venise se heurte vers l'intérieur à la politique des rois de Hongrie, ses positions maritimes sur la côte orientale de l'Adriatique paraissent assurées.

Définitivement installée dans son cadre urbain, Venise a acquis à cette date des positions diplomatiques et stratégiques qui favorisent son expansion commerciale en Occident et dans le monde byzantin. La première Croisade et la prise de Jérusalem par les Occidentaux en 1099 lui ouvrent soudain de nouvelles et immenses perspectives.

Marins et marchands

Les Vénitiens, réfléchissant sur leur histoire, sur la naissance, l'expansion, l'âge d'or et le déclin lent et majestueux de leur cité, ont toujours souligné le fait que le commerce avait été pour eux « la base et le rempart de la finance, de la richesse et de la puissance ». Dès le XIe siècle, les étrangers s'émerveillaient de ce que ce peuple « ne laboure, ni ne sème, ni ne vendange », et que la monnaie, bien meuble par excellence, y fût le signe tangible de la fortune, au moment où, dans le reste de l'Occident, cette dernière était assise sur des terres et des immeubles.

A cette prépondérance originelle et vite absolue du commerce, il n'est guère d'explication satisfaisante, car nombreuses sont les villes fondées sur des îles ou des cordons littoraux qui, sur les bords de la Méditerranée, ne se sont pas vouées au seul commerce; nous touchons là une des composantes fondamentales du miracle vénitien, dont on ne saurait entièrement élucider les causes premières. On peut cependant marquer les jalons de cet essor commercial, en partant du texte de Cassiodore (VIe siècle), du testament du doge Partecipazio (IXe siècle) et du pacte de Lothaire [1]; au Xe siècle, Constantin Porphyrogénète décrivait la prospérité de Venise, comparable, dans ses formes extérieures, à celle d'autres villes italiennes, comme Amalfi. Mais au XIe siècle, les privilèges de Basile II, puis ceux d'Alexis Comnène, au XIIe siècle, la participation de Venise aux Croisades font de la ville une des plus grandes, sinon la plus grande place de commerce de l'Occident; c'est l'apogée de la fin du XIIIe et

1. Cf. p. 24, 38 et 42.

Naves et galères.
(Détail du plan de Jacopo de' Barbari.)

du début du XIVe siècle. Ensuite, sans connaître de crise grave, Venise conserve sa position éminente jusqu'au XVIe siècle.

Le commerce vénitien s'est dès le début développé sur terre comme sur mer, car son activité de transit supposait acheteurs et clients aussi bien dans le vaste arrière-pays de Venise, en deçà et au-delà des Alpes, que dans la Méditerranée orientale; mais le dynamisme de ce commerce est demeuré au cours des siècles fondé principalement sur l'étroite association des marchands et des marins.

Les marchandises du commerce vénitien

En contact avec plusieurs aires de production et de consommation, Venise a profité de sa position d'intermédiaire entre le monde occidental, aux franges duquel elle était amarrée, le monde byzantin, auquel la rattachait les conditions mêmes de sa naissance, le monde slave, qu'elle atteignait directement par l'Istrie et la Dalmatie, puis par la mer Noire, et indirectement par la Germanie; le monde islamique, par la Sicile jusqu'à la conquête normande, puis la Barbarie, la Syrie et l'Égypte; enfin, les Mongols et l'Extrême-Orient aux XIIIe et XIVe siècles, directement ou à travers les pays islamiques.

L'Occident fournissait le bois (Cadore, Trentin, Apennin), des métaux – fer de Brescia, de Carinthie et de Styrie, cuivre et argent du Harz, de Bohême et de Slovaquie, or silésien et hongrois –, de la laine et, à partir du XIIe siècle surtout, des draps de laine, des serges, des toiles de chanvre ou de lin, des futaines, des draps de soie et d'or; il importait par Venise des épices, des parfums, des esclaves, mais aussi les matières premières indispensables à l'industrie textile: soie, coton, alun pour le mordançage des tissus, colorants pour leur teinture.

Le monde slave, en échange de sel, de draps, de métal blanc, fournissait bois, miel, cire, fourrures, chanvre et, jusqu'à sa totale christianisation, des esclaves. Byzance, en échange de blé, de draps, de métaux précieux, vendait soieries, or filé, vins, et de nombreuses marchandises venues de la mer Noire ou du Proche-Orient, au moins jusqu'au XIIIe siècle. Quant au monde islamique, transitant la soie depuis la Chine, les épices depuis l'Insulinde et l'Inde, il

VILLES OUVERTES AU COMMERCE VÉNITIEN AU XIIe SIÈCLE

fournissait sucre, lin, coton d'Égypte, parfums d'Arabie, cuirs de Barbarie, contre blé, draps, métal blanc, corail, ambre travaillé, fourrures brutes ou montées, fer et articles de fer.

L'intermédiaire vénitien retenait une partie de ces marchandises, qui, pour la plupart, étaient effectivement déchargées sur les quais du port et le long du Canal Grande, en des emplacements peu à peu spécialisés, dont l'actuelle toponymie conserve le souvenir (rive du Charbon, rive du Vin, rive du Fer...). Ce déchargement s'imposait, dans la mesure où Venise était un point de rupture de charge entre commerce maritime et commerce terrestre; il correspondait d'autre part aux principes de la centralisation commerciale, qui, excluant les étrangers des trafics maritimes, obligeait tous les patrons de navire à toucher le port de Venise, même si les marchandises qu'ils apportaient du Levant devaient poursuivre leur voyage vers la Méditerranée occidentale ou la mer du Nord; enfin, les taxes étaient dans ces conditions plus aisément perçues par de multiples offices économiques. Parmi les marchandises importées pour les besoins de la consommation locale, notons le blé et les épices, le bois, le bitume, les matériaux de construction et le chanvre; Venise d'autre part mettait sur le marché une partie de sa production propre : sel de la lagune et sel de ses colonies, dès le XIIIe siècle; sucre de Candie et, plus tard, de Chypre; blé, vin, laine, peaux de mouton. A ces produits naturels fournis largement par ses colonies d'exploitation, Venise ajoutait la production industrielle de la cité. L'industrie vénitienne est longtemps demeurée subordonnée aux activités commerciales; la plus grosse entreprise est sans conteste la construction navale, le contrôle par l'État des activités maritimes ne cessant de renforcer le rôle de l'Arsenal au détriment des chantiers privés. Le secteur le plus original de l'industrie vénitienne est l'ensemble des productions de luxe : travail des fourrures, des pierres précieuses et des bijoux, qui fait de Venise, à côté de Paris, la capitale européenne de la mode, et trouve des débouchés assurés dans les nombreuses cours de l'Italie continentale, mais aussi hors d'Italie; travail du verre et du cristal, qu'en raison des incendies on dut cantonner dans l'île de Murano. Quant à l'industrie de base de l'Occident médiéval, la dra-

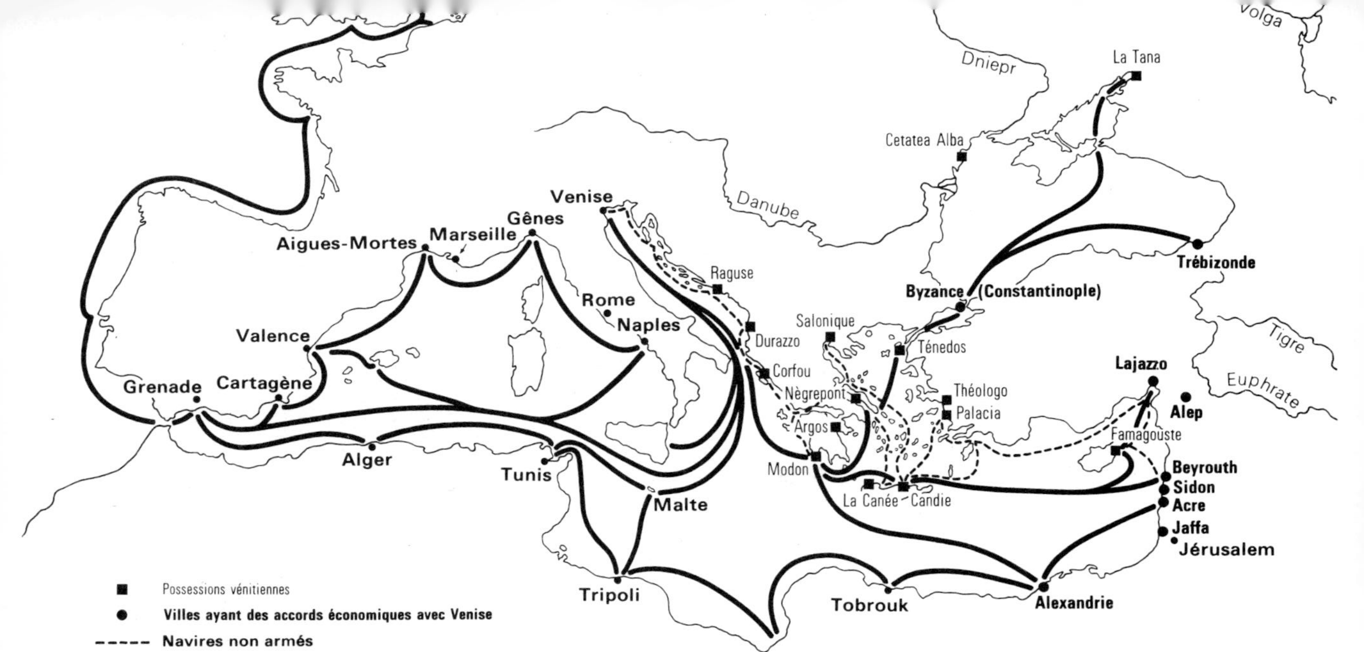

LIGNES DE NAVIGATION VÉNITIENNES

perie, Venise l'a développée tardivement et sous la forme plus luxueuse du drap de soie; ayant à sa disposition les plus beaux draps d'Occident et d'Orient, dont elle dominait le commerce de redistribution, elle n'éprouvait pas le besoin d'avoir sa production propre avant le XIVe siècle, preuve manifeste de la prééminence absolue du commerce sur les autres activités. L'industrie de la laine, développée dans la seconde moitié du XVIe siècle, à une époque où les horizons commerciaux de Venise se rétrécissent, est le signe d'une vocation tardive et nécessaire pour des activités de substitution. Quant à l'histoire du sel, elle illustre jusqu'au paradoxe la longue primauté du commerce maritime sur la production : admirablement servie par le milieu lagunaire et le climat, Venise a volontairement étouffé les activités proches et rentables des salines adriatiques, et importé à grand prix d'Ibiza, de Crimée ou de Chypre des sels qui servaient de lest et de frêt de retour à ses navires marchands. Produit pauvre, supportant des prix de nolisement élevés, le sel a permis d'abaisser le prix de revient des marchandises de luxe qui voyageaient avec lui : distorsion autoritaire, qui a soutenu l'éclat d'une prospérité maritime.

Transports et routes

Une partie des marchandises transitant par Venise vers son arrière-pays empruntait, dans la mesure du possible, la voie fluviale; la conquête de la Terre Ferme à partir de la fin du XIVe siècle, la guerre de Ferrare (1482-1484), les prétentions vénitiennes en Romagne et dans les Marches ont, entre autres causes, le souci de contrôler les débouchés des routes terrestres, mais aussi les réseaux fluviaux du Pô, de l'Adige et de leurs affluents. A travers les Alpes, un peuple de transporteurs assurait, par caravanes de bêtes de somme ou par lourds chariots, les communications entre le Frioul et le Trentin et les villes germaniques; au-delà d'Ulm, d'Augsbourg, de Nuremberg, Venise entretient des relations assidues, d'une part, par la vallée du Rhin, avec Bruges et, au XVe siècle, avec Anvers; d'autre part, avec Vienne, Breslau et Cracovie. Mais au nord des Alpes, les Vénitiens circulent plus rarement que leurs marchandises : ce sont les marchands des pays germaniques qui viennent s'approvisionner à Venise et y apportent les métaux et les produits métallurgiques destinés au grand commerce méditerranéen. Comparable aux *fondouk* des pays musulmans, le « Fondaco dei Tedeschi » était, au coude du Rialto, sur le Canal Grande, un entrepôt et lieu de résidence obligatoire : concentration des hommes et des biens, favorisant contrôle et taxation.

Mais, dès ses origines, Venise s'était surtout tournée vers la mer et l'Orient; étant donné les distances qui séparaient Venise des pays fournisseurs de soieries, d'épices, d'or, d'esclaves, seule la navigation maritime permettait, à moindres frais et à une vitesse relative, des échanges réguliers et fructueux. Au début du XIVe siècle, des convois de galères, les *mude*, prolongeaient vers l'Atlantique les lignes déjà solidement établies en Méditerranée occidentale et orientale : convois de Constantinople et de Romanie, avec prolongation, au XIIIe siècle, de la ligne vers la mer Noire, vers La Tana, et Trébizonde, convois de Chypre, de Petite Arménie, Syrie ou Alexandrie, enfin, convois de Barbarie. Vers l'Occident, la galère d'Aigues-Mortes toucha Majorque ou Barcelone, puis Valence; après la liaison gênoise de 1277 avec l'Europe du Nord-Ouest, les navires vénitiens atteignirent à leur tour Séville, Lisbonne, Southampton, Bruges et Londres.

Ces convois, un ou deux par an dans chaque direction, étaient parfaitement organisés par l'État, qui prévoyait une protection très efficace, dispensant les marchands de contracter de coûteuses assurances contre le risque de mer; ils groupaient un certain nombre – 9 à 10, puis 2 à 4, au fur et à mesure de l'augmentation de taille des navires – des célèbres galères, qui, du XIIe au XVIe siècle, représentèrent Venise sur la mer et dans tous les ports.

Le nombre et la taille de ces galères permettent d'approcher le tonnage moyen des marchandises transportées par ces convois : au XIIIe siècle, 30 à 50 galères de 95 t au maximum, soit 3 000 à 5 000 t de marchandises par an; au XIVe siècle, 30 à 40 galères de 250 t, soit 7 500 à 10 000 t de marchandises; au XVe siècle, environ 45 galères de 250 à 300 t, soit 10 000 à 12 000 t de marchandises par an. On peut s'étonner de la faible masse de marchandises transportées : mais il faut d'abord replacer ces chiffres dans le contexte du commerce médiéval, et souligner ensuite qu'il s'agissait de produits de grand prix, sur lesquels l'État levait de fortes taxes. Quant aux marchands, ils faisaient des bénéfices oscillant de 10 à 30 % pour un voyage, soit 20 à 60 % pour un aller et retour. La chronique Morosini donne pour la fin du XIVe et le début du XVe siècle les valeurs totales de chaque convoi à l'aller, puis au retour, généralement 250 000 ducats, mais parfois 450 000 ou 500 000; or, on peut compter 6 à 10 convois par an, soit 12 à 20 allers et retours!

A ces cargaisons, il convient d'ajouter les marchandises transportées par les navires non armés *(navigia disarmata)*, non assujettis à des itinéraires et à une navigation en convoi; leur tonnage était souvent considérable : au début du XVe siècle, 300 d'entre eux dépassaient 120 tonneaux, et

Le coude du Grand Canal avec le pont en bois du Rialto et le Fondaco dei Tedeschi en 1500. (Détail du plan de Jacopo de' Barbari.)

3 000 jaugeaient entre 6 et 120 tonneaux. Parmi les premiers, se trouvaient de nombreuses « coques », rondes et pansues, dont la cargaison de marchandises pondéreuses et peu chères atteignait fréquemment la valeur de 15 000 ducats.

Bref, au début du XVe siècle, le doge Tomaso Mocenigo, dans un discours fameux (cf. p. 125), évaluait l'ensemble du commerce vénitien, sur mer et sur terre, à vingt millions de ducats, procurant annuellement quatre millions de bénéfices à l'heureux intermédiaire.

Il faut préciser que de nombreux marchands vénitiens ne résidaient pas à Venise, mais s'installaient, parfois pour de longues années, à Raguse, Constantinople, Acre ou Bruges; les bénéfices de leurs opérations regagnaient, tôt ou tard, les bords de la lagune. Ainsi, au XIIIe siècle, Romano Mairano trafiquait entre Égypte, Barbarie et Maroc; au XIVe siècle, un certain Planconi achetait pierres et bois à Zara, les échan-

Marchands allemands

geait à Trapani contre du blé, qu'il portait aux Baléares; le sel acheté à Iviça était transporté et vendu en Sardaigne, etc. Si considérables que soient les chiffres avancés pour les débuts du XVe siècle, ils étaient certainement inférieurs à la réalité.

Capitaux, sociétés, monnaie

Cette vue d'ensemble sur l'ampleur du commerce vénitien n'est pas sans poser le problème du transfert ou de la mobilisation de capitaux considérables, et d'importantes opérations de change.

On peut penser que la question a d'abord été résolue par des individus travaillant pour leur compte exclusif; des capitaux d'origine foncière étaient engagés par le capitaliste en personne dans le commerce maritime, ou bien consacrés à l'achat d'une marchandise d'un seul type, confiée à un marchand chargé de la vendre au loin; c'est le système ancien de la *rogadia*. Parfois c'est une somme d'argent qui est prêtée à un marchand, pour qu'il la fasse fructifier comme il l'entend sur la mer (prêt maritime) : n'est indiquée dans le contrat que la somme qu'il doit rendre vingt à trente jours après son retour, le temps qu'il ait vendu les marchandises; on peut supposer que cette somme est largement supérieure, peut-être de 25 à 30 %, à celle qui a été effectivement empruntée. On connaît également des « prêts pour commercer », fondés sur des capitaux utilisés à Venise même et pour un laps de temps déterminé, stipulant le partage des bénéfices en parts égales; il s'agit là déjà d'un type rudimentaire de société.

La société commerciale la plus simple, issue du droit romain, est la *commenda*, à Venise la *colleganza*, primitivement dépôt, sans intérêt, d'une somme d'argent dans un monastère. De là, on passe rapidement aux deux types de *colleganze* vénitiennes : la *colleganza* unilatérale *(commenda)* qui unit un bailleur de fonds, fournissant tout le capital, à un marchand qui part le faire fructifier au loin; à son retour, le capital est remboursé, et les profits répartis dans la proportion des 3/4 au capital et du 1/4 au travail. Ce système a longtemps paru scandaleux aux historiens, qui y voyaient un exemple ancien d'exploitation du travailleur par le capitaliste; en fait, le marchand qui part sur la mer a contracté souvent huit ou dix *commende*, pour lesquelles il touche chaque fois le 1/4 du profit; chaque voyage lui rapporte donc des sommes très appréciables, et il est parfaitement capable de fournir à son tour des capitaux, soit à d'autres marchands, auprès desquels il joue le rôle de capitaliste, soit dans des *colleganze*, qui sont alors d'un nouveau type. La *colleganza* bilatérale, très fréquente, groupe un capitaliste, dont on présume qu'il reste à Venise, et qui fournit les 2/3 du capital, et un marchand fournissant le 1/3 restant, plus son travail. Au retour du marchand, les capitaux sont restitués, et les bénéfices partagés par moitié; notons qu'en fait, le travail est toujours rémunéré dans la proportion du 1/4, et le capital dans la proportion des 3/4 : en effet, le marchand ajoute au 1/4 dû pour son travail le 1/4 dû pour son capital, les deux autres quarts du profit allant aux 2/3 du capital prêté par le bailleur de fonds.

TYPE DE « COLLEGANZA »

Au nom du seigneur Dieu et de notre sauveur Jésus-Christ, l'an de l'incarnation dudit rédempteur 1073, au mois d'août, indiction 11, au Rialto, moi, Giovanni Lissado de Luprio, avec mes héritiers, ai reçu en *colleganza* de toi, Sevasto, orfèvre, fils de Ser Trudimondo et de ses héritiers 200 livres. Et moi même y ai investi 100 livres. Et avec cet avoir nous avons pris deux parts dans le bateau dont est capitaine Gosmiro da Molino. Et je me suis engagé à porter le tout avec moi en *taxegium* à Thèbes, dans le bateau sur lequel Gosmiro da Molino part comme capitaine. Donc, après votre agrément et entente avec vous, j'ai promis de faire fructifier tout cet avoir et d'en tirer le plus que je peux. Puis, capital mis à part, nous aurons à partager le profit que le Seigneur peut nous accorder en deux moitiés exactes, sans fraude et sans malhonnêteté. Et tout ce que je peux gagner avec ces biens par ailleurs, je suis obligé de l'investir dans la *colleganza*. Et si tous ces biens sont perdus par suite de la mer ou des hommes et qu'on peut le prouver, ce qu'à Dieu ne plaise, aucune des parties n'a à demander quelque chose l'une à l'autre; si, quoi qu'il en soit, il en reste quelque chose, nous le partagerons à proportion de ce que nous avons investi. Cette *colleganza* existe entre nous aussi longtemps que nos volontés sont entièrement d'accord. Mais si je n'observe pas chaque chose comme il est prescrit ci-dessus, moi et mes héritiers, je promets de donner et de vous rendre à vous et à vos héritiers toute chose au double, capital et profit, de mon bien, de ma maison ou de toute chose que l'on me sait posséder en ce monde.

Signature du dit Giovanni qui a fait dresser cet instrument. Moi, Pietro, témoin, j'ai signé. Moi, Lorenzo, témoin, j'ai signé. Moi, Gosmiro, témoin, j'ai signé. Les noms complets des témoins sont : Pietro Gossoni, Lorenzo Scudaio, Gosmiro da Molino. Moi, Domenico, clerc et notaire ai complété et identifié.

Ces sociétés, conclues pour un seul voyage, font intervenir de petites sommes; un capitaliste vénitien, si riche soit-il, n'investit pas son argent dans une unique affaire. On constate par exemple, qu'à la fin du XIIe siècle, un homme qui possède 2 400 livres répartit cette somme entre une dizaine de *colleganze* ; tel autre, qui pourrait posséder en totalité plusieurs bateaux, préfère acquérir de nombreuses fois 1 ou 2 des 24 parts dont l'ensemble représente un seul bateau. Comme le dit Y. Renouard, à Venise, « c'est l'accumulation des petites sociétés et des petits bénéfices qui fait les grosses affaires et les grosses fortunes ».

Sur ce système relativement fruste, mais qui réduit le risque, des fortunes considérables se sont bâties : le testament du doge Piero Ziani (1228) montre que le personnage possédait des rues entières à Venise et des dizaines de milliers de livres investies.

La division des navires en 24 parts évoque un autre type de société commerciale, la société en nom collectif; il existe à Venise, au début du XIIe siècle, des associations plus strictes que celles que nous avons décrites; elles unissent pour plusieurs années plusieurs personnes, qui ne sont pas toujours de la même famille; chaque associé apporte une part de capital et travaille, les profits et pertes étant partagés selon les apports de capitaux. Ce sont de véritables compagnies, dont le capital peut n'être pas inférieur à ceux des grands organismes florentins; au XIVe siècle, les frères Corner et Vito Leon réunissent 83 275 ducats, plus que la fortune léguée à sa ville de Prato par le grand marchand toscan Francesco di Marco Datini.

TYPE DE « COMPAGNIA »

Au nom de notre Seigneur, Jésus-Christ. L'an du Seigneur 1179, au mois d'août, indiction 12, au Rialto, moi, Domenico Sisinulo, du quartier de Santa Giustina, avec mes héritiers, déclare ouvertement à toi, Vitale Voltani, mon neveu, habitant le quartier de Santa Maria Zobenigo et à tes héritiers, que tous les deux, il y a un certain temps, nous avons établi et formé dans l'Empire byzantin, une *compagnia* dans laquelle nous avons investi chacun de nous, comme nous nous en souvenons, soit 7 £ d'or en hyperpères, soit 500 hyperpères d'or, et si nous avions plus de capital, nous avions à l'investir sur terre, dans cette même *compagnia*, pour le commun avantage de cette *compagnia*. Nous avions à en tirer profit, quoi qu'il en soit, au taux de 1 hyperpère par livre et par mois. Moi, je devais rester à Constantinople et toi à Thèbes; j'avais à te remettre et t'envoyer le capital de Constantinople à Thèbes par voie de terre ou par les golfes et passages maritimes et toi à moi, de la même manière, de Thèbes à Constantinople. Nous avions aussi le pouvoir de donner et d'envoyer ce capital par voie de terre et partout où cela nous semblerait profitable et nous avions pouvoir de tirer du capital de l'autre au nom et aux risques et profits de la *compagnia*, de telle manière que, en ce qui concerne cette dette, nous étions tous deux également débiteurs pour la payer ou en faire décharge. Et cette *compagnia* devait être faite entre nous, pour un an à partir de cette date puis aussi longtemps que nos volontés seraient entièrement d'accord. Aussi, moi et mes héritiers, je te promets solennellement à toi et tes héritiers, que je vous rendrai compte soigneusement et fidèlement du capital qui m'a été envoyé dans l'empire byzantin, concernant la susdite *compagnia* ou de tout ce que j'en ai donné, ou de tout ce qui m'en est resté, sans fraude ni artifice. Chaque fois que tu me le demanderas, personnellement ou par un messager dans le mois qui suit, j'ai à te payer entièrement, sans la moindre fraude, tout ce que j'en ai à cette date. Si, par la suite, après que tu m'en as fait requête, personnellement ou par un messager, dans le délai d'un mois, je n'ai pas fait ainsi ni respecté les conditions, moi et mes héritiers avons à t'indemniser, toi et tes héritiers, avec 200 marcs d'argent de tout ce que j'ai de biens saisissables dans ce monde... Moi, Domenico Sisinulo, ai signé de ma propre main. Moi, Enrico Scarto, témoin, ai signé. Moi, Pietro Bobbizzo, témoin ai signé. Moi, Giuliano Damiano, diacre et notaire, ai terminé et authentifié. (R. Morozzo della Rocca, D. Lombardo, *Documenti del commercio veneziano*, Turin, 1940.)

A la fin du Moyen Age, la pratique commerciale s'est affinée; les marchands n'accompagnent plus guère leurs marchandises; à demeure, dans telle ou telle ville, ils ont un correspondant ou un associé de la compagnie, qui reçoit les marchandises à vendre et les ordres d'achat, et que l'on dédommage par une commission fixe de 1 à 3 %.

Ces échanges à grand rayon d'action supposent une monnaie pour les règlements et des procédés permettant transfert et change éventuel des capitaux. Venise a été la première, dans un monde rural aux monnaies fondantes, à frapper une monnaie stable, qui facilite les opérations comptables ; ce fut le gros d'argent, de 2, 178 g, à 968/1000, resté immuable pendant trois siècles, et qui apparut à l'extrême fin du XIIe siècle, à la suite des privilèges étendus que Frédéric Barberousse, à Venise même (1177), puis à Constance (1183), avait reconnus aux villes italiennes. Quand la monnaie d'or reparut en Occident, et d'abord à Florence (1252), Venise à son tour frappa une pièce de même poids et de même titre que le florin (3, 56 g à 24 carats), le ducat, qui, immuable de 1284 jusqu'au XVIe siècle, devint l'étalon du bassin méditerranéen ; le Sénat vénitien pouvait déclarer avec une fierté justifiée en 1459 : « Notre monnaie d'or est appréciée et réputée dans le monde entier, et l'emporte sur toutes les monnaies d'or des autres nations... »

L'esprit créateur vénitien s'est aussi manifesté dans le domaine de la banque ; c'est, semble-t-il, à Venise que sont apparus les premiers comptes courants qu'ait connus l'Occident. Au Rialto ou à Saint-Marc, les marchands déposaient chez des changeurs des sommes qu'ils pouvaient retirer par un simple ordre écrit ; deux marchands ayant un compte auprès du même changeur pouvaient se payer l'un l'autre par un jeu d'écriture ; le système s'étendant à des banques voisines, on voit comment naquit un nouveau type de monnaie, la monnaie scripturaire. La tenue des comptes s'améliora considérablement avec le développement de la comptabilité dite « à la vénitienne » : chaque titulaire de compte, avait, dans un grand livre, face à face, la page du *doit* et celle de l'*avoir*. Perfectionnée au cours du XVe siècle, la comptabilité privée des sociétés, par la séparation poussée des types de comptes, et l'inscription de toutes opérations dans des livres différents, permit à des hommes d'affaires comme les Barbarigo de pouvoir à tout moment évaluer la situation précise de leurs affaires.

Dans les postes de comptabilité, la fréquence des règlements par lettre de change nous rappelle que cet instrument s'est développé à Venise au moins aussi tôt qu'à Gênes ou à Florence, à la fin du XIIe siècle; cet instrument commode permet souvent de procéder à plusieurs opérations qui se superposent ou se complètent : change, transfert de capitaux, crédit, voire achat ou vente effectifs.

Supposons qu'un Vénitien et un Londonien fassent affaire à Bruges, et que l'Anglais achète des draps d'or de Chypre, valant 100 livres de « gros » flamands, qu'il s'engage à payer à Venise. Il suffit qu'il se rende auprès d'un banquier installé à Bruges et ayant à Venise un correspondant, et qu'il lui verse, en livres d'esterlins, l'équivalent des 100 livres de gros : le banquier (tireur) donne ordre à son correspondant vénitien (tiré) de verser en ducats cette somme au vendeur de draps (bénéficiaire). Le temps que met la lettre pour aller de Bruges à Venise, l'usance, fixée à deux mois par les changeurs, diffère le règlement, donc ouvre un certain crédit; le change, grâce au transfert, procure également un bénéfice, car le gros de Flandre étant très apprécié à Bruges (c'est la monnaie locale), les 100 livres évoquées correspondent à un nombre maximal et d'esterlins et de ducats, disons 600 : ces 600 ducats versés à Venise correspondent à leur tour (et pour la même raison) à un nombre maximal de gros, disons 105 livres; le gain au change atteint près de 5 %.

Des techniques beaucoup plus complexes, finement analysées par les Vénitiens, permettaient des spéculations plus hardies et plus profitables, dont le détail importe peu.

Mais il faut retenir l'idée que Venise est l'une des villes qui ont créé et diffusé la plupart des instruments commerciaux et financiers qui ont permis l'essor économique de l'Occident : *colleganze* ou sociétés de mer, banques, monnaie, comptabilité... : autant de conquêtes qui témoignent du dynamisme vénitien et de la place qu'occupe le marchand dans la société urbaine.

Le marchand vénitien

Très généralement, le marchand vénitien est fils de marchand, dès l'enfance entraîné, voué au commerce. On lui fait étudier la grammaire et l'abaque, c'est-à-dire la comptabilité, puis on l'engage sur un bateau, par exemple comme arbalétrier, pour qu'il connaisse la mer, ses périls, la vie rude du marin. En même temps, on lui donne quelques marchandises qu'il embarque, surveille et vend, apprenant ainsi à faire quelques bénéfices. Puis on le place chez un parent ou un correspondant, dans une ville lointaine, d'où il revient parfois en convoyant des denrées destinées à sa famille ou appartenant à la société. Enfin, il devient lui-même correspondant de la société familiale et de plusieurs autres, à Alexandrie, où il s'occupe de coton et d'épices, à Candie, où il trafique sur le vin et les esclaves, à Constantinople, où il peut réaliser de fructueuses opérations bancaires. Fortune faite et héritant de son père, il commence alors à Venise une nouvelle existence. S'il n'est pas marié, il se hâte de fonder un foyer, et consacre une partie de son temps à l'éducation de ses fils. Sa culture est essentiellement pragmatique, fondée sur les chiffres et l'expérience, et sur la connaissance des pays étrangers et de leurs usages; outre le vénitien, il sait souvent le français et la langue de ses principaux clients, le catalan ou l'allemand ou le grec; le latin des clercs et des notaires ne lui est pas inutile, mais on trouve rarement dans sa bibliothèque avant le XVe siècle les œuvres juridiques ou littéraires de l'Antiquité classique. Qu'il soit riche ou que son aisance soit moyenne, ce marchand rationnel et laïque ne cesse de s'intéresser au commerce, de contracter des *colleganze*, de passer des ordres à ses correspondants; il investit par ailleurs une partie de son capital dans des propriétés terriennes, récoltant son blé, mangeant ses fruits, mais aussi dans des rentes sur l'État, dans des immeubles; le « palais » qu'il habite est aménagé au goût du temps : souci de tenir son rang dans cette république du négoce, qui se conjugue parfois avec un sens aigu du beau; le mécénat des aristocrates de la marchandise est une des composantes de l'extraordinaire floraison artistique dont nous admirons encore l'harmonie.

Ayant plus de temps disponible et vivant désormais au centre du monde vénitien, le marchand, s'il appartient aux familles influentes, participe nécessairement à la vie publique; il remplit des missions de podestat, d'ambassadeur, de capitaine, entre dans les Conseils, et peut, s'il persévère, devenir commandant en chef de la flotte, procurateur de Saint-Marc, voire doge. Comme le prouvent de multiples exemples et les arbres généalogiques des plus anciennes familles vénitiennes, activités commerciales et charges publiques sont étroitement liées : Venise est non seulement une ville de commerce, elle est aussi un État de marchands, un État au service des marchands. A l'abri des vicissitudes politiques, une admirable organisation défend les intérêts de la collectivité, tout en assurant les profits des particuliers. C'est ainsi que l'État construit, arme, protège les galères, organise les convois, fixe le nombre des bateaux, nomme les capitaines, désigne la nature des marchandises à transporter; le calendrier très strict des arrivées et des départs permet la double rotation annuelle des navires et des capitaux, dans des conditions de sécurité qui valent la meilleure des assurances. L'État encourage à l'étranger, par exemple à Alexandrie, les ententes entre marchands, qui maintiennent les bas prix à l'achat, et s'il exige que toutes les marchandises achetées au loin par des Vénitiens soient chargées sur des navires vénitiens et déchargées à Venise, c'est assurément parce que le budget de l'État repose pour une large part sur la fiscalité commerciale; mais les marchands qui siègent dans les Conseils savent qu'en définitive les taxes douanières servent à améliorer le système de navigation, donc à augmenter les bénéfices individuels.

On est tenté de chercher dans les causes du déclin de Venise les raisons de son exceptionnelle prospérité. Le marchand vénitien se serait peu à peu détourné de la vie active, investissant son capital en biens fonciers sur la Terre Ferme; on lui intenterait en somme le procès de s'être dégagé des affaires, d'avoir manqué de cet esprit offensif qui avait fait la fortune de ses pères. Mais peut-il y avoir marchands sans marchandise? Le repli des capitaux investis en Orient, la désorganisation des réseaux d'affaires, des lignes de navigation régulière au XVIe siècle, l'impuissance de l'État à assurer sa protection au commerce, à imposer son protectionnisme aux Vénitiens et aux étrangers, autant de signes d'une crise profonde, rendue sensible aux contemporains par les faillites en chaîne de la fin du XVe siècle, par le périple de Vasco de Gama, par les désastres militaires des guerres turques.

Par des nouvelles de Valence, de Gênes, de Lyon, de Bruges et d'autres lieux, toutes concordantes, on apprit par des lettres du Portugal que les 4 galères en provenance de Calicut étaient arrivées; comme elles avaient voyagé vingt-huit mois sans que l'on sût quoi que ce soit, on jugeait qu'elles étaient perdues, bien plus, on tenait leur perte pour certaine et, à Venise, on espérait qu'avec la perte de ces caravelles cette route serait abandonnée et que personne ne voudrait plus l'emprunter.

Ainsi, à l'arrivée de cette nouvelle, on en resta abasourdi et dépité, estimant que c'était très grave, que les voyages se poursuivraient et que le voyage de l'Inde pouvait même être considéré comme très facile. Et il y avait encore bien des gens pour refuser d'y croire, alors même que les dites caravelles étaient arrivées à bon port, parce qu'ils ne voulaient pas que cela soit.

... On se demandait si les 4 caravelles qui étaient parties à Pâques devaient revenir (du Levant) chargées d'épices, ce qui ferait un stock considérable d'épices; aussi les marchands vénitiens ne se risquaient pas à envoyer beaucoup de marchandises et à faire de gros achats au Levant par crainte de ces caravelles, qui avaient anéanti toute autre route, parce qu'elles pouvaient fournir les marchandises à moindre prix. (G. Priuli, en date du 6 décembre 1502. I Diarii, éd. R. Cessi, coll. « Rerum Italicarum scriptores », t. 24, III 2, p. 242-243.)

Le rétrécissement des horizons vénitiens du XVIe au XVIIIe siècle doit être replacé, comme l'a montré F. Braudel, dans le cadre plus vaste de la conjoncture méditerranéenne. On n'en doit pas déduire que le marchand vénitien n'a pas su s'adapter aux XVIIe et XVIIIe siècles à la concurrence plus vive dans des mers plus étroites; il l'a fait avec ses moyens et des ambitions réduites, et laissé à d'autres le devant de la scène.

Troc : soie contre laine.

Marchand de Venise (Gravure d'après C. Vecellio) XVIe siècle.

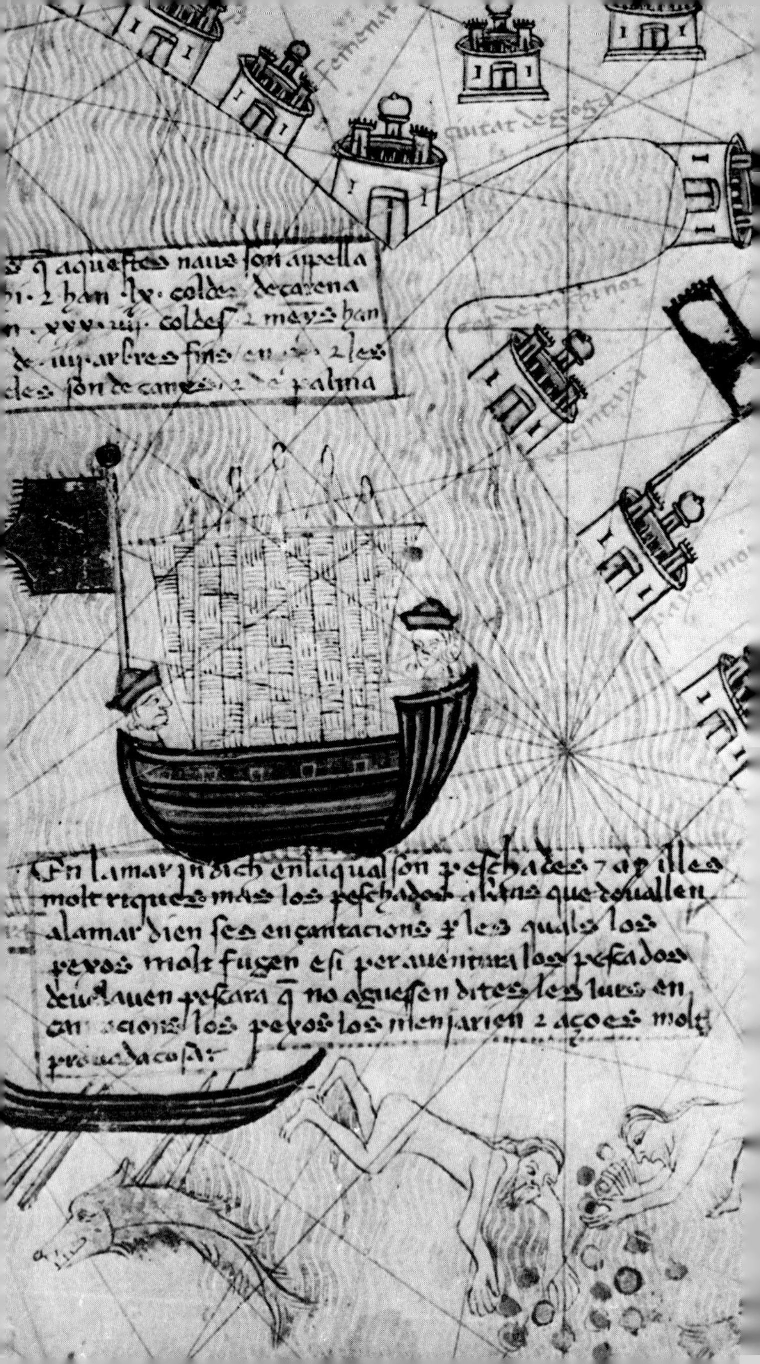
En la mar indich en la qual son peschadors
molt riques mas los peschadors ans que devallen
a la mar dien ses encantacions per les quals los
peyxs molt fugen e si per aventura los pescadors
devallaven pescar a que no aguessen dites les lurs en
cantacions los peyxs los menjarien e açoes molt
provada cosa.

Les Vénitiens et les frontières du monde

Malgré le sens civique, la direction collective de l'État par l'aristocratie marchande, la solidarité des entreprises, on ne peut passer sous silence des initiatives individuelles qui sortent de l'ordinaire et ne furent ni appuyées ni suivies par des hommes de guerre, des colons ou des administrateurs. C'est à quelques-uns de ses fils que Venise doit les informations transmises à l'Occident sur d'immenses portions du monde jusque-là inconnues.

Si nous évoquons, par exemple, le premier et le plus illustre d'entre eux, Marco Polo, il n'est pas exagéré de dire que, pendant plus de deux siècles, l'Occident ne connut l'Extrême-Orient qu'à travers *le Livre des merveilles du monde*, et que c'est l'Asie du XIIIe siècle, le grand Empire mongol du Cathay, le Cipangu, les pays du fabuleux métal, des perles et des épices que Christophe Colomb lui-même chercha à atteindre en prenant la route de l'Ouest; E. Power a pu déclarer, spirituellement mais sans grand paradoxe, à propos du dernier prodige de Marco Polo : « Vivant, au XIIIe siècle, il découvrit la Chine; mort, au XVe siècle, il découvrit l'Amérique. »

Marco Polo n'a pas été le premier Occidental à parler des dynasties mongoles, nées du partage de l'Empire de Gengis Khan, puisque deux clercs au moins, Jean de Plan Carpin (1250) et Guillaume de Rubrouck (1253-1256) avaient informé l'Occident de leur existence et de leur puissance.

D'autres Occidentaux avaient probablement suivi les routes d'Extrême-Orient, rouvertes par la paix mongole;

La côte de l'Inde par où revint Marco Polo.
(Atlas catalan, XIVe s.)

témoins, le Parisien ou la Lorraine établis à Karakoroum, voire l'Allemand servant les mangonneaux du grand Khan ; un Grec dirigeait peut-être les services médicaux de Koubilaï ; des Polonais, des Hongrois, des Slaves razziés lors de la campagne de Batou avaient peut-être été acheminés loin vers l'est. Il semble cependant que les Polo, du moins le père et l'oncle de Marco, aient été les premiers Occidentaux à pénétrer jusqu'au cœur de la Chine ; quand, après avoir (peut-être) acquis quelques notions des langues mongoles grâce à leur séjour parmi les Vénitiens de Soudak, où se trouvait leur troisième frère, Marco Polo le Vieux, ils arrivent auprès de Berkè, sur la Volga, puis de Hulagu [1], à Boukhara, et se joignent à l'ambassade que ce dernier envoie à Koubilaï en Chine, il est expressément signalé que Koubilaï « n'avait jamais vu de Latins et avait grand désir et volonté d'en voir ». Quand les Polo repartent après leur premier séjour (1262-1269), on leur demande de se rendre auprès du pape, et que celui-ci envoie à Pékin « cent docteurs savants dans les sept arts », afin de faire connaître à la Chine la pensée occidentale...

Mais le mérite éminent de Marco Polo est d'avoir transmis ses observations. Après avoir longuement visité la Chine du Nord et la Chine du Sud et touché les îles de la Sonde, de retour après vingt-cinq ans de séjour en Extrême-Orient, il a dicté à Rusticien de Pise les notes et souvenirs qu'il avait accumulés. La qualité et la couleur de ses descriptions, rédigées dans la langue universelle de l'époque, le français, sont, pour le succès sans précédent qui accueille l'ouvrage à partir de 1307, beaucoup plus importantes que les très réelles précisions sur lesquelles elles se fondent. On peut admettre aussi, avec P. Chaunu, que « l'instantané périmé qu'il conserve de l'Extrême-Orient est celui qui convient le mieux à l'Europe angoissée des XIVe et XVe siècles » : peut-être ces merveilles asiatiques évoquaient-elles pour beaucoup les vestiges d'un paradis terrestre.

Rappelons enfin la culture et la mentalité du marchand vénitien, sa connaissance des langues vulgaires, son goût du

1. Berkè, Hulagu et Kubilaï étaient tous trois petits-fils de Gengis Khan.

chiffre et du détail, son attention aux marchandises les plus chères et les plus prisées en Occident, son intérêt pour les activités urbaines, pour les puissants et les administrateurs, pour les choses de la religion. Ce n'est pas diminuer le mérite de Marco que de replacer son livre dans le milieu social et les courants de pensée de son temps. On peut facilement en juger d'après sa fameuse description de Pékin.

Caravane de Saraï (sur la Volga) jusqu'au Catai. (Atlas catalan, XIVe s.)

Et vous dis maintenant qu'en cette cité de Cambaluc est bien grande multitude de maisons et de gens, tant au-dedans qu'en dehors. Et sachez qu'il y a autant de faubourgs que de portes, et elles sont douze; ils sont si grands que celui de chaque porte s'étend jusqu'à celui de l'autre, et leur longueur a trois ou quatre milles, de sorte que nul homme ne les pourrait dénombrer. Il y a bien plus de gens dans les faubourgs que dans la ville. C'est en ces faubourgs que logent et demeurent les marchands et tous autres hommes qui y viennent pour leurs affaires; et il en vient une grande quantité, ceux qui viennent à cause de la Cour du Seigneur, — et partout où il tient sa cour, les gens arrivent de partout pour diverses raisons —, et ceux pour qui la ville est un excellent marché. A chaque sorte de gens un caravansérail est réservé, comme qui dirait un pour les Lombards, un pour les Germains et un pour les Français.

Et vous dis encore qu'en ces faubourgs sont aussi belles maisons et palais qu'en ville, hors celui du grand sire. Et sachez qu'on ne permet à aucun homme qui meurt d'être sépulturé en ville. S'il est un idolâtre, on l'emporte en un lieu lointain où doit être brûlé le corps, et qui est en dehors de tous les faubourgs. C'est ce qui advient aussi aux autres morts : s'il est d'une autre foi, où les morts sont enterrés, comme chez les Chrétiens, Sarrazins et autres, il est également enterré hors de la ville et des faubourgs, dont la ville est plus agréable et plus saine. [...]

Et sachez encore très véritablement qu'à mon avis, point n'est au monde cité où viennent tant de marchands, ni où arrivent pareilles quantités de choses aussi précieuses et de plus grande valeur. Et vous dirai cela. Avant tout, vous dis les denrées coûteuses qui proviennent d'Inde : les pierreries, les perles, la soie et les épices; puis toutes les belles et chères denrées de la province du Catai, de la province du Mangi et des autres qui l'avoisinent; et c'est à cause du Seigneur qui y demeure, et des dames et des barons et des chevaliers, dont il y a tant, et de la grande abondance de multitudes de gens des armées du Seigneur, qui stationnent à l'entour, tant pour la cour que pour la ville, et de tous ceux enfin qui sont là parce que le grand sire y tient sa cour, et aussi parce que la cité est en très bonne position, au beau milieu de maintes provinces. Il vient telles quantités de tout, que c'est chose extraordinaire. Et sachez pour vrai que chaque jour entrent en cette ville plus de mille charrettes uniquement chargées de soie, car on y fait beaucoup de draps

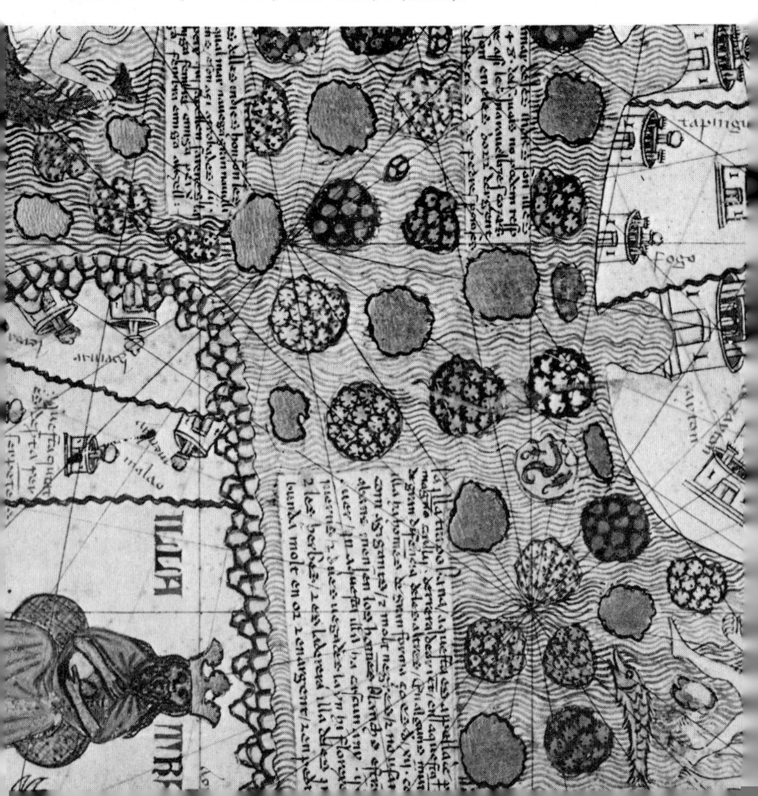

Chanbalech (Combaluc) et le Catayo (Catai).

de soie et d'or. Et ce n'est pas merveille, car en toutes les contrées environnantes, n'y a point de lin : il convient donc faire toutes les choses de soie. Bien est vrai, cependant, qu'ils ont en certains lieux coton et chanvre, mais non tant qu'il leur suffise; mais ils n'en produisent pas beaucoup, pour la grande quantité de soie qu'ils ont à bon marché, et qui vaut mieux que lin ou coton.

Et encore, cette cité de Cambaluc a autour d'elle plus de deux cents autres cités, tant lointaines que proches, et de ces villes viennent les habitants, d'une distance de deux cents milles, pour acheter en cette cité maintes choses dont ils ont besoin. Et eux, pour la plupart, lorsque la cour y est, ils vivent de vendre les denrées nécessaires à la cité. Donc n'est point étonnant si autant de choses que vous ai dit, arrivent à cette cité de Cambaluc, de sorte que c'est un très grand centre de commerce. (Marco Polo, *la Description du monde*, p. 135, éd. Hambis, Paris, Klincksieck, 1955.)

(Atlas catalan, XIVe s.)

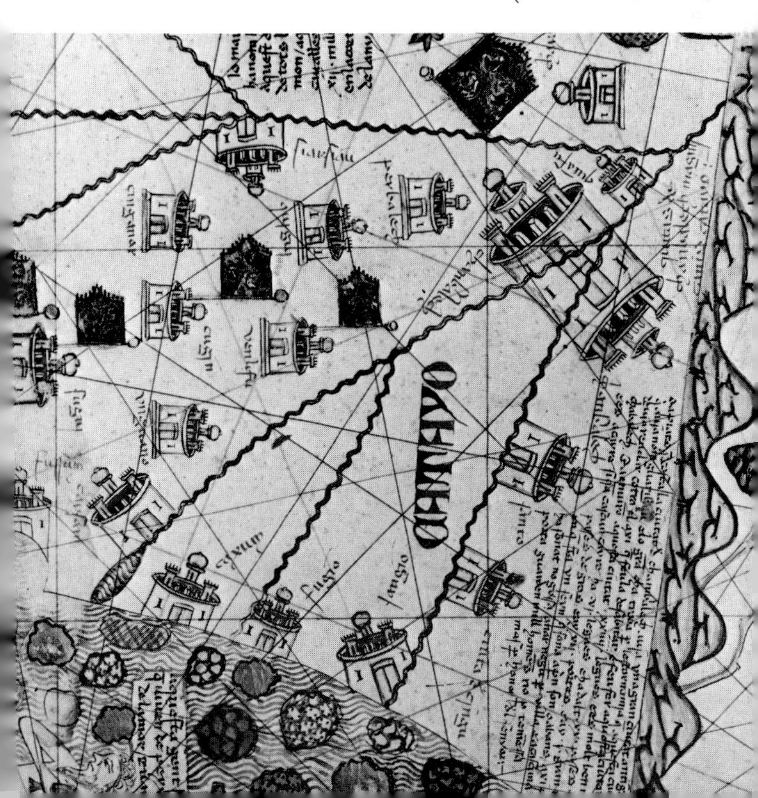

On peut assurément faire bien des réserves sur la valeur documentaire du *Livre des merveilles*; et tout d'abord, dans quelle mesure le rédacteur, Rusticien, enfermé avec Marco dans une prison gênoise, n'a-t-il pas enjolivé le texte, rajouté les descriptions de batailles, propres à intéresser un auditoire de nobles chevaliers? La narration elle-même est coupée de digressions, d'anecdotes, de retours sur divers thèmes ou régions, dont l'auteur – il le dit lui-même – « a omis de parler à leur place, non loin du début, dans un vain souci de brièveté ». On a par ailleurs peu de certitudes sur les deux missions que Marco aurait exécutées pour le service du grand Khan, au Yunnan, puis à Foukien et Zaïton; il a pu composer ses récits d'après des conversations avec des Chinois du Nord, ou des pilotes indiens ou arabes, lors de son voyage de retour, lorsque, accompagnant une princesse chinoise qui devait se marier en Perse, il emprunta la voie maritime par le détroit de Malacca. Ce qu'il dit de sa carrière aux ordres du grand Khan ne correspond pas avec les rapports des documents chinois conservés : son nom ne figure pas sur la liste des gouverneurs de Yang Tchéou, et le dénommé Po-Lo, assesseur du conseil privé à cette époque, n'est pas signalé comme étranger... Il demeure cependant hors de doute qu'il a bénéficié de la protection du grand Khan pour parcourir la Chine, nourri et défrayé comme un chargé de mission; demeure aussi la précision, vérifiée, de maint détail; comme un authentique explorateur, Marco Polo a été attiré par tout ce qui était pour lui nouveau, paysages, végétation, faune, populations; comme il le dit lui-même : « Jamais homme d'aucune race, ni chrétien, ni païen, ni tartare, ni indien, ni de quelque race que ce soit, (n'a) tant recherché les diverses parties du monde et leurs grandes merveilles comme le sut faire messire Marco Polo. »

Marco est l'un des premiers et le plus grand des explorateurs du Moyen Age occidental; mais il fut aussi le marchand pionnier, que nombre d'autres Vénitiens suivirent sur les routes de Chine ou de l'Inde. Il est, à l'heure actuelle, difficile d'identifier ces personnages, qui ne se préoccupaient guère de rédiger leurs souvenirs, d'indiquer leurs itinéraires, les buts de leurs voyages, les raisons de leur retour. Mais on les sait nombreux : au XIVe siècle, le missionnaire Odoric de Pordenone disait qu'à Venise beaucoup de gens avaient visité Kinsaï (Hang Tchéou), et, au détour d'un document, à l'occasion d'une affaire commerciale, lors d'un procès, nous constatons que le fait était courant, presque banal. Tandis que l'Occident lisait en s'émerveillant et sans toujours y croire la relation de Marco Polo, des Italiens et surtout des Vénitiens, plus réalistes, continuaient à fréquenter ces pays lointains et à s'y enrichir, témoin, ce peu réfutable document de 1349 :

Le 12 février 1349 à Rialto, est venu un procès entre les héritiers de feu Alberto de Calle, plaignants, et les nobles Marco Loredan et Giovanni Dolfin, tuteurs des fils de feu Giovanni Loredan, défendeurs, à l'occasion d'un reçu :

Les avocats des plaignants firent lire ce reçu : « Juillet 1338. Moi, Giovanni Loredan, ai reçu comptant de mon beau-père Alberto de Calle 80 livres de gros pour porter au voyage, à ses profit et risque en *colleganza.* » Et ils firent lire les témoignages du procès de 1343.

Premier témoignage de Marco Soranzo : « 30 août 1343. Moi, Marco Soranzo de San Apostolo déclare sous serment que tout ce que j'ai mis en cette affaire et toutes les dépenses que j'ai faites jusqu'à Ghazna représentent de 105 à 110 livres de gros. Et jusqu'à Ghazna, je pense que Giovanni Loredan en dépensa autant. Quelques jours après, il mourut et son frère, ser Polo, racheta avec notre consentement toute sa participation, ce qui fit 210 livres de gros. Ser Polo avait, à Ourgandj, quand nous nous séparâmes, des perles pour une valeur de 17 000 besants [1]. Moi, Marco Soranzo, j'ai retiré de ce voyage 3 500 florins, et j'ai vendu mes marchandises mieux que ne l'a fait aucun de mes compagnons puisque je les ai envoyées en France. »

Second témoignage de Marco Soranzo : « Le 9 janvier 1343 Moi, Marco Soranzo... Je dis que nous avons reçu en cadeau du seigneur de Delhi 200 000 besants. Nous avons laissé à la douane 20 000 besants. Et 2 000 besants au scribe de la douane. A Delhi, nous plaçâmes dans le capital de la société 10 000 besants chacun, soit au total 60 000 besants. Et nous fîmes encore cadeau aux barons du seigneur, qui nous avaient fait beaucoup d'honneur, de 8 000 à 10 000 besants. Avec d'autre argent, nous

1. Soit environ 500 livres de gros.

nous procurâmes des *tangade* [1]. Enfin avec les 100 000 besants qui nous restaient, nous achetâmes des perles. »

Témoignage de Polo Loredan : « J'ai remboursé de l'argent à Delhi, que mon frère avait eu en prêt d'Antonio de Crémone et de Sarrazin. »

Troisième témoignage de Marco Soranzo : « Le 30 juillet 1343, Giovanni Loredan emportait de Venise des draps et de l'ambre. Il laissa 80 % des draps à Constantinople à Tomà Loredan, pour rembourser ce qu'il devait à Tomà, pour avoir de l'argent frais à emporter dans le voyage... et pour compléter son apport de capital à la société. Il emporta le reste de ses marchandises à la Tana, à Astrakan, enfin à Tirmidh. Je me souviens aussi qu'un Arabe nous prêta 4 000 besants pour lesquels nous versâmes un intérêt de 40 % au moins... »

Pour la partie adverse, Marco Loredan et Giovanni Dolfin produisirent les témoignages suivants.

Témoignage d'Andrea Giustinian : le témoin « se rendait en voyage à Ourgandj et s'arrêta à Astrakhan où il trouva la *societas* qui devait aller à Delhi et qui, à cause de la glace, fut immobilisée environ cinquante jours ».

Témoignage de Marco Civran : Le témoin dit sous serment qu' « il allait avec 4 galées à la Tana. Sur ces galées, il y avait les nobles seigneurs Giovanni Loredan, Marco Soranzo, Baldovino Querini, Marin Contarini, Andrea Loredan et Polo Loredan, frère de Giovanni, tous associés pour le voyage de Delhi ». A Astrakhan, le témoin vit dans la maison de Giovanni beaucoup d'étoffes de couleur dont il faisait des coupons qu'allaient vendre deux de ses serviteurs... jusqu'à Saraï.

Témoignage de Tomà Loredan, qui avait accompagné Giovani à Constantinople : « Le témoin se souvenait que Giovanni Loredan échangea ses épices contre des étoffes de Malines, des draps de Florence et des étamines. Avant son départ, il vendit à Venise beaucoup d'épices et il en expédia d'autres en Flandre. »

Témoignage de Marco Soranzo : « Quand fut fondée la *compagnia* pour le voyage de Delhi, Giovanni Loredan investit à Venise dans la compagnie environ 40 livres de gros, tant pour l'horloge que pour la fontaine et les autres biens de la *societas*; moi, avec mes quatre autres associés nous investîmes le reste de l'argent nécessaire à l'achat de ces biens. »

Témoignage d'Andrea Loredan : « Giovanni Loredan emportait de Venise de l'argent qu'il mit dans la compagnie, des draps qu'il avait échangés avec des denrées qu'il avait rapportées du Cathay, et de l'ambre. Il vendit des draps à Constantinople, à la Tana et à Astrakhan. Là, j'étais avec lui et il se plaignait qu'il perdait beaucoup quand il vendait par les chemins. » (R.S. Lopez, « Venezia e le grande linee dell'espanzione commerciale », *La Civiltà del secolo di Marco Polo*, Venise, 1956.)

1. Peut-être des monnaies locales.

Dans le sillage de ces marchands, parfois les précédant, on trouve des missionnaires, tous italiens, comme Jean de Montcorvin, archevêque de Pékin à partir de 1289, ou Jean de Marignolli, grâce à qui furent écartées maintes fables sur l'Inde, ou encore Odoric de Pordenone, déjà nommé, qui, de 1290 à 1330, parcourut la Tartarie, l'Inde, la Chine, l'Insulinde, et rapporta de ses voyages sa fameuse *Descriptio terrarum*. Mais le plus grand explorateur de l'Asie à la fin du Moyen Age semble être encore un Vénitien, Niccolo Conti, de Chioggia; de 1424 à 1449, ce voyageur de génie parcourut toute l'Asie méridionale, les îles de l'océan Indien, Sumatra, Java et la Chine du Sud, complétant donc exactement les connaissances que l'on pouvait avoir d'après *le Livre des merveilles* et la *Descriptio terrarum*.

Quand, pour de nombreuses raisons — les difficultés qui ébranlèrent la domination mongole, lors de la révolution chinoise de 1368, l'avance turque en mer Noire et en mer Égée, marquée par la chute de Byzance (1453) et celle de Caffa (1475) —, les marchands italiens cessèrent d'emprunter les routes terrestres vers l'est, la quête des épices, de l'or et des esclaves prit d'autres voies, plus méridionales et presque exclusivement maritimes.

Mais autant Venise était bien placée dans la conjoncture précédente, autant elle pouvait sembler marginale dans l'Occident du XVe siècle, avec les Turcs à sa porte, tandis que Gênes, Barcelone, et surtout Séville et Lisbonne apparaissaient comme les nouvelles têtes des lignes de navigation. On sait combien l'installation des Gênois à Séville et au Portugal fut féconde, non seulement pour la découverte de l'Afrique noire, mais surtout pour celle de l'Amérique. On pense moins au rôle pourtant considérable des Vénitiens, qui étaient admirablement entraînés eux aussi à la navigation océanique grâce aux séculaires *mude* de Flandre, qui imprimèrent en 1483 les premières tables de navigation, et dont les découvertes et les enseignements furent presque comparables à ceux des Gênois.

On ne saurait passer sous silence le voyage des frères Niccolo et Antonio Zeno qui, à partir de 1390, allèrent vers les mers brumeuses et inconnues du Nord, au large de Terre-

Neuve, du Groënland, de l'Islande et de l'île Jan Mayen; mais ce tour de force, si extraordinaire qu'on l'a mis en doute, resta sans suite immédiate.

Il n'en est pas de même des méthodiques voyages d'exploration, au siècle suivant, de leur compatriote Ca' da Mosto, qui eurent une résonance considérable. Né à Venise en 1432, Alvise était le fils d'Élisabeth Querini et de Giovanni da Ca' da Mosto, qui s'illustra en 1439 contre le duc de Milan dans la défense de Vérone, où il était provéditeur. Comme tout jeune Vénitien de bonne famille, il navigua d'abord en Méditerranée, puis, en 1454, prit passage sur la galère *Zen* qui faisait le voyage de Flandre. On ignore dans quelles circonstances exactes il fut présenté à l'infant de Portugal, le fameux Henri le Navigateur, et pour quelle raison fut confiée à ce marin de vingt-deux ans la caravelle qui, partie du cap Saint-Vincent le 20 mars 1455, devait rencontrer au Cap-Vert le Gênois Uso di Mare, et atteindre la Gambie. En 1456, un nouveau voyage en compagnie d'Uso di Mare permit la découverte des îles du Cap-Vert et de la côte jusqu'au Rio Grande et aux Bissagos. Ca' da Mosto revint en 1463 à Venise, où il épousa une patricienne de la famille Venier et où il mourut vers 1488.

Si l'on ne considère que le déroulement ou le résultat immédiat de ces voyages, il est difficile de placer Ca' da Mosto très au-dessus de ses contemporains gênois ou portugais, qui, par leurs découvertes successives, préparèrent le périple de Vasco de Gama; on peut certes souligner qu'il était un marin hors de pair, doublé d'un marchand avisé, qui, malgré la faiblesse de ses moyens, sut acheter au Portugal chevaux, harnais, tissus de laine et de soie, et les échanger en Guinée contre des esclaves; la revente de ces esclaves lui permit d'équiper la caravelle de la seconde expédition.

Mais par-dessus tout, Ca' da Mosto a su, dans la relation qu'il écrivit vers 1460, écarter de son récit tout le merveilleux, l'irrationnel, et se défaire de la crédulité, dont, un demi-siècle plus tard, Colomb ou Améric Vespuce ne sont pas entièrement dégagés. Le récit de Ca' da Mosto est éminemment simple, s'appuie sur des observations directes ou sur des sources qu'il cite et qu'il critique; il n'a pas le moindre préjugé envers les indigènes dont il admire sans complexe la force, l'hospitalité, la bonne humeur, l'art de raisonner; il s'intéresse à tout, outre les marchandises : botanique, zoologie, cuisine, mœurs, géographie; il a un sentiment très net de la beauté des paysages; enfin, il essaie de construire son récit, le rend vivant, et ne cherche pas à conserver pour lui les « secrets » de l'itinéraire, des marchés et des clients, qui feraient de sa relation un ouvrage hermétique. Cet ensemble de qualités étonnamment modernes prouve combien un fils de Venise, marin et marchand, peut être en avance sur son temps. Voici de courts extraits de sa relation concernant le Cap-Vert et les îles.

Le Cap-Vert est élevé et fait plaisir à voir. Il s'étend entre deux montagnes, au milieu d'elles, et s'avance en mer tout entouré de cases et de maisons habitées par les Noirs... J'ai beaucoup voyagé en de nombreux pays, vers le Levant ou le Couchant, mais je n'en ai jamais vu de plus beau.

Durant tout le temps que nous sommes restés à l'embouchure de la Gambie nous n'avons vu qu'une fois l'étoile polaire. Elle était si basse qu'elle semblait toucher la mer... Mais nous vîmes 6 étoiles qui étaient fort grandes et qui luisaient d'une façon merveilleuse. Nous les avons mesurées avec notre pyxide... *(Voyage de 1455.)*

L'année suivante ledit Ligure [1] et moi, Alvise Cadamosto, nous eûmes l'intention de partir pour ce pays, d'explorer ce fleuve et d'arriver au royaume de Gambie et quand nous soumîmes ce projet à l'infant [2] sans l'autorisation de qui un tel voyage eut été impossible, il acquiesça volontiers...

Après avoir vu le cap Blanc, nous gagnâmes la haute mer, et la nuit suivante, s'éleva un fort vent du sud, qui nous aurait rejetés d'où nous venions, si nous n'avions pu incliner quelque peu vers l'ouest. Nous dûmes subir la force du vent deux nuits et trois jours. Mais le troisième jour nous aperçûmes une terre que personne n'aurait pu supposer. Nous nous étonnâmes fort de trouver là une terre... Nous mîmes à l'eau une chaloupe et envoyâmes 2 hommes pour reconnaître cette terre aperçue. Ils revinrent nous annoncer qu'ils avaient trouvé 2 grandes îles. Et quand nous l'apprîmes, nous rendîmes grâce au Seigneur qui dans son incommensurable bonté avait voulu nous révéler des pays jusque-là inconnus, tout nouveaux et que personne dans toute l'Espagne n'avait encore vus...

1. Le Gênois Uso di Mare.
2. Henri le Navigateur.

Nos matelots allèrent sur l'île et ne virent aucun homme ni ne décelèrent aucune trace humaine qui nous aurait révélé que l'île était habitée... Ils escaladèrent des collines mais ne trouvèrent que des pigeons et presque toutes les espèces d'oiseaux. Les pigeons se laissaient prendre à la main, comme l'on voulait. Ils ne craignaient nullement la présence des hommes, qui leur étaient jusque-là absolument inconnus. Aussi (nos matelots) en prirent-ils le plus possible, les tuant à coups de bâton pour nous les apporter.

D'un autre côté, l'on pouvait discerner 3 grandes îles, impossibles à voir d'où nous étions car elles étaient un peu au nord. Ils virent également en pleine mer vers l'ouest deux autres îles, à peine visibles tant elles étaient éloignées.

En explorant la côte nous arrivâmes à l'embouchure d'un fleuve et nous touchâmes terre espérant y trouver de l'eau potable. L'île était plantée des plus beaux arbres, de toute espèce, et en cherchant une source, nous trouvâmes près du fleuve de petites boules de sel blanc. Nous ramassâmes une grande quantité de sel qui devait suffire pour tout notre voyage car, là, le sel sourd de la terre...

Je ne veux pas passer sous silence que nous avons donné à la première île que nous avons vue le nom de Bona Vista... Pour une autre, particulièrement remarquable parmi le groupe des 4, nous avons tiré son nom de celui de Saint-Jacques, car nous l'avons découverte le jour qui est consacré aux saints Jacques et Philippe. (T. Gasparrini-Leporace, *Le Navigazioni atlantiche del Veneziano Alvise Da Mosto*, Rome, 1966.)

D'autres navigateurs, beaucoup plus connus, devaient soit aller au-delà du cap de Bonne-Espérance, soit, poussant droit vers l'ouest, découvrir de nouvelles terres, des îles, un continent. Or, si c'est un Gênois qui découvrit ce monde, auquel fut donné le nom d'un Florentin, Amerigo Vespucci, il ne faut pas oublier que ceux qui explorèrent les rivages d'Amérique du Nord et parcoururent la mer Océane de la baie d'Hudson au Rio de la Plata sont des Vénitiens d'adoption ou de naissance, Jean et Sébastien Cabot.

On peut remarquer que tous ces marins, marchands, explorateurs illustres que Venise vit naître et éleva, n'accomplirent pas leurs exploits au service de leur patrie. Ca' da Mosto, comme Marco Polo, recherchait d'abord le profit; ils servirent, l'un le grand Khan, l'autre, l'infant de Portugal, comme les Cabot servirent le roi d'Angleterre, puis Charles Quint.

L'expansion vénitienne, conçue et dirigée des bords de la lagune, si remarquable qu'elle soit, a conservé un caractère raisonnable, pondéré, en rapport avec les possibilités humaines et financières de la République; elle a permis aussi à plusieurs de ses enfants exceptionnellement doués, de déborder très largement son aire géographique, et par des actions individuelles ou au service d'autres expansions, de reculer les frontières du monde connu.

Mais l'aire géographique vénitienne, c'est avant tout le bassin oriental de la Méditerranée. Les voyageurs vénitiens, marchands et marins, y côtoient des compatriotes sédentaires, qui contribuent singulièrement à enrichir leur lointaine patrie, et à défendre ses intérêts.

Le gingembre et la soie, au bord du fleuve Jaune et de la mer Océane, près de la cité de Ho Tchieng-Fu (interprétation occidentale pour illustrer le *Livre des Merveilles*, au XVe s.).

Colons, guerriers, diplomates.

Bases et comptoirs

Les services rendus par la marine vénitienne aux entreprises occidentales du basileus avaient été monnayés par des privilèges; le chrysobulle accordé en 993 par Basile II à ses sujets *(douloï)* récompensait la collaboration de Venise à la reconquête byzantine en Italie du Sud.

La chute de Bari tombée aux mains des Normands, et la défaite de Romain Diogène par les Turcs à Mantzikiert, deux événements retentissants de l'année 1071, contribuèrent à ouvrir grandes aux seuls Vénitiens les portes de l'Orient byzantin; le chrysobulle de 1082 reconnaissait la puissance quasi autonome de Venise et entérinait une capitulation économique, puisque le commerce vénitien dans l'Empire se trouvait d'un coup plus favorisé que celui de Byzance elle-même; il annonçait par là la déviation de la Quatrième Croisade. Ces concessions devaient soulever rapidement la rancœur des hôtes, et la rivalité, sournoise ou agressive, des concurrents occidentaux. Les coups portés sous les Comnène à un monopole exorbitant amenèrent Venise à proposer un temps ses services sur un autre théâtre d'opérations fréquenté par les Amalfitains et les Pisans; c'est dans le royaume de Jérusalem que furent fondées, à Ascalon et à Tyr, les premières colonies vénitiennes, si l'on entend par ce terme la plénitude de l'exterritorialité (1125); pendant un quart de siècle, hostilité et restrictions à Byzance amenèrent les Vénitiens à prospecter la Syrie et l'Égypte. Mais sur la carte des

Carpaccio, « La légende de Sainte-Ursule » :
une audience diplomatique. (Accademia, Venise.)

intérêts commerciaux de Venise, Constantinople, capitale du monde au seuil de la mer Noire interdite, demeurait le centre le plus fascinant; installés au cœur de la ville, entre la porte de Perama et la porte de Vigla, de nombreux marchands, comme le célèbre Romano Mairano, étendent leurs affaires de Thessalonique aux ports d'Asie Mineure, et manifestent leur puissance et leur solidarité en consentant à leur patrie des prêts importants pour l'armement des flottes d'intervention en Adriatique et en Orient (1196). Il n'est pas, à la fin du XIIe siècle, de centre commercial en Méditerranée orientale où des Vénitiens en voyage ne retrouvent, d'escale en escale, des compatriotes installés, des îles ioniennes à Corinthe et à Thessalonique, de la Crète à Paphos, et de Smyrne à Byzance. La souveraineté de fait sur le « golfe de Venise » – c'est ainsi, à peu près à la même date, que le géographe Idrisi désigne l'Adriatique sur la carte du monde qu'il dessine à Palerme – se prolonge et se ramifie vers l'Orient en un système de bases, qui préfigure les contours géographiques d'un empire : empire décharné, fait de quartiers urbains, d'entrepôts, plus tard, de bastions, uni au Rialto par des lignes régulières de navigation, par le dense réseau des nouvelles et par le sentiment d'une commune aventure. « Toutes les îles de l'archipel, tous les ports et villes de haute et de basse Romanie, en définitive tous les lieux de l'Empire grec sur le pourtour de la Morée et jusqu'à Constantinople étaient peuplés d'une foule d'hommes et de marchands vénitiens », écrit Daniele Barbaro.

Ubiquité des hommes, mais précarité des positions vénitiennes exposées dans l'Empire byzantin aux coups de force, aux changements de politique et à la libre concurrence des rivaux. Les avisés marchands ont probablement préparé sur place la prise de Constantinople par des croisés dévoyés; les services que le doge Enrico Dandolo consentit à rendre à l'expédition furent payés dès le départ par la prise de Zara (1202), puis, lorsque Alexis Ange se révéla incapable de jouer sur son trône recouvré le rôle que lui assignait Venise, par la meilleure part du dépeçage de l'Empire : en mai 1204, Venise s'assura les 3/8 de la capitale, avec les meilleurs quais, les côtes et les îles de la mer Ionienne, la plus grande part du

Péloponnèse et les Cyclades, deux positions clés sur les détroits, Gallipoli et Rodosto; au mois d'août, Dandolo racheta au marquis de Montferrat une fraction de sa part, l'île de Crète, qui refermait solidement en Égée son nouveau domaine. Quoique le doge ait ajouté fièrement à sa titulature le nom de « Seigneur du quart et demi de l'Empire de Romanie », la prise de possession fut en fait limitée aux ports, aux points les plus fertiles ou les plus faciles à défendre des côtes et des îles sur le grand axe de la circulation marchande qui reliait l'Adriatique à la mer Noire enfin ouverte. L'importance attachée aux positions commerciales et à leur défense, le rôle dévolu dès l'abord à la Crète, charnière du système, amenèrent les Vénitiens à s'enraciner partout où la reconquête byzantine de 1260 fut hors d'état de les atteindre, et à composer avec les Gênois, nouveaux et redoutables concurrents, lorsque leurs réseaux d'affaires et de puissance se recoupaient, à Constantinople même et en mer Noire : partage d'influence qui prolonge la conquête par une prudente diplomatie, assure à Venise par les chrysobulles de 1265 et de 1285 la reconstitution de ses quartiers dans la capitale et à Thessalonique, et lui permet de s'installer durablement à la Tana et à Trébizonde, où les empereurs locaux confirment ses privilèges au XIVe siècle.

L'histoire de l'Empire vénitien est inséparable de l'expansion commerciale des Occidentaux en Orient, mais Venise est la seule ville italienne qui se soit engagée, sur la base des conventions de 1204, dans une politique durable de colonisation. Aux concessions de quartiers et de privilèges commerciaux, aux factoreries animées, au rythme de la navigation d'État, par les activités d'une population fluctuante, se juxtaposent à partir du XIIIe siècle, des colonies d'exploitation qui jalonnent le grand axe de la puissance marchande et militaire, et une nébuleuse de bases et de territoires, soumis à une autorité de fait, où la domination indirecte, les traités de paix et d'assistance, la dépendance économique et navale préparent la voie de l'annexion.

Des établissements vénitiens, le plus prestigieux est celui de Constantinople. Si le doge Dandolo refusa pour lui-même la dignité impériale, son successeur à la tête de la colonie locale, Marino Zeno, plaça le nouveau doge Ziani devant une situation de fait : la création d'une Venise d'outre-mer. Il fallut quinze ans pour que se dissipât le mirage d'une nouvelle naissance de Venise en Orient et pour que se rétablît sous l'autorité de la commune du Rialto l'unité un moment compromise. C'est dire que l'occupation territoriale en Romanie posait de redoutables problèmes d'organisation, et que la colonie vénitienne conserva sous les dominations qui se succédèrent à Byzance la primauté morale et politique que lui conféraient son ancienneté, sa population, et le souvenir de l'épopée de 1204. Son *baile*, représentant permanent de la République auprès du Basileus, puis du Sultan, fut toujours un des premiers personnages de la capitale; nommé par le Grand Conseil pour deux ans, il administrait les intérêts des résidents, entouré de conseillers et de fonctionnaires, mais exerçait aussi un magistère sur tous les établissements vénitiens de Méditerranée orientale et de mer Noire.

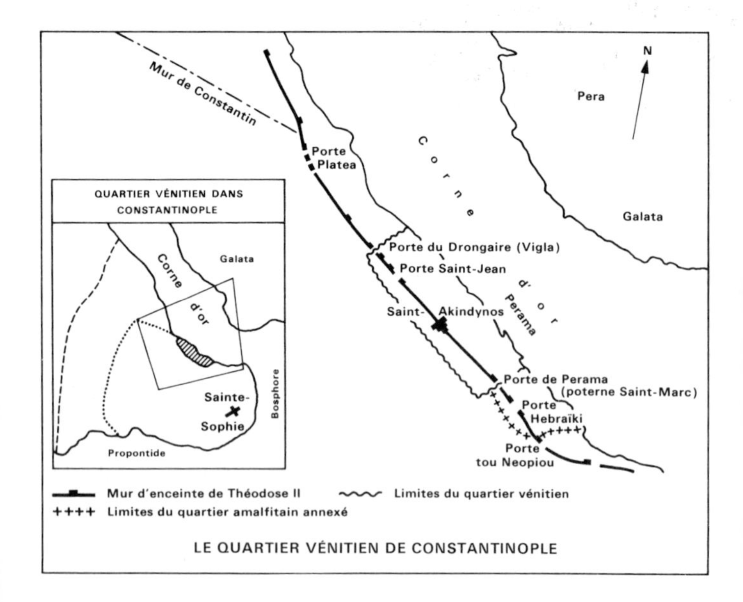

Vue de Constantinople au milieu du XVe siècle. (Manuscrit de la *Géographie* de Ptolémée.) ▶

C'est sur le modèle constantinopolitain que furent organisés ou réorganisés les quartiers marchands d'Égypte, de Syrie ou de mer Noire. A Alexandrie, les Vénitiens disposaient de deux *fondouks*, bâtiments qui servaient à la fois au logement et au magasinage, entretenus par l'administration du Soudan, d'une église, d'un bain et d'un four à pain. Le consul vénitien, juge de ses concitoyens, responsable de leurs personnes et de leurs biens, était entouré par 12 conseillers élus par la communauté marchande ; il avait sous ses ordres trésoriers, notaires et tout un personnel subalterne. Les comptoirs de mer Noire étaient en revanche à créer ; ainsi, à la Tana, le premier consul fut élu en 1313 ; mais le quartier concédé par le khan Usbek n'était pas encore construit en 1340 ; les bâtiments édifiés après 1347 furent saccagés par Tamerlan en 1395 ; Giovanni Bembo a décrit le quartier entouré de murs, défendu par des tours, protégé par un château entouré d'un fossé, et prolongé à l'embouchure du

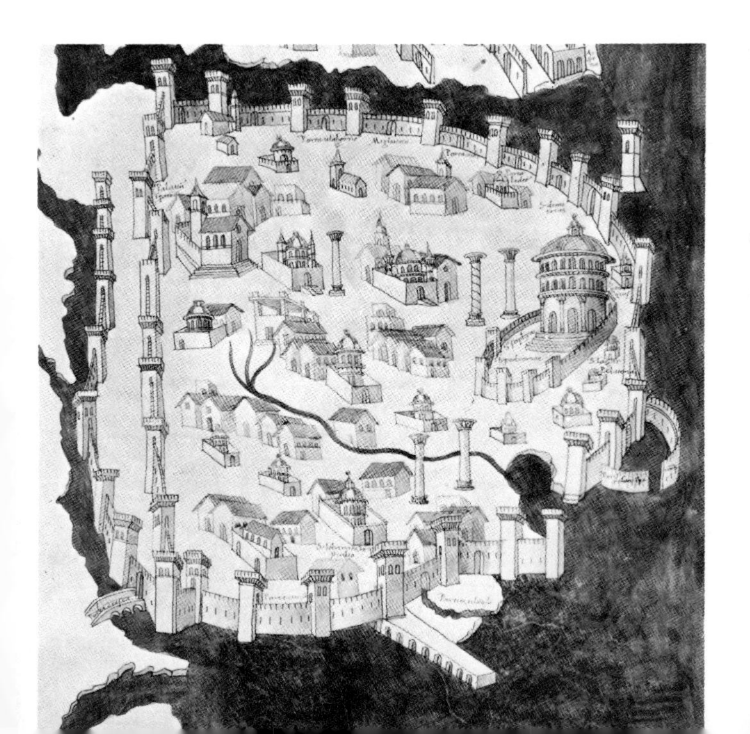

Don par les installations de pêche et de salaison : établissement aventuré dans des confins hostiles, et qui survécut difficilement à la destruction de 1410, jusqu'à la conquête ottomane de 1475.

Un empire colonial

A ces comptoirs installés par la force de l'habitude et sur la base de traités, s'opposent les colonies d'exploitation nées de la conquête. C'est en Crète, en raison de son étendue, de ses ressources naturelles, de son abondante population, que Venise fit ses premières armes de puissance coloniale, et par force : de l'Empire dessiné sur la carte en 1204, il fallait s'emparer, et d'abord de la grande île. Par sa position géographique sur la route de la mer Noire et sur la route du Levant arabe, par la qualité de ses rades, la Crète était une base logistique de première importance; mais sa fonction dans le système de domination était accrue par la vertu de la trilogie méditerranéenne : blé, huile, vin. Les problèmes qui se posèrent aux conquérants en Crète, comme dans d'autres sociétés rurales, en Eubée, en Morée, étaient neufs pour ces

Vue de Candie. (*Peregrinationes ad Sepulchrum Christi*,...

marins et ces marchands. Venise pouvait-elle demeurer fidèle à l'image d'un ensemble de points d'appui peuplés de Vénitiens et reconstituant en Méditerranée orientale autant de nouvelles patries?

L'idée première fut bien en Crète de faire de Candie une nouvelle Venise. La disparité entre la population vénitienne immigrée et la masse des autochtones, soumis du jour au lendemain à un nouveau maître, posa en terme de peuplement le problème de la nouvelle colonisation. Or Venise était décidée à ne compter que sur ses fils : elle confia la sécurité du commerce à des colons militaires, répartis dans les six *sestieri* qu'elle créa sur le sol de Crète, dotés selon leur appartenance sociale de fiefs de *cavallerie* ou de *sergenterie* : étonnante projection des réalités vénitiennes auxquelles se superposent les institutions féodales qui ne faisaient pas partie de sa tradition, tranquille mépris des réalités locales! Si l'on évalue à 10 000 personnes le nombre des feudataires casés en un siècle, on mesure à la fois le sacrifice consenti par l'État-commune, et la faiblesse d'une implantation destinée à diriger, sans la moindre concession politique, une population de l'ordre de 150 000 habitants.

... de B. von Breydenbach, Mayence, 1486.)

Robur et fortitudo imperii, la Crète est l'exemple limite de tout ce qui sépare les colonies marchandes du XIIe siècle de l'Empire colonial de Romanie au XVe siècle : la difficile conquête, les insurrections sans cesse renaissantes jusqu'au cœur du XIVe siècle auraient suffi à imposer les formes d'une administration directe, vigilante et tracassière. Hors de Crète et des places de Coron et de Modon (à la limite entre mer Ionienne et mer Égée), la domination vénitienne s'est installée de manière indirecte : ainsi dans les Cyclades, concédées à la famille Sanudo, qui en fit le duché de l'archipel, en Eubée, où depuis le partage de l'île entre trois seigneuries lombardes, le *baile* vénitien n'exerce de souveraineté que sur la capitale, Nègrepont; ainsi dans les îles ioniennes, longtemps contestées par des seigneurs locaux et les rois angevins de Naples. Mais le danger turc qui se manifeste à la fin du XIVe siècle par des razzias dans le Péloponnèse a conduit Venise à transformer peu à peu le système féodal des îles et de l'Achaïe en une domination territoriale directe; les seigneuries franques nées de la conquête de 1204 durent se sacrifier aux impératifs de la défense, et devenir vénitiennes pour ne pas devenir turques: ce fut la fin du condominium en Eubée (1383), l'achat de Corfou (1386) qui avec Durazzo et Valona constituait un môle solide au débouché de l'Adriatique, l'achat d'Argos et de Nauplie (1388), dont la prise de possession fut retardée par la résistance du despote de Mistra et du duc d'Athènes.

On ne peut faire le tour du patrimoine de Venise outre-mer sans évoquer la Dalmatie, « premier théâtre de la gloire » (Cessi) : la possession de Zara, de Trau, de Raguse assurait à la République des bases maritimes, des centres de défense et de ravitaillement. Zara conquise, soulevée, reprise fut au cours des XIIIe et XIVe siècles l'enjeu d'un incessant conflit avec le roi de Hongrie; l'intervention des Aragonais en Sicile rompit l'étau hungaro-angevin qui se refermait sur l'Adriatique, et l'appui serbe permit à Venise de reprendre Zara en 1346 à Louis d'Anjou. Mais c'est l'ensemble de la Dalmatie qu'elle dut remettre en 1358 au roi de Hongrie après la guerre gênoise, et le traité de Turin (1381), mettant fin à une nouvelle et terrible lutte contre Gênes, dite guerre de Chioggia, confirma sa renonciation sans conditions, sauf une : la garde montée par l'escadre du golfe, et sans partage, sur des eaux territoriales et sur des régions provisoirement confiées à des tiers : le domaine hongrois de l'Adriatique placé sous l'autorité du ban de Croatie, les seigneuries slaves de Durazzo, de Valona, le royaume de Bosnie continuent d'être *sub protectione nostri dominii*; aussi lorsque Venise reconquiert par les armes Zara (1409), Trau, Scutari et Dulcigno (1418-1420), la dynamique du retour marque la fin de l'ère municipale : la reconstruction de l'unité dalmate s'opère sous le même signe que la prise en main directe du Péloponnèse et des îles : la nécessaire unité contre les progrès continentaux des Turcs. De l'affirmation solennelle des droits acquis et de la juridiction sur l'Adriatique découle un système habile de souveraineté sur la côte et l'arrière-pays slaves : gouvernement direct, par occupation effective ou dédition provoquée, suzeraineté de type féodal, alliances militaires avec le comte de Segna, le ban de Schiavonie, le *voïvode* de Bosnie, le comte de Cettinie, les seigneurs d'Albanie, et, avec la République de Raguse, traité de *buona vicinia*.

Entre l'Empire et la commune, le lien nécessaire est celui de l'organisation administrative; sous des noms divers, on retrouve dans les comptoirs marchands et dans les colonies plus vastes le schéma centralisateur qui rattache les membres épars à la tête, les transmissions jouant dans cet organisme étiré sur la mer le rôle d'un influx nerveux et les distances atténuant dans les faits la rigueur de la centralisation : il faut, d'après F. Thiriet, de trois à quatre semaines pour joindre Venise à Candie, six semaines pour Constantinople, de deux à trois mois pour atteindre les postes très éloignés de la mer Noire comme la Tana. Le souci d'efficacité a imposé partout le modèle vénitien, synonyme de perfection; les moyens de gouvernement sont concentrés entre les mains d'un petit groupe de personnes, dont la réunion est le *regimen*, organisme exécutif, collégial, et siégeant en permanence; à sa tête, le *baile*, ou recteur, ou, en Crète, le duc, représentant de l'aristocratie vénitienne, est tenu par sa *commissio*, qui fixe l'étendue de sa mission, et, à son retour de fonction, par les comptes qu'il présente de sa gestion à l'administration centrale de contrôle, les *officiales rationum* et les avocats de la commune. Ce personnage est assisté de deux ou trois conseillers, et d'un Grand Conseil, qui en Crète, rassemble plus de 300 patriciens représentant les feudataires. L'autorité politique entre les mains des seuls Vénitiens dirige les affaires locales selon « l'honneur et l'intérêt », c'est-à-dire selon les besoins exclusifs de la métropole; il est significatif que les actes de l'administration publique aient été au cours des siècles rédigés en latin ou en vénitien, malgré l'universalité de la langue grecque en Romanie.

Mais dans le domaine de l'administration comme dans les autres, Venise a fait preuve de réalisme; les annexions territoriales de la fin du XIVe siècle et du début du XVe siècle sont préparées par des tractations avec les notables locaux, par exemple à Corfou ou à Thessalonique; le gouvernement est partagé entre le *baile* et son conseil d'une part, et l'assemblée régionale de Corfou d'autre part, composée de 90 membres, qui désignait les officiers de justice et de finances. A Thessalonique, où s'installe en 1423 un duc vénitien, assisté d'un capitaine, l'autonomie municipale est intégralement maintenue sous l'autorité d'un conseil des Douze, nobles grecs qui rendent la justice et répartissent les impôts hérités de l'administration byzantine. En Crète même, si toute évolution vers l'autonomie reste bloquée par les formes mêmes de la colonisation, on assiste au XVe siècle à un sensible rapprochement entre les feudataires et les notables grecs, rapprochement qui se manifeste notamment par le glissement progressif des Vénitiens de souche à l'orthodoxie ambiante, et par la participation des Grecs de grande famille au commerce maritime entre la grande île, Constantinople et Venise. Au XVIe siècle, l'administration de la Crète est elle-même entre les mains de notaires grecs, qui représentent, face aux recteurs et aux provéditeurs, la continuité, et ne se font pas scrupule d'interpréter les instructions officielles.

Évolution des mœurs née de la coexistence enfin pacifique, détente à laquelle le péril turc n'est pas étranger, mais peut-être aussi influence sur l'administration coloniale des méthodes de contrôle discret utilisées sur la Terre Ferme conquise; si les circonstances et les caractères de l'installation vénitienne dans son arrière-pays sont assurément différents de son installation outre-mer, il n'est pas moins vrai que Venise, succédant à des dominations étrangères, eut l'habileté de respecter des libertés communales et des privilèges fiscaux et commerciaux et de conserver à chaque province sa physionomie, et, par là même, sa propre paix civile. La centralisation administrative d'une *Dominante* qui seule légifère pour l'ensemble de ses possessions s'exprime dans la commission qui fixe dans les mêmes termes pour les recteurs des domaines terrestres et maritimes *(rappresentanti da Terra e da Mar)* les obligations de leur charge : « Nous te confions à toi, noble... et te déléguons la charge de podestat pour... mois, afin d'administrer le lieu de... et son district, dont tu dirigeras et gouverneras les habitants pour l'honneur de notre domination, selon la justice et conformément aux statuts et règlements dudit lieu, sous réserve qu'ils ne soient contraires ni à notre honneur ni à notre État *(onor e stato nostro)*, et en l'absence de statuts et de règlements, tu gouverneras les habitants selon leurs coutumes, et s'ils n'ont pas de coutumes, selon ta conscience... » C'est sur ces bases nouvelles que s'esquisse au XVIIe siècle et sous la plume d'un sujet de Terre Ferme, le Véronais Scipione Maffei, l'interprétation fédérale de la tutelle qu'exerça la *Dominante* sur les territoires les plus divers, et qui permet aux historiens vénitiens de la grandeur passée d'évoquer l'Empire romain.

Les pays dont s'emparèrent les Vénitiens au début du XIIIe siècle étaient loin de se prêter tous à une mise en valeur fructueuse; le paysage caractéristique des « terres d'en bas », comme les textes byzantins définissaient la Romanie devenue vénitienne, est fait du contraste entre des massifs montagneux qui se dressent à pic au-dessus de la mer, et d'étroites plaines littorales : îlots à peine peuplés, refuges d'altitude pour des populations de pasteurs, comme les montagnards sfachiotes qui prirent le maquis à l'arrivée des Vénitiens en Crète, mais aussi en Eubée, en Morée, dans la plaine de Candie et dans la Mésarée crétoise, des sols riches qui ne demandent que de l'eau et de la main-d'œuvre pour produire de belles récoltes.

Les Vénitiens eurent pour premier soin d'occuper les meilleures terres, où l'irrigation était possible; politique particulièrement évidente en Crète, où les forteresses qui se dressent encore dans la campagne défendent les points d'eau. L'extension géographique de la mise en valeur agricole fut favorisée par l'irrigation; cultures industrielles et vergers se développèrent en Crète et dans les acquisitions nouvelles du XVe siècle, tandis que s'étendaient les emblavures et les vignes; l'île d'Eubée, l'Argolide, Corfou, puis Chypre en 1489, vinrent enrichir le « jardin d'Orient ». Patients efforts, fruit du travail de parèques, et, sur les « casals » crétois vidés par la peste, par une immigration dirigée selon les besoins : Arméniens et Ténédiotes à la fin du XIVe siècle, Grecs chassés par les progrès de l'avance turque après 1430 en haute Romanie, paysans d'Epire qui passent à Corfou, Albanais venus du duché d'Athènes en Eubée. La part de la population servile croît aux XIVe et XVe siècles grâce au fructueux trafic d'esclaves auquel se livrent les Vénitiens à Constantinople, en mer Noire, dans les ports d'Asie, et pour lequel Candie est une plaque tournante. Que la Crète n'a cessé d'occuper une place de choix dans les préoccupations vénitiennes, cet éventail de textes tend à le prouver.

I. Extraits des actes d'un notaire Vénitien de Candie. (Leonardo Marcello, Éd. par M. Chiaudano et A. Lombardo, Venise, 1960.)

a. *Moutons en société* (I.9.1280)

Je déclare, moi, Jacques Pilosus habitant à Candie, et mes héritiers, à toi, Raphael Natalis, habitant à Candie et à tes héritiers, que nous avons ensemble fait une société, dans laquelle société tu as mis 77 moutons, et moi j'ai mis 77 autres moutons, que je dois garder jusqu'à la fin du mois de juillet, à mes propres frais (qui, à la vérité doivent être déclarés lors du règlement, à la charge de nous deux). Et, en outre, je suis tenu et je dois, chaque mois, en ce qui concerne le revenu des susdits moutons, te donner ou te délivrer à toi ou à ton envoyé, la moitié de tout le gain en provenant, moi gardant l'autre moitié. Fini le temps susdit, moi ou mon envoyé doivent donner à toi ou à ton envoyé la moitié des moutons que l'on comptera à cette date.

b. *Redevances envers un propriétaire* (6.10.1280)

Vu que toi, Jacques Querini, habitant à Candie et tes héritiers, tu as donné concédé et loué à nous, Georges Slavochoriti et à son fils Jean habitant au casal Russachoria et à nos héritiers, autant de terre qu'il nous est possible de travailler en permanence durant dix ans, en temps de paix avec deux paires de bœufs, et une vigne dénommée Archéléa;

pour le loyer de la susdite terre travaillée par deux paires de bœufs nous devons te donner 80 mesures de bon froment, 20 mesures d'orge tous les ans, durant tout le temps susdit, sur l'aire, au temps de la moisson. Pour le loyer de la vigne, nous devons te donner la moitié de tout le moût et des fruits. Nous sommes tenus de fouiller, bêcher, retourner et bien entretenir et garder en excellent état cette vigne, sous peine de 10 hyperpères[1] d'amende. Sachant que nous avons reçu de toi une paire de bœufs, pour lesquels nous devons te donner 10 hyperpères en deux termes, moitié en juillet prochain, moitié d'ici la fin de l'année prochaine.

c. *Achat de draps* (3.3.1281)

Nous déclarons, nous, Léonard et Nicolas Tonisto, habitants de Candie, frères, habitant à Cotoarchano, que nous avons reçu avec mes *(sic)* héritiers, de toi, Sufredus Belli, habitant à Candie et tes héritiers 18 brasses de Châlons[2] et 10, 5 de, futaine pour lesquelles d'ici à la fin de juillet nous devons donner 16 hyperpères.

II. Extraits des délibérations du Sénat vénitien. (H. Noiret, *Documents inédits pour servir à l'histoire de la domination vénitienne en Crète*, Paris, 1892.)

a. *Remèdes à la dépopulation* (11.3.1393)

Comme, ainsi que tout le monde le sait, notre île de Crète est peu habitée par manque d'homme et que de ce fait un certain nombre de *casals* restent incultes, au plus grands dam et inconvénient de notre commune et de nos fidèles; qu'il est bon, ou mieux utile de veiller à ce que ces *casals* et d'autres lieux puissent être travaillés et qu'ils ne demeurent pas incultes : et qu'ailleurs il a été prévu que quiconque s'offrirait à conduire ou à faire conduire une plus grande quantité de chevaux dans notre île se verrait prêter 3 000 hyperpères sur les biens de nos feudataires, décision qui depuis un bout de temps n'est plus observée. Décision est prise que l'on confie à notre administration de Crète, pour peupler notre dite île, (le soin) de faire proclamer que, de même que ces dits 3 000 hyperpères étaient prêtés pour lesdits chevaux, de même quiconque, au public encan, s'est offert à conduire en notre dite île de Crète la plus grande quantité d'esclaves mâles de moins de 50 ans, doit avoir en prêt 3 000 hyperpères et les avoir et en jouir durant deux ans...

1. Monnaie byzantine.
2. Drap fabriqué à Châlons-sur-Marne.

b. *Méfiance envers les Grecs* (renouvellement en 1408)

Il a été pris dans notre conseil du (Sénat), ajouté et mis dans les instructions du duc et des conseillers de Crète une décision signalant qu'aucun Grec ne peut avoir de fief dans notre île de Crète.

c. *Vénitiens et clergé grec* (1452)

Vu que notre Seigneurie, connaissant l'opportunité et l'importance, pour notre État, de l'office de protopope à Candie, a toujours cherché, pour l'honneur de Dieu et l'utilité de notre État, que soit promu à cet office un homme catholique et fidèle à notre État, et que, de ce point de vue, récemment notre Seigneurie, ayant pris conseil et avis de la plupart de nos principaux nobles, a choisi pour protopope le vénérable pope Marc Paulopoulos, pour remplacer le défunt protopope de Candie, car homme catholique, prêchant l'union, âgé, lettré, et extrêmement fidèle à notre Etat, (et que ce dernier) n'a pas été admis à cet office, mais que le duc et un conseiller de Crète, contre l'avis du capitaine et de l'autre conseiller a choisi un certain pope Zanino, non seulement schismatique, mais encore ardent propagandiste de toute hérésie, jeune et pas bien fidèle à notre État; et qu'il faut veiller, pour l'honneur de Dieu et de la foi catholique et pour l'intérêt de notre Etat, à ce que le choix fait par notre Seigneurie, avec le conseil et la recommandation de tant de nos nobles, ait lieu;

décision est prise (d'installer Marc Paulopoulos comme protopope).

d. *Préoccupations économiques* (24.7.1428)

Comme Marc de Zanono, notre citoyen, a l'intention et le courage de planter en notre île de Crète des cannes à sucre et, au bout d'un certain temps de faire une bonne quantité de sucre dans ladite île, chose qui, si elle pouvait être effectuée, serait d'une très grande utilité et avantage pour notre Seigneurie, nos citoyens, nos sujets et toute l'île, à de nombreux égards et pour de nombreuses raisons que tout le monde comprend ;

décision est prise (d'aider puissamment notre citoyen)...

De plus que soit décidé que notre susdit citoyen puisse envoyer ou faire naviguer les dits sucres, qu'il doit faire produire, sur n'importe quel navire, à n'importe quelle époque, et qu'ils ne soient pas soumis à la *muda*, comme l'on fait pour le sucre de l'île de Sicile, et qu'ils paient à Venise les droits que l'on paie pour les sucres de Sicile, et en Crète les droits accoutumés.

e. *Soucis administratifs* (1402)

Comme nos chatelains de l'île de Crète vont et viennent comme bon leur semble à travers l'île, ce qui est mal faire pour la sécurité de nos châteaux et de nos régions, car ils y sont affectés et doivent les garder (alors qu'ils les laissent beaucoup trop de la manière susdite et vont expédier leurs propres affaires), il nous plaît que nos susdits chatelains ne puissent ni ne doivent en aucune façon, même par ruse, venir à la ville ni se promener, de manière à dormir hors de leur château; mais pour le bon accomplissement de leur mission, le duc et les conseillers de Crète peuvent leur donner licence de venir à la ville ou d'aller à travers l'île 4 fois par an et pas plus...

Comme nos registres d'impôt de l'île de Crète ne sont pas tenus comme ils devraient l'être, car ils peuvent être vus par presque tous ceux qui le veulent, ce qui n'est pas bon, est ordonné que les registres doivent être tenus chez le camerlingue de Crète sous clé : une clé au duc, une autre à un des conseillers, la troisième au camérier de la commune.

Verdoyante Mésarée (Crète).

Toutes les colonies vénitiennes d'outre-mer ont produit du blé, mais aucune n'est en mesure d'en exporter en dehors de la Crète, qui ravitaille régulièrement Thessalonique et les îles de l'Égée et, au XVe siècle, nourrit les équipages de la flotte de guerre. Le commerce du blé étant monopole de l'État, qui achète une partie de la récolte à prix fixe, ce n'est que dans les années exceptionnelles que des licences de commerce sont accordées pour toutes destinations. La Crète remplit donc dans l'ensemble de l'Empire romaniote une fonction essentielle d'approvisionnement céréalier; mais Venise continue à se nourrir par des achats à l'étranger; ses fournisseurs traditionnels sont en Occident, les Pouilles et surtout la Romagne et les Marches; en Orient, les plaines de la mer Noire, la Macédoine et la Thrace. La conquête de la Terre Ferme, très peuplée, loin de représenter pour Venise une source commode d'approvisionnement, a au contraire imposé à Venise, dans la seconde moitié du XVe siècle le ravitaillement de son arrière-pays, et à des sources de moins en moins orientales; sans doute la conquête turque n'a-t-elle pas fermé d'un coup à Venise les possibilités d'accès aux marchés céréaliers de Péra et de Thessalonique; elle l'a cependant, obligé à un progressif repli stratégique sur les marchés occidentaux, d'autant plus que les belles récoltes crétoises du XVe siècle ne sont plus qu'un souvenir aux siècles suivants. Les rapports des syndics du Levant dans la seconde moitié du XVIIe siècle font apparaître combien la conception mercantile de la mise en valeur est préjudiciable aux intérêts mêmes de l'empire : si la Crète est devenue incapable de se suffire à elle-même, c'est parce que le commerce du blé traduit non point l'aisance d'une économie tournée, les bonnes années, vers l'exportation, mais le trafic sur le minimum vital. La faute, disent les enquêteurs, en est aux marchands, qui concluent avec les producteurs des contrats à terme et à prix fixé, que ces derniers sont bien incapables d'honorer; régulièrement condamnés devant la cour du recteur, les paysans recourent au crédit des marchands et leur engagent d'avance toute leur production. Il est surprenant que ce soient les habitants des villes qui tiennent les cours, et vendent le blé nécessaire à la consommation des campagnes crétoises!

C'est qu'en fait d'autres productions ont pris dès le XVe siècle le pas sur les céréales, parce qu'elles sont plus rémunératrices. Au premier chef, la vigne : les profits que producteurs et marchands retirent du vin crétois sont considérables, nourris par une demande qui s'accroît en Occident et en Orient. L'extension des vignobles s'est accompagnée d'une prospection attentive des marchés : par Venise et la haute Allemagne, par la galère de Flandre, le malvoisie d'Eubée, qui s'est développé en Crète, le muscat de Candie sont partis à la conquête de l'Europe du Nord et du Nord-Ouest; à Chypre, le vin de Crète concurrence le vin local, et, de Candie, les navires l'emportent vers Beyrouth. Des fortunes vénitiennes se sont édifiées sur le vin, et il n'est pas de chargement de galères ou de naves qui, dès le XIVe siècle, ne transporte du vin romaniote de la Méditerranée orientale à l'Atlantique. Le vin a sans doute été le produit par excellence dont la production a été stimulée par les courants d'échange internationaux et les besoins de la métropole. A une moindre échelle, on pourrait en dire autant des fruits, raisins secs, oranges et citrons de Zante et de Céphalonie, qui franchissent les Alpes par caisses en direction des villes d'Europe centrale. Il faut enfin parler de cultures industrielles, implantées en Romanie sur de grandes exploitations par des hommes d'affaires avisés, favorisés par des privilèges fiscaux, telles que le cotonnier, qui se répand au XVe siècle en Eubée et en Crète, la canne à sucre, venue d'Asie à Chypre, puis de Chypre en Crète, où elle s'étend au XVe siècle : souci des particuliers et de l'État de développer dans l'espace vénitien la production et l'élaboration de denrées qui transitent depuis plus d'un siècle sur les quais de Venise.

L'acquisition de Chypre par Venise en 1489 apporte à la Seigneurie de beaux revenus, fondés sur une agriculture prospère, et dont les secteurs les plus rentables – coton, canne à sucre, salines – ont été développés depuis cent cinquante ans par la famille Cornaro. L'éclat de la famille, ses étroites relations avec les Lusignan, l'intérêt que Venise portait à l'île bien avant sa cession par la dernière reine, Caterina Cornaro, remontent à l'exceptionnelle carrière de Federigo Corner. Banquier du roi Pierre Ier à qui il prêta, en 1368, 60 000 ducats, ce personnage acquit, libéré de toute taxe sur la terre et les hommes, le *casale* de Piscopi, à la pointe méridionale de l'île, arrosé par l'un des très rares cours d'eau pérennes de Chypre, le Kouros, et où la canne à sucre était déjà cultivée. Les moulins à eau installés sur la plantation même permirent les premières opérations de transformation, et l'on fit venir de Venise deux grandes chaudières de cuivre pour le raffinage du sucre : sucre en pains, sucre en poudre, sucre « marchand », dont la diffusion et la réputation sont faites en Europe par le canal de Venise.

Le primat des intérêts commerciaux, la lente victoire sur Gênes et sur sa *mahone* de Chypre, et le rôle que des hommes d'affaires ont su jouer dans le domaine colonial romaniote, avant même qu'il fût entré sous la seigneurie vénitienne, préparent les conquêtes territoriales (salines de Leucade et de Nauplie), les reconversions agricoles, les approvisionnements de substitution (l'alun crétois, exploité dès lors que l'alun d'Asie Mineure devient, aux mains des Turcs, aléatoire) : il est cependant un domaine, il faut y revenir, où le primat des intérêts commerciaux a progressivement fait disparaître la sécurité des fournitures dans un monde oriental qui se rétrécit : c'est l'approvisionnement en céréales. Politique à courte vue, disent les syndics du Levant, car l'Empire vénitien est condamné comme Venise à importer sa nourriture; et qui la lui fournit, sinon le commerce avec le Turc? La situation est au XVIIe siècle particulièrement difficile dans les îles, qui dépendent du monde extérieur : Corfou « qui serait prospère, si elle était cultivée » (c'est-à-dire emblavée) et qui ne se nourrit que quatre mois par an, tire sa subsistance de la Morée turque, et, quand le blé turc fait défaut, des Pouilles; à Zante, il faudrait arracher la vigne, car les profits des uns empêchent les autres de manger leur pain quotidien. Paradoxalement, les syndics doivent reconnaître que Tinos, la pointe avancée de Venise dans les mers sujettes du Turc, échangerait volontiers sa « liberté » politique contre la sécurité qu'assure aux îles de l'archipel leur qualité de terres tributaires de la Porte : *è la commodità delle biave che possono trazer in ogni lor bisogno nei luoghi turcheschi...* Ces rapports sans fard, et qui s'excusent d'être francs, débouchent sur une mise en garde : si les sujets de Venise ne se plaignent pas, c'est qu'ils vivent dans la terreur des rapaces locaux, « qui vendent plus d'un ducat ce qu'ils ont pris aux enchères pour moins d'un sou », et sont d'avance découragés par la lenteur administrative des plaintes, et la rareté des missions de contrôle : Tinos depuis plus de trente ans n'avait pas reçu la visite de syndics ; le jardin de Venise est à l'abandon...

... La malheureuse île de Tinos a été parfois réduite à de telles extrémités que personne n'avait plus de blé chez soi, ni à vendre ni pour son usage, à l'exception du recteur ; et tout le monde venait l'acheter chez ce dernier, et l'achetait non au prix de la raison et de la justice, mais au prix sans doute que conseillait la faim. J'ai très grand déplaisir à exposer ces choses à votre Sérénité, mais j'en ai eu bien plus encore à les entendre raconter par cette malheureuse population, et, ayant vérifié leur exactitude, je n'ai pas voulu attendre pour les porter à la connaissance de Vos Excellentes Seigneuries, afin qu'Elles puissent plus rapidement y remédier...

L'île de Cérigo ne produisant pas assez de blé pour se suffire plus de six mois par an, ou un peu plus certaines années, et n'ayant pas les moyens d'en faire venir de l'extérieur, à cause de la grande pauvreté des habitants de l'île, qui ne peuvent mettre de l'argent de côté, et, par ailleurs, le château n'ayant pas de ressources en eau, à part quelques petites réserves, qui seraient vite consommées, je dis que si la forteresse demeurait dans l'état où elle se trouve, il sera toujours facile à l'ennemi de s'emparer de l'île.

Que Votre Sérénité considère l'état de cette forteresse, qui Lui appartient, et à laquelle manquent des choses aussi importantes et nécessaires que le pain et l'eau. C'est l'état, Sérénissime Prince, dans lequel se trouvait Votre forteresse de Cérigo au moment où je m'y trouvais, c'est-à-dire au moment où passe d'habitude l'escadre turque. Combien de fois, au moment où l'on voyait passer l'escadre, à moins de quatre ou six milles, il n'y avait dans cette forteresse et dans le reste de l'île qu'environ vingt « stères » de froment et autres céréales ! L'an dernier, nous avons appris à La Canée que cette malheureuse île était dans une situation telle que les habitants mouraient de faim, et que le magnifique Provéditeur était obligé d'installer des postes de garde sur les plages, parce que les habitants étaient prêts à s'enfuir avec leurs familles en Turquie. (« Relation d'un conseiller de La Canée au gouvernement vénitien » (déc. 1563), publ. par V. Lamansky, *Secrets d'État de Venise, Documents, extraits, notices et études, servant à éclaircir les rapports de la Seigneurie avec les Grecs, les Slaves et la Porte Ottomane à la fin du XV*e *et au XVI*e *siècle*, p. 658 et 664, Saint-Pétersbourg, 1884.)

On imagine dans ces conditions les chances qui s'offrent à la propagande turque auprès d'esprits « désespérés »; plus que la longue série des soulèvements de la misère dans les années qui précèdent Lépante, soulignons l'intérêt d'informations recueillies par des fonctionnaires zélés : les paysans crétois en fuite devant l'impôt et les réquisitions militaires

Menace turque devant Rhodes.

« se font turcs et vont servir sur les galères turques »; et selon le *baile* de Constantinople en 1559, les Turcs sont persuadés que le temps joue en leur faveur et qu'ils seront un jour accueillis en Romanie comme des libérateurs : la liberté est un vain mot, si l'on ne mange pas à sa faim; un Cypriote qui se trouvait là se fit l'avocat du diable, en déclarant avec un

(G. Caoursin, « Rhodie obsidionis descriptio », 1496.)

involontaire cynisme que, si la guerre menaçait, Venise donnerait aussitôt la liberté personnelle à tous les paysans de Crète, qui ne manqueraient pas de combattre pour elle puisqu'ils étaient chrétiens. Or, l'année même de Lépante (1572) Venise en fut réduite à embaucher sur ses galères des rameurs recrutés en Bohême!

Ce sont des pays dégradés qui passent progressivement sous la domination turque, des citadelles formidables et vides, destinées à retarder l'avance des Turcs, alors que le repli s'est déjà effectué en bon ordre vers l'Adriatique; les esprits « désespérés » ont eu le temps de se résigner à l'inévitable; la séculaire cohabitation a permis à quelques grandes familles romaniotes d'entrer dans le Livre d'or de la noblesse vénitienne; mais il y a longtemps que les sources de la prospérité vénitienne ne sont plus dans l'Empire qu'elle s'épuise à défendre, mais dans les lourdes terres padanes et dans le fructueux commerce d'entre-cours rétréci aux dimensions réelles de l'État vénitien. Pour les populations des îles, le Turc était le redoutable voisin, enfin entré dans la maison, et qui n'y pouvait rien prendre de plus que ne prenait la *Dominante*; le contraste est frappant entre la manière dont les Romaniotes ont laissé partir Venise, et celle dont les paysans lombards ont guerroyé, fidèles à la Seigneurie, contre le lansquenet impérial.

La marine de guerre

« Le fondement principal de notre puissance, telle qu'elle a été installée par nos ancêtres, a toujours été notre marine », constate le Sénat en 1534; ainsi les corps constitués de l'État, à l'occasion d'une délibération, tentent de se replacer dans la perspective de l'histoire, qui justifie la continuité d'une politique. Mais les modalités de la défense ont évolué depuis trois siècles.

A l'aube du XIIIe siècle, la marine de guerre avait pour mission d'assurer au commerce lointain la sécurité : défense active, parallèle aux lignes de la navigation marchande; les îles, comme dit F. Braudel, « sont la flotte immobile de

Venise », entre lesquelles patrouillent les galères d'accompagnement, qui se transforment à vue en navires de combat. Mais depuis la guerre de Chioggia, qui a obligé les Vénitiens à combattre à distance rapprochée, au grand péril de leur patrie, il est apparu que la puissance maritime ne suffisait plus à la défense. « Il est chose certaine, dit aussi le Sénat en 1524, que les *stratiotes* sont le principal fondement de notre puissance »; affirmation qui ne contredit pas la précédente mais la complète, et qu'illustre, depuis le milieu du XIVe siècle, l'ouverture d'un front terrestre, qui menace Venise en tenaille, de l'arrière-pays lombard et alpin, où les coalitions sont toujours prêtes à renaître, aux Balkans, où les Turcs se fraient un chemin – le plus court – vers l'Adriatique. Il apparaît qu'on ne peut faire la guerre contre les Turcs, si on ne la mène que sur la mer : c'est une réalité dont les puissances chrétiennes se laisseront persuader trop tard, et aux dépens de Venise; d'autre part, la défense maritime doit prendre appui sur de solides points d'ancrage terrestres : la mise en état d'alerte de la flotte doit pouvoir à tout moment compter sur la proximité de bases et d'arsenaux, qui truffent l'ancien Empire marchand de redoutables bastions. Ainsi s'organise dans un Empire tronqué par à-coups, qui perd des îles et des ports, mais se concentre et se ramasse sur lui-même, une défense en lignes de décrochement successives. « La muraille de Chine, le *limes* sont les signes d'un certain état d'esprit. » (F. Braudel); disons que le *limes* vénitien, oblique par rapport à la poussée turque, va de l'arsenal de Candie à l'extraordinaire forteresse de Palma dans le Frioul, qui matérialise l'obsession du siège ultime, et que ce système qui tranche et recoupe les anciennes routes de l'expansion conquérante traduit la conception nouvelle que les Vénitiens se font au XVIe et au XVIIe siècle de la défense : le qui-vive, ou le sauvetage.

Les nécessités de la défense imposèrent à Venise de se doter des moyens nécessaires pour assurer son expansion commerciale, puis la survie du système de domination qu'elle avait étendu sur les routes maritimes. Les phases d'accroissement de l'Arsenal traduisent dans la topographie urbaine la part croissante que joue l'État dans la politique commerciale. De sa fondation en 1104 jusqu'au début du XIVe siècle, l'Arsenal joua essentiellement un rôle de dépôt de munitions et d'entrepôt naval, les navires qui y étaient construits ne représentant qu'une partie de la flotte de guerre, à côté des galères livrées par les entreprises privées et des navires de commerce réquisitionnés. Quoique Venise ait, à partir de la seconde moitié du XIIIe siècle, entretenu en temps de paix une flotte militaire permanente, la *squadra del Golfo*, la distinction entre la fonction commerciale des bâtiments et leur rôle d'intervention ou de dissuasion ne coïncide pas exactement avec l'opposition entre navire rond et navire long. Sans doute, le navire à rames, étroit et bas, plus maniable et plus rapide, est-il l'instrument de prédilection de la guerre navale; mais on lui confie aussi le transport de marchandises précieuses; d'autre part, le voilier à un ou plusieurs ponts (nef ou tarette) sert avant tout au transport des marchandises mais certaines grosses *naves*, comme celles que Venise proposa à Saint Louis pour l'expédition de Tunis avaient la valeur défensive d'un château fort que l'ennemi pouvait harceler sans succès.

La naissance de la grande galère est le fruit d'un compromis, élaboré par les constructeurs de l'Arsenal, entre les avantages qu'offrent au transport des marchandises et à leur sauvegarde navire rond et navire long. Cette galère typiquement vénitienne alliait en effet les vastes capacités et les dimensions élevées du premier, la rapidité et la maniabilité du second. Transporteur de marchandises, mais aussi de passagers – la meilleure description qui nous en a été faite émane du moine Félix Faber d'Ulm qui l'emprunte en 1487 pour se rendre en Terre sainte –, ce bâtiment qui atteint ses plus grandes dimensions à la fin du XVe siècle, arbore deux ou trois mâts au gréement carré comme les caraques, mais conserve un important équipage de rameurs, 200 hommes, que les armes déposées dans la cale transforment en combattants; la manœuvre à la rame en cas de péril et la qualité de la vingtaine d'arbalétriers, choisis au concours, et dotés à la fin du XVe siècle d'arquebuses, font de ce puissant roulier une forteresse mobile. L'adoption de la grande galère, la mainmise de l'État sur la construction des flottes marchandes et l'organisation des convois ont déterminé l'extension de l'Arsenal, qui, entre 1303 et 1325, quadrupla pour un siècle et demi sa surface. Parallèlement, se constituait une flotte de guerre spécialisée, dont l'élément de base était la « galère subtile » *(sottile)*; escadre légère, composée en temps de paix d'une dizaine de bâtiments chargés de missions de patrouille dans le golfe et au-delà, renforcée en période de tension d'une vingtaine d'unités de réserve de l'Arsenal et placée sous le commandement du capitaine général de la mer.

Le modelé des œuvres vives de la coque assurait à cette trirème de combat une incomparable rapidité de marche et de manœuvre et fit d'elle jusqu'au XVIIe siècle en Méditerranée le navire par excellence pour l'éperonnage et l'abordage.

Les changements qui apparurent dans l'armement naval vénitien sont liés, dès le dernier tiers du XVe siècle, à deux facteurs essentiels : le premier est du ressort de l'évolution technique, c'est le développement considérable de l'artillerie de marine, qui remit en cause la stabilité, la rapidité des navires et la nature des combats; le second est quantitatif, et entraîna en 1473 la création du *Novissimo Arsenale*, qui doublait la superficie des bassins, des cales et des entrepôts; c'est le développement rapide de la flotte turque, dont les Vénitiens ne prirent conscience qu'en 1470 : le retentissement de la prise de Nègrepont par les Turcs fut dans la conscience collective vénitienne l'expression de l'évident déséquilibre entre la flotte de réserve vénitienne, qui n'avait pas dépassé 30 galères depuis un siècle, et l'escadre que les Turcs envoyèrent dans les eaux de l'Eubée, 3 à 400 navires, une véritable forêt sur l'eau.

Dans la course aux armements, l'Arsenal de Venise réussit à rivaliser au XVIe siècle avec celui de Constantinople. Les crédits accordés par le Sénat (100 000 ducats par an vers 1490) lui permirent au moins de rattraper son retard numérique, et de maintenir dès lors sur le pied de guerre une escadre de 100 galères de réserve; vers 1540, 25 navires étaient prêts à sortir tout armés des bassins, les autres, coques et superstructures achevées, étaient en cale sèche, des numéros correspondant au gréement de chaque unité permettant un assem-

Galère vénitienne du XVIIe siècle.
(Illustration du traité « Della Milizia da Mar », de C. da Canal.) ▶

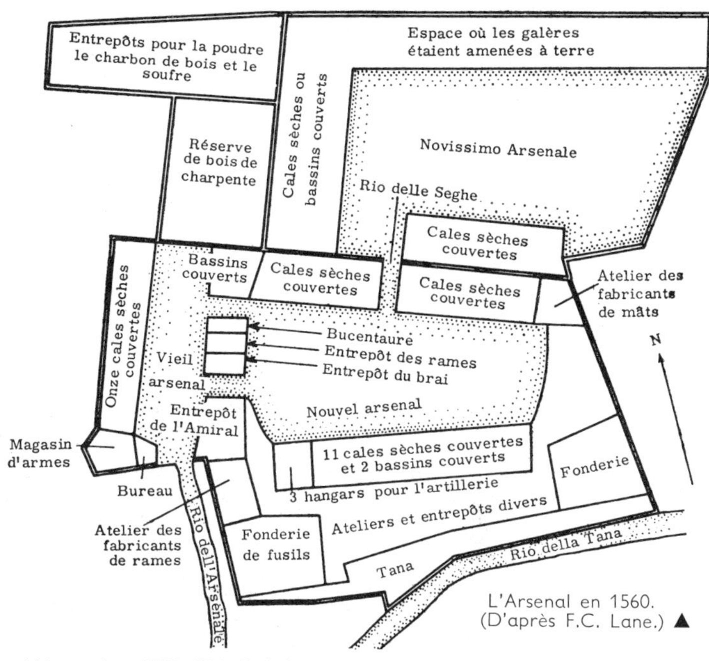

L'Arsenal en 1560. (D'après F.C. Lane.) ▲

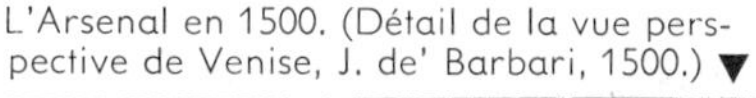

L'Arsenal en 1500. (Détail de la vue perspective de Venise, J. de' Barbari, 1500.) ▼

blage et une mise à flot rapides. Ainsi en 1570, il ne s'écoula que deux mois entre les informations données à Venise sur les projets turcs contre Chypre, et le départ de la flotte : l'Arsenal avait préparé 150 galères de guerre en cinquante jours.

L'organisation technique parfaite qui éblouissait les étrangers, de Commynes à Henri III, était déjà au point au XVe siècle, comme il ressort d'une description de la « chaîne de montage », faite en 1436 par un voyageur espagnol, le chevalier Pero Tafur de Séville : « Comme on passe le porche, il y a une grande rue de chaque côté, avec la mer au milieu, et d'un côté il y a des fenêtres sur la façade des maisons de l'Arsenal, et la même chose de l'autre côté; et une galère sortit, remorquée par un bateau, et, des fenêtres, on leur tendait, de l'une les cordages, de l'autre, le pain, d'une autre, les armes, d'une autre, les balistes et les mortiers, et ainsi, de tous les côtés, tout ce dont on avait besoin, et quand la galère eut atteint le bout de la rue, tous les hommes qu'il fallait étaient à bord, ainsi que les rames supplémentaires, et elle était équipée de fond en comble... »

On peut dire qu'au début du XVIe siècle l'Arsenal était avant tout devenu une usine de guerre. En effet, le changement survenu dans les circuits commerciaux, le prix de revient élevé des équipages, mais aussi les perfectionnements du navire rond, entraînaient peu après son apogée le déclin de la grande galère comme navire de commerce.

Tandis que les navires à voiles – coques et caraques – construits par l'armement privé se révélaient sur les anciens itinéraires des transporteurs moins onéreux que les galères, et plus sûrs que par le passé grâce à leur gréement et à leur artillerie, la grande galère commençait comme navire de guerre une nouvelle carrière : elle fit ses preuves à Lépante en désorganisant de ses feux de bordée la flotte plus légère des Turcs, et les constructeurs étudièrent des modèles de quadrirèmes, voire un prototype de navire à cinq rangs de rames, capables dans l'ordonnance des combats d'appuyer de leur artillerie la ligne des galères *subtiles*. Venise ne s'était pas laissé distancer dans la course aux tonnages et à la puissance de feu, et ce n'est pas à son matériel, constamment renouvelé et remodelé, qu'elle dut au XVIIe siècle ses défaites navales et son repli sur les mers du Levant.

C'est le problème des équipages qui, au milieu du XVIe siècle, apparaît en pleine lumière. Une des conséquences de l'avance turque est la diminution du nombre des marins capables de servir sur les trirèmes vénitiennes : dépérissement de la population des îles, exode de main-d'œuvre attirée par l'espoir de hauts salaires dans l'Empire ottoman, comme le signale, par exemple, en 1562 le secrétaire du *baile* vénitien de Constantinople, Marcantonio Donini : « ... Les uns parce qu'ils sont bannis des îles de Votre Seigneurie, les autres en raison des salaires élevés qui leur sont offerts, s'en vont chassés par la faim, ou pour gagner en quatre mois sur les galères du Grand Turc ce qu'ils gagnent en une année entière sur les galères de Votre Seigneurie... »

Si l'on ne peut plus compter sur des volontaires grecs, au point que la défense locale des îles devient insuffisante, demeure la ressource de compléter par des enrôlements sur la côte dalmate, aux premières escales, les équipages incomplets au départ de Venise; mais les Dalmates exigent la paie anticipée, et une qualité de vêtement et de nourriture que les commandants sont souvent incapables de fournir. Le recrutement de paysans de la Terre Ferme ayant été un pitoyable échec, Venise, qui observe scrupuleusement le traité conclu avec la Porte en 1540, et, à la différence d'autres puissances chrétiennes, n'emploie sur ses trirèmes ni Turcs ni corsaires capturés, est amenée à commuer les peines d'emprisonnement en temps de service sur les galères; pratique adoptée non sans répugnance en 1545 dans une cité attachée aux usages ancestraux, et dont la conséquence indirecte est la désuétude des peines d'emprisonnement à vie. A la fin du XVIe siècle, les équipages vénitiens sont pour la plus grande part des chiourmes de forçats; mal nourris *(tristissime biscotto)*, mal vêtus, mal soignés, ces exclus et ces déracinés sont, bien malgré eux, les artisans de l'ultime gloire militaire de Venise sur des mers rétrécies.

Persiste cependant la qualité des amiraux, issus d'une aristocratie habituée à la mer; Piero Loredan, qui en 1416 détruisit la flotte turque devant Gallipoli, a de dignes successeurs en la personne de Sebastiano Venier, l'un des protagonistes de Lépante, ou de Francesco Morosini, lors de la campagne de Morée en 1685. La grande figure de Cristoforo da Canal, théoricien et réformateur de la marine, domine, au milieu du XVIe siècle, tous ses pairs, par son sens de l'histoire et sa morale du service public, faite de hautaine efficacité et de rigueur impassible devant l'adversité. Récusant la notion de *virtù*, chère aux condottières du temps passé et annonçant une certaine idée de la gloire, ce gentilhomme de la mer, au temps des corsaires sans foi, fussent-ils très catholiques, et sans loi, fussent-ils les serviteurs de grands Empires, écrit dans son traité *Della Milizia da Mar :* « Il y a plus d'honneur à perdre par mésaventure qu'à triompher par la fortune du hasard; qui ne désirerait le nom de valeureux plutôt que de fortuné capitaine? »

L'armée de terre

Sur terre, les Vénitiens étaient tout autres; c'est à des étrangers qu'ils confiaient la bannière de Saint-Marc. Louis XII déclarait en 1499 à l'ambassadeur Antonio Loredan : « Vous autres Vénitiens, vous avez peu d'enthousiasme pour les entreprises militaires; vous avez trop peur de la mort. Quant à nous, nous avons coutume de faire la guerre avec l'idée de vaincre ou de mourir. » Psychologie sommaire, qui mesure le courage au panache de la cavalerie; mais il faut bien reconnaître que, si la guerre était l'affaire du Sénat, les délégués vénitiens sur les champs de bataille – les *provveditori generali d'armata* – étaient, à côté des condottières, des fonctionnaires sans lustre.

Dans les guerres terrestres, où Venise s'était engagée depuis la fin du XIVe siècle, la République alignait comme ses rivaux des armées de mercenaires, conduites par des professionnels. Peu de faits d'éclat dans les campagnes lombardes du XVe siècle, mais des personnages de ruse et de violence; au fameux Colleone, qui sur son immense fortune avait légué 100 000 ducats à la République, Venise ne put refuser le monument équestre qu'il avait requis par testament, et qui immortalise, à San Zanipolo, une aventure singulière, sans porter témoignage des vertus d'une nation.

Quant aux troupes qui combattirent pour Venise, elles étaient en partie composées de « sujets » ou d' « alliés ». Comme le nom l'indique, l'élément hellénique prévalait parmi les stratiotes : corps d'élite crétois, recrutés à raison d'un ou deux par *casal*, et entraînés par concours au tir à l'arc; Dalmates, dont un rapport de la fin du XVIe siècle déclare qu'ils se font tous soldats, sur les champs de bataille de Flandre et de France, « ne pouvant rien faire d'autre en raison de leur pauvreté ». Mais ce sont aussi, et en proportion croissante, des Slaves ; des Albanais, « les meilleurs combattants contre les Uscoques, puisque par profession et par nature, ils sont ennemis; entraînés, rompus à l'arquebuse, ardents au combat et prêts à tout supporter »; des Croates, comme ce baron qui en 1538 propose ses services avec 200 cavaliers. A la fin du XVIe et au XVIIe siècle, Venise a autant de difficultés à recruter des hommes de guerre que des marins, sur ses territoires d'outre-mer et sur leurs frontières. Le recrutement s'élargit à toute l'Europe : Suisses, Français du duc de Rohan, soit 6 000 hommes, engagés après 1629 dans la guerre de Mantoue, Allemands du Nord, qui, sous les ordres de Francesco Morosini, reconquièrent en 1685 la Morée. Il convient cependant de mentionner le réel patriotisme, seconde nature acquise par la cohabitation, des milices communales et montagnardes de Terre Ferme qui accueillirent au cri de « Marco, Marco » les Impériaux au temps de la ligue de Cambrai, et résistèrent farouchement, deux cent cinquante ans plus tard, aux troupes du général Bonaparte.

Impliquée par sa conquête rapide de la Terre Ferme – en trente ans, Venise est dans le premier tiers du XVe siècle devenue le premier État territorial d'Italie du Nord – dans tous les conflits de la péninsule, sans pour autant renoncer à sa vocation maritime et à la défense de ses intérêts orientaux, la République a dû compter sur d'autres ressources que la puissance militaire pour jouer sa partie entre les grandes puissances. Elle doit à l'organisation même du commerce qui la nourrit, à l'ancienneté de ses positions

Soldatesque et dérision (J. Bellini, Louvre).

e Colleone, par A. Verrocchio (détail).

stratégiques, à la qualité d'un personnel dirigeant étroit, une tradition de diplomatie fondée sur la nouvelle, l'échange et le secret.

Information et diplomatie

On ne peut dissocier dans les carrières patriciennes magistratures urbaines et coloniales, commandements militaires et missions politiques. Ce sont les aspects divers et successifs du service de l'État, auquel les jeunes aristocrates s'initient directement à l'âge de vingt-cinq ans, lorsque s'ouvrent de droit pour eux les portes du Grand Conseil. Dès le XIVᵉ siècle, un réseau permanent de représentants, aux fonctions les plus diverses, informe le gouvernement vénitien : « Le Sénat est à même de connaître tous les jours par les lettres des ambassadeurs, lues d'ordinaire le samedi, l'état du monde et de ceux qui le gouvernent. » Il n'est pas une puissance « moderne » qui dispose au XVIᵉ siècle d'une telle moisson régulière de faits et d'opinions. Les instructions générales du gouvernement *(commissio)*, les correspondances *(dispacci)* auxquelles supplée, quand elles ont disparu, le journal *(diarii)* du sénateur Marin Sanudo entre 1496 et 1533, enfin les rapports *(relazioni)* présentés au Sénat à leur retour de mission par les ambassadeurs, constituent un ensemble unique d'informations, source essentielle pour l'histoire mondiale et pour celle de la République pendant les trois derniers siècles de son existence.

Cette information complète et nuancée fut au XVᵉ siècle l'un des atouts de Venise dans le jeu subtil d'équilibre qui, au nom de la liberté de l'Italie, l'allia à Florence contre Milan, et aboutit en 1454 à la paix de Lodi. A partir du moment où les puissances étrangères, la France d'abord, Charles Quint ensuite, et pour finir l'Espagne, font de l'Italie le champ d'action de leur politique, Venise, qui demeure le seul État italien vraiment indépendant, pratique sans scrupule et à l'échelon européen une dangereuse politique de bascule. Les grandes ambassades vénitiennes sont au XVIᵉ siècle, à l'exception de Rome, hors d'Italie : Paris,

Londres, Madrid, Anvers ou Vienne. Mais la plus prestigieuse demeure la plus ancienne : Constantinople.

Rude ennemi, que le Turc, mais traité avec quelle sollicitude! Venise est parfaitement consciente du fait que sur les rives du Bosphore le successeur du basileus a pour ces commerçants installés sur toutes les places de son Empire, pour ces marins qui tiennent la mer en maîtres, pour ces diplomates qui n'avancent aucune nouvelle dont ils ne soient sûrs, la plus grande estime. La mission du *baile* est doublement difficile, car s'il doit rassembler avec vigilance les indices de toute intention belliqueuse à l'encontre de la République, il doit aussi justifier à tout moment la position particulière que Venise occupe dans le camp des puissances chrétiennes : *Siamo Veneziani, poi christiani.* (Vénitiens d'abord, chrétiens ensuite.)

Dans la littérature polémique et pleine d'arrière-pensées qui, depuis la fin du XVe siècle, fleurit en Occident de haine antivénitienne, relevons la médiocre *Harangue* de Louis Hélian, ambassadeur de Louis XII auprès de Maximilien; « Quand je parle contre les Vénitiens, dit ce personnage, c'est plutôt contre le Turc... Ils ont la politique en main, avec le secret de traiter et de négocier. Ils choisissent pour leurs ambassadeurs des sénateurs pleins de ruses et d'artifices, qu'ils envoient partout avec des filets et des hameçons... » Un simple coup d'œil sur la carte de l'Empire vénitien permet de comprendre pourquoi Venise s'exposa par sa politique de paix – mais de paix armée – au reproche du double jeu : chaque parcelle de territoire vénitien en Méditerranée risquait à tout moment d'être aux frontières de la chrétienté. Comme le disait en 1520 à l'ambassadeur Minio le *beglerbey* de Grèce : « Nous autres Turcs, nous avons des frontières avec plusieurs terres vénitiennes; mais vous, vous n'avez aucune frontière avec nous; pensez aux coups que nous sommes en mesure de vous porter... »

Il fallait toute l'habileté du *baile* de Constantinople pour mener une politique que l'ambassadeur Marino Cavalli décrit en ces termes au Sénat en 1560 : « Face au Turc, il convient d'avancer avec une extrême prudence entre ces deux voies, lui faire et ne pas lui faire la guerre. Il convient assurément de ne pas la faire, mais cependant de telle sorte qu'il ne s'imagine pas que nous ne pourrions la faire. Il convient de ne pas la faire afin qu'il ne s'aperçoive pas que nous ne pourrions soutenir une longue guerre... Il faut que nous ayons des relations d'amitié avec le roi d'Espagne et avec l'empereur, pour faire croire qu'en cas de nécessité nous serions aidés par ces derniers, et qu'ils uniraient leurs forces aux nôtres... de même, ajoute l'ambassadeur, que face à l'Espagne et à l'empereur, nous devons nous servir de l'amitié des Turcs... »

Plus que de double jeu, il s'agit du jeu de médiation entre l'Orient et l'Occident, qui exprime sur le plan de la politique mondiale la fonction que Venise assure dans les échanges internationaux depuis près de mille ans : la balance *(bilancia)* n'est-elle pas le symbole d'une ville de marchandise? Mais à l'époque où Marino Cavalli fait son rapport au Sénat, les poids sont assurément faussés : que pèse Venise au corps gracile entre les immenses Empires qui s'affrontent en Méditerranée? Il faut temporiser pour survivre *(temporeggiare coi Turchi)* ; situation tragique, analysée avec lucidité,

Réception d'un ambassadeur vénitien au Caire.

qui consiste à faire croire à ses partenaires que l'on est encore en mesure d'incliner le fléau selon ses intérêts. Passée maître dans la politique des apparences (*Als-ob-Politik*, comme dit Kretschmayr), obligée de partager avec le Turc et les flottes catholiques l'hégémonie maritime en Méditerranée, éliminée peu à peu de ses positions commerciales au Levant par les transporteurs et les industriels du nord-ouest de l'Europe, Venise a conservé jusqu'au XVIIIe siècle le réseau d'informations qui survit à sa puissance. Oreille de la Méditerranée, maîtresse de réalisme, virtuose de l'apparence, la République a dû mener, au prix d'un gigantesque effort financier, le combat pour la survie sur ses propres terres, de la chute de Nègrepont en 1470 à la capitulation de Candie en 1669. Peut-on encore lui reprocher de ne s'être associée aux offensives chrétiennes contre le Turc que lorsqu'elle ne voyait d'autre issue au maintien de son Empire? Comme elle l'écrivait au pape en 1444, après le désastre de Varna : « Lorsque tous ont conclu la paix, seule Venise reste toujours menacée; le pape, qui est vénitien – ajoutait-elle non sans une hautaine amertume à l'intention d'Eugène IV – devrait comprendre ces choses. »

(École de Gentile Bellini, Louvre.)

Venise au XVe siècle

HARANGUE DE MESSIRE THOMAS MOCENIGO, DOGE, A LA SEIGNEURIE, QUAND IL SE SENTIT ARRIVÉ, DU FAIT D'UNE GRAVE MALADIE, AU TERME DE SA VIE (AVRIL 1423).

Seigneurs. Nous vous avons mandés, vous tous, car Dieu a voulu nous donner cette maladie qui marquera le terme de mon pèlerinage, et nous louons très haut l'omnipotence de Dieu le Père et Dieu le Fils et Dieu le Saint-Esprit qui est un Dieu en trois personnes, (qui) s'incarna en un homme qui fut le Fils, suivant la doctrine de notre prédicateur, messire le frère Antonio dala Massa. Auquel Dieu trinitaire nous sommes fort obligés, pour de nombreuses raisons. En ce qui nous concerne nous trouverons ledit Dieu dans les 41 qui nous élirent chef de cette nôtre cité, avec ces nombreux chapitres à respecter : défendre la foi chrétienne, aimer ses prochains, faire justice, aimer la paix et la conserver; lesquelles choses nous nous sommes efforcés de les faire toutes, et Dieu, qui a tout fait, en soit loué. Vous signalant que, en notre temps, nous avons amorti 4 millions d'*imprestedi*, laquelle dette de la chambre avait été contractée pour la guerre de Padoue, Vicence et Vérone, et notre total dû se retrouve à 6 millions de ducats; on s'est efforcé de faire en sorte que, tous les six mois, on ait payé deux « paies » d'*imprestedi* en plus et tous les officiers et administrations et toutes les dépenses de l'arsenal et, par tout autre moyen, ce que nous devions donner aux autres, et ainsi a été fait.

De même, comme nous sommes en paix, cette nôtre cité met dans le commerce 10 millions de ducats, pour ses affaires, dans le monde entier, tant en *naves*, galères et navires, de sorte que le gain de l'investissement en est 2 millions de ducats, et le gain, pour l'amener à Venise, est de 2 millions, et, entre investissement et rapport brut (le gain) est de 4 millions. Vous avez vu, naviguent 3 000 navires de 10 à 200 amphores, ayant 17 000 marins; vous avez vu que nous avons 300 *naves*, qui font 8 000 marins.

Le doge Tommaso Mocenigo (ou Leonardo Loredan?).
(J. dalle Masegne, musée Correr.).

Vous avez vu que naviguent, chaque année, 45 galères, tant subtiles que grosses, qui font 11 000 marins; vous avez vu 3 000 charpentiers de navires, 3 000 calfats; vous avez vu 16 000 tisserands tant en soie, draps que futaines; vous avez vu les maisons estimées 7 millions et 50 000 ducats; les loyers des maisons 500 000 ducats; il y a 1 000 gentilshommes qui ont pour revenu annuel de 700 à 4 000 ducats, 490 000 (?). Vous avez vu les revenus de Venise être de 774 000 ducats, ceux de Terre Ferme 464 000 ducats, ceux de la mer 376 000. Vous avez vu le mode de vie des gentilshommes et des *cittadini*. Et c'est pourquoi je vous engage vivement à prier l'omnipotence de Dieu qui nous a inspirés et fait faire la paix de la manière dont nous l'avons faite : continuons et rendons lui grâces; si vous suivez mon conseil vous verrez que vous serez maîtres de l'or des chrétiens; tout le monde vous craindra et vous révérera. Et gardez-vous comme du feu de prendre le bien des autres et de faire une guerre injuste, car Dieu vous détruira. Et pour que je puisse savoir de votre bouche qui vous allez élire comme doge, dites-le moi en secret à l'oreille pour que je puisse vous conseiller et vous dire celui qui est méritant et qui est le meilleur de notre cité. Seigneurs, je vois nombre d'entre vous qui veulent prendre l'un de ceux que je vais vous dire : messire Marin Caravello est un homme digne et méritant par son intelligence et sa bonté, messire Francesco Bembo pour les mêmes raisons, messire Piero Loredan pour les mêmes raisons, messire Iacomo Trevisan pour les mêmes raisons, messire Antonio Contarini pour les mêmes raisons, messire Fantin Michel, messire Alban Badoer. Tous ceux-ci sont des hommes sages, capables et méritants. Ceux qui disent vouloir prendre Francesco Foscari, je ne sais pour quelle raison (ils le font), car ledit sire Francesco Foscari dit des mensonges et beaucoup d'autres choses sans le moindre fondement et, à peine *sor* [1], vole mieux que ne font les faucons (adultes). Et qu'à Dieu ne plaise, si vous le faites doge, sous peu vous serez en guerre; qui aura 10 000 ducats ne s'en trouvera plus que 1 000, qui aura 10 maisons ne s'en trouvera plus qu'une, qui aura 10 vêtements n'en aura plus qu'un, qui aura 10 jupons ou chausses et chemise, aura peine à en avoir une; et ainsi de toute autre chose, de sorte que vous vous déferez de votre or et de votre argent, de votre honneur, de votre réputation. Et là où vous êtes seigneurs, vous serez vassaux d'hommes d'armes, de capitaines et de fantassins; voilà pourquoi j'ai voulu tous vous mander. Que Dieu vous laisse commander et vous conserve. Vous signalant que la guerre que vous avez faite contre les Turcs a montré des hommes valeureux, habiles sur la mer, éprouvés, capables de tout, aussi bien pour gouverner que pour combattre. Et voilà ce que je vous dis; vous avez 6 capitaines, pour commander 60 galères et plus; de même vous avez sur les *naves*, parmi les arbalétriers, des gentilshommes

1. Jeune faucon sortant du nid.

qui seraient de très capables commandants de galères et qui sauraient les conduire. Vous avez 100 hommes, *comites*, entraînés, rompus à gouverner des galères armées, très expérimentés pour mener une entreprise; assez de compagnons pour 100 galères, et sages et experts; nous avons des équipages entraînés pour 100 galères. Et voilà ce qui a fait la guerre du Turc, de sorte que le monde dit : les Vénitiens sont les maîtres (en fait de) capitaines et compagnons et chiourmes de galères. De même vous avez 10 hommes éprouvés, entraînés aux grandes affaires, en plusieurs occasions, dans les ambassades, dans les conseils de la terre, sachant exposer des raisons dans des discours. Vous avez maint savant docteur dans les sciences; vous avez maint savant expert dans le gouvernement du palais. Vous le voyez par expérience: combien d'étrangers, sur leur terre, sont contents de se soumettre au jugement des juges du palais. Continuez, suivez la voie sur laquelle vous vous trouvez, et soyez heureux, vous et vos fils! Vous avez vu notre cité frapper chaque année en or, 1 200 000 ducats; en argent, tant en *mezzanini*, gros et sous, 800 000 ducats par an, desquels 5 000 marcs par an vont en Égypte et en Syrie : en *grossetti* dans vos pays de Terre Ferme vont chaque année, et en *mezzanini* et *soldini*, 100 000 ducats. Dans vos terres maritimes, il va chaque année, en *grossetti* et sous, 50 000 ducats. En Angleterre, il va chaque année pour 100 000 ducats de sous et le reste demeure à Venise. Vous avez vu que les Florentins apportent chaque année 16 000 draps tant moyens, fins que très fins. Et nous les apportons en Pouille, Royaume (de) Sicile, Catalogne, Espagne, Barbarie, Égypte, Syrie, Chypre, Rhodes, Romanie, Candie, Morée, Lisbonne et chaque semaine (?) lesdits Florentins amènent pour 7 000 ducats de marchandises de toutes sortes, soit, par an 150 000 ducats, et ils achètent des laines françaises, des laines catalanes, des graines (de) kermès, soies, cires, ors et argents filés, sucres, argents bruts, épices grosses et menues, alun de roche, indigo, cuirs, joyaux, pour le plus grand bénéfice de notre terre. Toutes les autres générations font ainsi, de la même manière. Aussi veuillez vous maintenir à l'endroit où vous vous trouvez et vous serez supérieurs à tous. Le seigneur Dieu vous laisse garder, commander et gouverner dans le bien. Amen. (*Bilanci Generali*, série II, t. 1, § 81, Venise, 1912.)

Ducat vénitien. Le doge T. Mocenigo à genoux devant le Christ.

Le « Jardin » de Venise d'après le doge Mocenigo

M. Sanudo, *Vite dei duchi di Venezia*, éd. Muratori, t. XXII, col. 953-954.

(Les chiffres donnés par Mocenigo (et Sanudo) ont été scrupuleusement respectés, même quand il y a de manifestes erreurs d'opération.)

Importations à Venise depuis la Lombardie	Argent liquide en ducats par semaine	Argent liquide en ducats par an	Drap nombre de pièces	Prix unitaire en ducats	Prix total en ducats
Milan	17 à 18 000	900 000	4 000	30	120 000
Monza	1 000	56 000	6 000	15	90 000
Côme	2 000	104 000	12 000	15	180 000
Alexandrie	1 000	56 000	6 000	15	90 000
Tortone et Novare	2 000	104 000			
Pavie	2 000	104 000	3 000	15	45 000
Crémone	2 000	104 000	40 000 (futaines)	4,25	170 000
Bergame	1 500	78 000	10 000	7	70 000
Parme	2 000	104 000	4 000	15	60 000
Plaisance	1 000	52 000			
Total pays duc de Milan		1 612 000			
Brescia			5 000	15	75 000
			90 000		900 000
			(... toiles de chanvre)		(100 000)

Exportations de Venise en Lombardie	Quantités	Prix en ducats	Total annuel en ducats
cotons	5 000 migliaia		250 000
filés	20 000 migliaia	15 à 20	30 000
laine catalane	4 000 ?migliaia	60	120 000
laine française	40 ?migliaia	300	120 000
draps d'or et de soie			250 000
poivre	3 000 charges	100	300 000
canelle	400 fardeaux	160	64 000
gingembre	200 migliaia	40	80 000
sucre 1, 2, 3 cuissons		15 le cent	95 000
gingembre vert			plus. milliers
à coudre			plus. milliers
à broder			30 000
verzino	4 000 migliaia	30	120 000
indigo et graine			50 000
			2 200 000 [sic]

[1 migliaio (de livres grosses) = 450 kg]

Le doge ajoute 250 000 ducats en savon, 30 000 en esclaves et poursuit : et ce que tire la Lombardie de cette terre est susceptible de faire naviguer tant de navires en Syrie, tant de galères en Romanie, tant en Flandre, tant en Catalogue, à Chypre, en Sicile et dans les autres parties du monde, de sorte que Venise reçoit, entre provisions et *nolis* (3 ou 2,5 %), courtiers, teinturiers, nolis de navires et de galères, peseurs, débardeurs, barques, marins, galériens et courtage, avec le profit des marchands qui est de 600 000 ducats. Duquel profit vivent grassement de nombreux milliers de personnes. Et voilà un jardin dont il faudrait se défaire?

Les revenus de Venise, vers 1464. (?)

(*ibid. col.* 963-964)

(Les chiffres ont été légèrement corrigés par Muratori.)

Terre Ferme	*Entrées*	*Sorties*	*Net*
Patrie du Frioul	7 500	6 330	1 770
Trévise et Trévisan	40 000	10 100	29 900
Padoue et Padouan	65 500	14 000	51 500
Vicence et Vicentin	34 500	7 600	26 900
Vérone et Véronais	52 500	18 000	34 500
Brescia et pays Brescian	75 500	16 000	59 500
Bergame et Bergamasque	25 500	9 500	16 000
Crema et Cremasque	7 400	3 900	3 500
Ravenne et Ravennasque	9 000	2 770	6 230
	317 400	88 200	229 200

Venise			
Governadori des Entrées	150 000		
Office du sel	165 000		
8 offices en obligation à la Chambre des *Imprestedi* [1]	233 500		
Offices répondant à l'Arsenal	73 280		
Intérêt à la Chambre des *Imprestedi* : *monte* [2] vieux	150 000		
Salariés		26 500	
			611 600
Terres maritimes			180 000

Autres rentrées extraordinaires		*A défalquer*	
Dixièmes des maisons et possessions dans le Dogat	25 000	6 000	(personnes ne pouvant payer)
Intérêt des *Imprestedi* (On paie comptant la moitié des dixièmes, l'autre moitié reste à la Chambre)	15 000	7 500	(moitié du dixième des profits)
Possessions extérieures et halles	5 000		
Prêtres (pour leur revenu)	22 000	2 000	(défalqués pour patriarche)
Juifs de mer, 2 dixièmes par an	600		
Juifs de terre, 2 dixièmes à 500 ducats chacun	1 000		
Dixièmes des marchandises	16 000	6 000	
Nolis et « zoie »	6 000	4 000	
Taxes et changes	20 000	12 000	

1. *Imprestedi :* prêts obligatoires faits à l'État mais théoriquement remboursables et portant intérêt.
2. *Monte :* le montant du capital de la dette consolidée (cf. sens français du Mont de Piété).

Les solidarités vénitiennes

Le vocabulaire politique

Un des thèmes majeurs de l'historiographie vénitienne est la négation du déclin, par la description des âges d'or successifs que connut la cité; de siècle en siècle, on retrouve les solidarités profondes qui ont uni un peuple. Contre les éléments hostiles, contre les ennemis extérieurs conjugués à plusieurs reprises et sur plusieurs théâtres d'opérations pour l'abattre, contre les tentations du désordre, évité plutôt que réprimé, Venise a fait face grâce à la *constantia* de ses habitants.

Le discours que, selon la tradition, le doge Tommaso Mocenigo tint de son lit de mort aux sénateurs qu'il avait convoqués le 10 mars 1423, mérite d'être écouté avec toute l'attention que lui portait, cent ans plus tard, Marin Sanudo, lorsque dans sa *Vie des doges*, il le recomposa pour la postérité. En effet, les sociétés, comme les hommes, prennent souvent conscience de ce qu'elles représentent au moment où les images commencent à se brouiller. Il fallait que Venise gardât confiance dans son destin, à l'énoncé de ce bilan fourmillant de chiffres, assorti d'une solennelle mise en garde contre les guerres inutiles. Le recul du temps ne donnait-il pas raison à l'apologétique du doge Mocenigo, sans pour autant donner tort à la politique d'expansion continentale, symbolisée par le nom du doge élu en dépit de la semonce, le 16 avril 1423, Francesco Foscari?

La politique continentale n'est pas née d'une fantaisie, ni même d'un choix, mais bien d'une double nécessité : tenir les débouchés des routes alpines, et assurer l'alimenta-

Pages précédentes, la cour du Palais ducal

La Terre Ferme : rochers, torrents, châteaux...
(Dessin de Giorgione, Louvre.)

tion de la ville, au moment où, à ses portes, Venise risquait d'être prise en tenailles entre les seigneuries voisines et la politique des Habsbourg; mais aussi, nourrir la défense contre le Turc; vers 1440 les possessions de Terre Ferme rapportent à l'État le double des possessions d'outre-mer. C'est sous le règne de Tommaso Mocenigo, après la conquête du Frioul en 1420, que Venise a acquis les frontières presque définitives de sa domination continentale; il restait à Francesco Foscari la lourde tâche de les défendre. Fausse éloquence, que ce testament politique? Recommandations banales, assorties d'une exclusive contre un homme d'un autre « clan » et d'une autre génération? En fait, non seulement ce texte révèle la position du doge dans la conduite des affaires publiques, mais encore il porte témoignage de la mutation survenue dans la première moitié du XVe siècle dans les rapports entre la notion d'État et la conception de l'expansion. Seule une analyse sémantique du vocabulaire politique pourrait éclairer le changement survenu dans la conscience collective, et que traduit le malaise de 1423 : Venise est devenue la capitale d'un État. Mais quel État?

Il est à Venise un double vocabulaire politique, l'un purement institutionnel, l'autre, chargé d'affectivité. Venise, cité et *dogado*, est toujours demeurée distincte de l'ensemble des territoires d'outre-mer et de Terre Ferme, qui forment sous son autorité de dominante un état composite. Où qu'il se trouve, un citoyen vénitien conserve avec la mère-patrie un lien moral : *Patria* est une abstraction sensible au cœur, qui provoque la nostalgie des voyageurs et le dévouement du moindre citadin à la communauté. Il désigne l'intérêt général, ressort de la grandeur vénitienne, au nom de laquelle fut conduite la politique d'expansion, *ad honorem et utilitatem patriae*, mais il s'incarne dans les places, les rues, les canaux de la cité, tant il est vrai que la ville médiévale se définit par un état d'âme (Lopez). Si sur ce point Venise ne se distingue pas d'autres villes italiennes, elle emploie cependant une expression qui lui est propre pour unir dans un même mot le paysage urbain et la fonction du corps politique; cette expression, c'est *Terra*, c'est-à-dire la communauté organique rassemblée sur le sol étroit émergé de la lagune, et dotée de toutes les institutions qui font d'elle un État. *Terra*, ce mot nous introduit au cœur des réalités vénitiennes, si étranges pour un Italien du XVe siècle, s'il vit à Milan ou à Ferrare, où l'État est toujours l'État de quelqu'un, ou même à Florence, où la notion de chose publique est oblitérée par la gloire des Médicis.

Mais il est d'autres termes, plus proprement institutionnels, dont l'apparition et la disparition marquent à la fois les étapes de la vie politique et les phases de l'expansion.

Aux origines de Venise, on trouve l'Empire d'Orient dont le pays vénète est une province. L'affirmation de l'expansion maritime se dessine dans la titulature ducale, qui, vers 840, omet le nom de province; le *dux Veneciarum* n'en continue pas moins à porter les titres que lui confère l'empereur. Vers 900, Venise – *civitas Rivoalti*, puis *civitas Veneciarum* – devient la capitale de dynasties ducales, celle des Candiano, puis celle des Orseolo. Le rayonnement de Venise se manifeste dans l'assimilation de la dignité ducale (ou dogale) avec celle des rois et des empereurs : Piero Orseolo traite d'égal à égal avec Otton III en 997; son fils Ottone, qui lui succède dans sa charge, épouse la fille du roi Étienne de Hongrie. Protosébaste depuis le chrysobulle de 1082, le doge abandonne ce titre en signe d'indépendance à l'égard de Byzance, lors du traité de 1189; il ajoute en revanche à sa titulature les noms qui, en un siècle, font de l'Adriatique le « golfe de Venise » : *dux Croatorum* sous Vitale Falier, *dux Dalmatinorum* en 1001, *totius Istriae dominator*, et, après la soumission de Fano, *dominator Marchiae* (1141). Si *dominatio* correspond parfaitement au type de relations que Venise a plus ou moins durablement imposées dans sa zone d'influence, les mots de *regnum*, voire d'*imperium* traduisent au XIIe siècle l'évolution du pouvoir ducal vers une forme monarchique; déjà, l'épitaphe du doge Falier, mort en 1095, glorifiait ce dernier, non sans emphase, comme *regum rex et corrector legum*.

La quatrième Croisade et le partage de l'Empire fut une étape décisive, avec toutes les virtualités qui se présentaient, et toutes les acquisitions qui demeurèrent. Les virtualités, ce fut d'abord, justifiée par la théorie de la *trans-*

latio Imperii, la tentation impériale : Enrico Dandolo, qui s'enrichit du titre célèbre, fruit du dépeçage de l'empire byzantin, de *Dominator quarte et dimidie partis totius Imperii Romanie* (dominateur du quart et demi de tout l'Empire de Romanie), porté par ses successeurs jusqu'à Giovanni Dolfin (1356), eut la sagesse de refuser la couronne qu'on lui tendait. Ce fut aussi pendant deux ans (1206-1207) le danger d'autonomie de la « nouvelle Venise » de Constantinople, sous l'autorité du podestat Marin Zeno ; là encore, la sagesse prévalut, et l'unité du monde vénitien, mise en péril par sa brutale dilatation, se rétablit lentement : il ne pouvait y avoir, pour ces hommes dispersés sur des terres à conquérir, qu'une seule « patrie ».

Mais quelle forme allait prendre l'État? C'est au cours du XIIe siècle, par touches successives, que la dignité dogale s'est renforcée d'attributs symboliques : l'investiture par l'étendard de Saint-Marc depuis 1130, les laudes qui appartiennent aux usages carolingiens; le dais, la pourpre, qui rappellent le cérémonial byzantin; la couronne enfin, qui supporte le bonnet ducal, en 1173 *propter aquarum dignitatem*, dit Boncompagno da Signa, en évoquant le *spozalizio del mare* (les épousailles de la mer). Et cependant, l'État vénitien n'évolue pas vers la monarchie; les signes régaliens sont la manifestation éclatante de l'expansion, mais au moment même où s'accroît la souveraineté impersonnelle de l'État. Non que le pouvoir du doge soit vidé de toute substance, mais il est limité par l'affirmation d'une personne morale, la commune. Dès le milieu du XIIe siècle, les ambassadeurs vénitiens à Constantinople parlaient au nom « du glorieux duc et de toute la commune » *(gloriosi ducis totiusque nostri comunis)*. Devenu le premier magistrat de la Commune, le doge prête à son entrée en charge un serment *(promissio ducalis)* dont le texte est fixé à la fin du XIIe siècle. C'est pendant deux siècles au nom de la commune de Venise – *Comune Veneciarum* – que conseils et offices mènent la politique extérieure et exercent un rôle d'impulsion et de contrôle de la vie économique. Mais au temps du doge Tommaso Mocenigo, le terme de commune est vidé de son sens, dans la mesure où l'aristocratie au pouvoir a définitivement cantonné la majorité de la population vénitienne en marge de la vie politique. On attendit 1453 avant d'exclure des actes officiels un terme, aussi glorieux fût-il, qui appartenait au passé.

L'État, à partir du début du XVe siècle, est symbolisé par la *Signoria*, c'est-à-dire par une représentation étroite des milieux dirigeants, présidée par le doge, « prince Sérénissime ». Or le terme de Signoria évoquait en Italie depuis le XIIIe siècle un pouvoir personnel, devenu héréditaire, légitimé par la dédition explicite d'une communauté urbaine, et imposé en fait par la force; en dépit des références à la « République » qui maintenaient la fiction d'une magistrature suprême déléguée par le peuple, il est manifeste que ce régime autoritaire a jeté les bases dans le Milanais d'un vaste État territorial. L'ambiguïté du vocabulaire politique vénitien traduit l'originalité d'une constitution, qui supprime la référence au consensus populaire, mais exalte le sentiment collectif de la puissance, qui fait de son prince, élu à vie, un symbole de son hégémonie maritime, mais demeure une république urbaine. Fière de son passé, de ses lois et de ses mœurs, Venise, en dépit de la complication croissante de ses institutions, a choisi de demeurer elle-même, une ville-État, dans une Europe en train de devenir moderne, selon la formule d'A. Tenenti.

Un événement mineur, une querelle de préséance, surgie à Rome, lors de la pompe solennelle du couronnement de Frédéric III, entre l'ambassadeur de Venise et l'ambassadeur du duc Sforza, apporte les justifications de la conscience de soi. Contre la meilleure place réservée à Venise par le maître des cérémonies, l'argumentation milanaise prend à rebours tout ce qui, aux yeux de Venise, marque sa précellence : *Duci Venetiarum nullam esse potestatem nisi cum populo, filium dignitatis heredem non habere, ex negotiatoribus ducem eligi; alienum atque indignum videri Principi nobili et potenti mercarorem praeferri...* (Le doge de Venise n'a aucun pouvoir sans son peuple, son fils n'hérite pas de sa dignité, le doge est choisi parmi les marchands; il paraît étrange et indigne qu'un marchand prenne le pas sur un prince noble et puissant...) La réponse de Venise n'est pas moins sèche : le duché de Milan est une nouveauté, puisqu'il a commencé avec le vicomte Galéas (Visconti)... *Ducatum Venetiarum vetustissimum esse, ordine legitimo institutum, ducem nisi ex familia nobili nullum assumi, rem publicam Venetiarum super noningentos stetim annos, terra marique potentem*... (le duché de Venise remonte à la nuit des temps, il est fondé sur un ordre légitime, la République de Venise est depuis neuf cents ans sans interruption puissante sur terre et sur mer...); Francesco Sforza ne peut être considéré comme l'égal d'un patricien vénitien; c'est un homme qui s'est fait tout seul, dont le père, avant de porter les armes, étrillait les mules; son principat n'est rien, puisque, sans respect pour les lois et les mœurs, il a eu la présomption de se déclarer duc, appuyé par un mouvement populaire, et de s'emparer par la force des insignes *(... qui sine legibus, sine moribus, impetu populari se ducem dicere atque arripere insignia praesumpsisset)*...

Tout en faisant la part de l'outrance chez les deux parties, que tout séparait, il faut reconnaître que l'originalité vénitienne ressort parfaitement de cet affrontement rhétorique. Certes, une république de marchands; mais la pourpre qui orne le chef de cette république est le signe d'un héritage glorieux. La durée *(constantia)* est fondée sur des lois et sur un consensus *(legibus et moribus)* : telles sont les bases du contrat social, ou du moins l'image que s'en font les élites vénitiennes.

Car il est peu de constitution dont l'image ait été autant simplifiée, peu de chroniques urbaines dont le récit paisible corresponde autant à une reconstruction. L'expansion vénitienne s'est traduite par un renforcement croissant de la structure de l'État, il n'y a rien là de surprenant; mais l'impersonnalité de la *respublica*, telle qu'elle s'est affirmée au terme d'une complexe évolution, telle qu'on peut la saisir au début du XVe siècle, recouvre des tensions, voire des luttes sociales, que le mythe a voulu abolir pour la postérité : l'organisation des pouvoirs a en fait établi par étapes la prépondérance exclusive des dynasties familiales, qui ont dirigé l'expansion séculaire.

Allégorie de Venise, fin du XVIe siècle.
(Gravure de Giacomo Franco)

Rex in purpura...

Les institutions

Venise n'a pas l'exclusivité d'institutions complexes, où la procédure de participation à la vie publique allie tirage au sort et élection, et où la compétence des organes de décision est étroitement limitée par celle des organes voisins; aussi longtemps que le pouvoir royal ou impérial n'a pas donné un coup d'arrêt à l'autonomie urbaine, les villes médiévales ont multiplié les artifices éliminatoires. Mais les procédures destinées à limiter la participation, puis à briser à l'intérieur du groupe dominant toute combinaison qui remettrait en cause l'équilibre, n'ont pas empêché, à Florence par exemple, la prise de pouvoir d'une faction, celle des Médicis. Les institutions vénitiennes ont la rare originalité d'avoir, à la fin du Moyen Age, définitivement établi les formes de la décision politique, tandis que s'affinait sans fin la machinerie administrative. A cet égard, c'est dans les villes germaniques de l'Empire que l'on découvrirait le plus d'affinités avec la république vénitienne de conseils. Ces affinités n'ont pas échappé à un historien vénitien du début du XVIe siècle, qui, louant le gouvernement de la ville de Nuremberg, déclarait que cette dernière méritait d'être appelée « Venetia de Alemania ».

A la formule de Bartolo di Sassoferrato, inspirée d'un constat vénitien ou florentin : *reguntur per paucos divites* (le gouvernement par quelques riches), préférons le raccourci saisissant qui résume cinq siècles d'évolution constitutionnelle à Venise : *ab omnibus ad paucos* (Jean Bodin), qu'un ambassadeur d'Espagne à Venise développe en ces termes au chapitre VI de son traité, *Examen de la liberté originaire de Venise* (1677) : « Que la liberté de Venise a passé enfin du peuple aux nobles, à l'exclusion de tous les autres citoyens. » Ce sont là les protagonistes de l'histoire vénitienne, un groupe toujours plus étroit de familles, et une masse silencieuse, gouvernée *moribus et legibus* (selon les lois morales et civiles).

Le peuple

Des pouvoirs du peuple vénitien, même le souvenir est effacé au début du XVe siècle. Quelles sont donc les étapes principales de cette élimination?

En 1143, le *placitum* (plaid), où se réunissaient théoriquement tous les membres du *populus*, se borne à ratifier les décisions du conseil des Sages qui entoure le doge, et ce, par la *collaudatio* (acclamation); c'est-à-dire qu'il perd toute initiative législative. En 1171, le peuple, qui élisait le doge, n'élit plus qu'une commission électorale de 11 membres.

La réorganisation administrative de la ville, qui s'effectue entre 1150 et 1180, donne aux institutions une base topographique; les *contrade*, correspondant aux paroisses, servent de cadre à la convocation de l'*arengo*, l'assemblée du peuple, qui, au nom de l'efficacité et de la compétence, devient exceptionnelle. La loi constitutionnelle du doge Ziani (1207) définit en détail les principes de l'élection aux magistratures sur une large base populaire : trois des trente-six *trentaccie*, regroupement des *contrade*, choisissent chaque année à tour de rôle les trois électeurs chargés de désigner tous les membres des conseils et des offices; ce sont aussi les élus des *trentaccie* qui désignent les XL, puis XLI, qui élisent le doge. Mais, de la délégation de pouvoirs à la dépossession du pouvoir, le chemin passe par la technicité croissante des activités publiques; des fonctions obligatoires et non rémunérées nécessitent des loisirs, une culture, une expérience que peut seul posséder un personnel politique; on conçoit, comme l'a remarqué Y. Renouard, que les élus des *trentaccie* aient fait exclusivement leur choix parmi les membres des grandes familles, qui siègent presque en permanence, à des titres divers, dans les conseils et les offices.

C'est dans l'atmosphère de crise, consécutive à la mort du doge Ranieri Zeno en juillet 1268, que le conseil étroit, qui assurait l'intérim, retira à l'*arengo* le choix des électeurs du doge, remettant l'initiative au Grand Conseil.

La nouvelle procédure en six étapes, alliant ou alternant élection et tirage au sort, traduisait surtout, dans un climat économique et social troublé, la crainte d'une collusion entre le doge et le peuple.

Et de fait, l'*arengo* faillit quelques années plus tard ressusciter comme un épouvantail, à l'initiative d'un doge soucieux de secouer la tutelle des Grands, Lorenzo Tiepolo; mais les Grands étaient trop confiants dans leur force pour avoir besoin d'un homme seul; la mort subite de Lorenzo Tiepolo en 1275 évita au doge de perdre la partie qu'il avait engagée. Il fallut encore plus d'un siècle pour qu'un acte symbolique mît fin à ce qui n'existait déjà plus : le 16 avril 1423, à la formule rituelle de présentation au peuple : « Voici votre doge, s'il vous plaît », fut substituée l'annonce : « Nous avons choisi pour doge Francesco Foscari. » L'assemblée populaire, disparue en tant que corps politique, ne se survit plus désormais que dans la liesse collective qui accompagne le nouvel élu de sa maison à son palais.

Le doge

Contrairement à l'évolution qui, dans d'autres villes italiennes, transférait aux mains d'un homme les pouvoirs de la Commune, la splendeur croissante des titres et du cérémonial semble faire du doge de Venise un prisonnier de sa fonction d'apparat : *rex in purpura in urbe captivus* (roi vêtu de pourpre prisonnier dans sa ville)... Que de précautions sont prises pour que ce personnage, chargé d'incarner la puissance de Venise, ne puisse jouer de rôle personnel! Dès sa nomination, il s'engage par serment à ne pas sortir des limites qui lui sont imparties par la « promission » *(promissio ducalis)*; le texte, fixé en 1172 sous Enrico Dandolo, fut remanié en 1192, en 1229, au fur et à mesure que l'expérience révélait la nécessité de garanties nouvelles. Les conditions de l'élection, parfois délicate, furent examinées à partir de 1229 par le conseil des Cinque. Correctori; les actes du doge furent après sa mort

Proclamé doge dans la basilique, l'élu est présenté à la foule place Saint-Marc, puis il reçoit la corne ducale en haut de l'escalier des Géants. (Gravures de J.B. Brustolon, d'après A. Canaletto.)

Le doge Alvise Mocenigo (Tintoret Accademia, Venise). ▶

passés au crible par les « Inquisitori del Doge defunto » à partir de 1501; la « promission » fut, à partir de 1577, lue chaque année au doge régnant; en 1646, on interdit le couronnement de la dogaresse; les membres de la famille du doge furent, en 1521, exclus des dignités ecclésiastiques et des fonctions d' « Avvogadori di Comun », en 1646, des ambassades.

Ce qui frappe le plus dans cette législation restrictive, c'est la méfiance ininterrompue; elle administre la preuve que ce magistrat élu à vie, choisi dans un groupe étroit de familles dirigeantes, conservait une influence décisive; membre de droit de tous les conseils, dépositaire de tous les secrets de l'État, le doge avait sur les magistratures annuelles l'avantage d'incarner la continuité. Or il fut parfois, après de nombreux scrutins ou des tractations acharnées, l'élu d'une faible majorité, mais en même temps le représentant d'une politique.

Dans la série des doges, dont les portraits commandés au XVIe siècle, ornent toujours la salle du Maggior Consiglio à Venise, retenons quelques figures. Piero Ziani (1205-1229), fils de doge, époux de Constance de Hauteville, fille de Tancrède, fut juge, conseiller, podestat de Padoue, avant d'accéder à la magistrature suprême. Le groupe des grandes familles enrichies par le trafic d'Orient, investissant leurs revenus en domaines et en immeubles, se reconnaissait parfaitement en lui; expression et garant de la prospérité vénitienne, Piero Ziani était même, au début du XIIIe siècle, l'homme le plus riche de Venise : la fortune de sa famille *(l'haver de Cà' Ziani)* était aussi proverbiale pour les contemporains que celle des Rothschild au XIXe siècle, ou celle des Rockefeller, comme l'a écrit G. Luzzatto. Or, voici que l'artisan de la réforme constitutionnelle de 1207, le symbole de la réussite sociale, le doge Ziani se démet brusquement de sa charge en 1229 : retrait de la vie publique, que G. Cracco a interprété comme une victoire des familles « nouvelles », enrichies par l'expansion, qui prétendent accéder au pouvoir.

L'élection de 1229 démontre que le dogat est bien l'enjeu des grandes batailles; de l'urne sortent 20 votes pour Marino Dandolo, représentant des anciennes familles *(case vecchie)*, et 20 pour Giacomo Tiepolo; l'élection est recommencée, mais chacun des XL s'en tient à son candidat; on laisse au hasard le soin de trancher *(sors periculosa)* : Giacomo Tiepolo l'emporte. Que la bataille ait une signification politique est une évidence, si l'on considère l'irrésistible ascension d'un « homme nouveau » : armateur, marchand, juge de la commune, duc de Crète, podestat de Trévise, *baile* de Constantinople, conseiller ducal, Giacomo Tiepolo, en accédant au dogat, fait triompher l'« ouverture »; c'est sous son règne que la classe dirigeante s'élargit, comme le prouve la création du Sénat, que se précisent les institutions vénitiennes grâce à la rédaction des *Statuts citadins* en 1242; à l'extérieur, il mena une politique habile et conquérante; mais l'homme qui avait su à Constantinople rétablir l'unité vénitienne au lendemain du partage de 1205, qui, pendant son règne, consolida les positions vénitiennes en Romanie, imposa à Raguse la souveraineté de la République (1236), à Zara soulevée, la capitulation (1244), à Ferrare, des conditions commerciales draconiennes, cet homme d'État dut en 1249 renoncer à sa charge « par la volonté de ses concitoyens » *(de voluntate civium)*; sans doute avait-il retiré trop de gloire de son œuvre; il parlait volontiers de « son gouvernement » *(nostrum regimen)*...

On pourrait évoquer d'autres grandes figures de doge : Lorenzo Tiepolo, (1268-1275) qui tenta de ressusciter la politique d'ouverture de son père, dans le dernier tiers du XIIIe siècle; Andrea Dandolo (1343-1354), l'humaniste conscient du rôle que le doge – *princeps in Republica* – devait jouer dans la régénération de l'État, et qu'il dut se borner à exposer dans ses *Chroniques*, au milieu du XIVe siècle; Michele Steno (1400-1413), qui en 1409, affirma hautement ses prérogatives; Francesco Foscari (1423-1457), dont le nom reste lié à la lutte contre les Visconti...

Sans doute, la race des hommes d'action paraît s'éteindre à la tête de l'État, au moment où l'expansion vénitienne s'essouffle; non que les médiocres l'emportent définitivement : le magistère moral qu'exerça Niccolo Contarini, avant même d'accéder au dogat en 1630, n'est sans doute pas l'unique exemple de la valeur personnelle des doges à l'époque moderne.

Mais le nombre des doges, et des plus grands, qui furent contraints de se démettre de leur charge, tempère dans les faits le principe constitutionnel de la magistrature à vie : le doge élu, sinon sur un programme, du moins par une tendance majoritaire, était en fait prisonnier de ses mandants; les conseils qu'il présidait étaient les véritables centres de la décision collégiale; c'est là qu'il convient d'étudier, à travers les listes de leurs membres, lorsqu'elles sont connues, à travers les attendus des délibérations et par l'analyse des scrutins, les courants et les orientations de la politique vénitienne.

Les conseils

Le nombre croissant des assemblées – les conseils –, la multiplication des organes de décision, de gestion, de contrôle – les magistratures et les offices – ont une double signification : la construction d'un État centralisé, mais aussi la redistribution fréquente des compétences. Un tableau des institutions vénitiennes est nécessairement schématique, dans la mesure où des organismes ne cessent d'apparaître sous la pression de nécessités occasionnelles, tandis que d'autres, qui se survivent, imposent à l'historien l'état d'esprit d'un archéologue.

C'est sous le doge Piero Polani, en 1143, qu'apparaît pour la première fois un Conseil des Sages (les *boni homines* de la plupart des communautés urbaines médiévales), dont les délibérations ont effet exécutif; alors que le clergé a été en tant que tel exclu définitivement de la vie politique (1130), ce conseil est, par opposition aux conseillers privés du doge, l'émanation de la commune naissante.

Il semble cependant que le Maggior Consiglio (Grand Conseil) ne devint pas avant le milieu du XIIIe siècle le rouage essentiel du système constitutionnel vénitien; les décisiong importantes, en particulier la loi de 1207 sur l'organisation des pouvoirs, sont prises par un groupe étroit de 3, puis 6 conseillers, représentant les *sestieri* (les 6 divisions topographiques de la ville) depuis 1172. Le frein mis par un groupe d'une vingtaine de familles à l'essor du Maggior

Consiglio a permis un éclairant parallèle entre l'institution du Minor Consiglio (Conseil Étroit), héritier de l'ancienne *curia ducalis*, et celle du Consulat dans de nombreuses villes à l'époque communale.

C'est dans les années 1230, et sous le règne de Giacomo Tiepolo, que la classe dirigeante s'accroît massivement par irruption des *popolari* dans le Maggior Consiglio, dont les effectifs passent de 35 (un par *trentaccia*) vers 1200 à 430 en 1261, à 577 en 1276, et dépassent largement le millier au XIVe siècle. Or, c'est de 1232 que date la première décision connue du Maggior Consiglio, manifestant son pouvoir législatif autonome, et c'est vers 1250 que sa volonté législatif-rante s'impose sans conteste à celle du Doge et du Minor Consiglio. Rien d'étonnant à ce que les vieilles familles rivalisent avec les nouvelles pour occuper les sièges; l'étude des listes du Maggior Consiglio est révélatrice : les *consorterie* ou groupes de familles de la fortune marchande sont aussi les *consorterie* de la politique; selon l'expression de G. Cracco, le monopole des trafics s'est transformé en monopole du pouvoir. Les électeurs conseillers étant élus eux-mêmes à la majorité par le Maggior Consiglio parmi ses membres, le jeu des clientèles dénaturait le principe de l'élection et consolidait les positions des plus puissantes familles; ainsi, les Contarini, les Dandolo, les Morosini, les Querini disposaient en permanence à la fin du XIIIe siècle d'une vingtaine de sièges par famille, tandis que le nombre des familles ne disposant que d'un ou de deux sièges ne cessait de décroître. La tradition élective fit cependant repousser jusqu'en 1297 la légalisation du fait accompli : la fameuse *Serrata* (fermeture) du Maggior Consiglio, à l'initiative du doge Piero Gradenigo, rendait automatiquement éligibles les conseillers des quatre dernières années et ceux dont les ancêtres avaient siégé au Maggior Consiglio; la loi, rendue perpétuelle en 1299, fut prolongée et précisée par une série de mesures : le registre des éligibles de droit ouvert en 1314, qui annonce le « Livre d'or » du XVIe siècle; la proclamation de l'hérédité, qui définit légalement en 1323 un patriciat par une noblesse de fonction. Aux vieilles familles *(case vecchie)* et aux nouvelles familles *(case nuove)* des XIIe et XIIIe siècles, vinrent s'adjoindre, en récompense de mérites insignes, trente et une familles « récentes » *(case nuovissime)* dont les membres s'illustrèrent pendant la guerre de Chioggia, et d'autres familles, vénitiennes ou étrangères, après la guerre de Crète (1646) et la guerre de Morée (1684). Mais, quoique sur 210 familles patriciennes recensées, 87 se soient éteintes avant le XVIe siècle, toutes les propositions visant, au XVIIIe siècle à remplacer les familles disparues par des familles bourgeoises furent tenacement repoussées, à une époque où les attributions du Maggior Consiglio étaient depuis longtemps vidées de leur substance.

Il est évident que le Maggior Consiglio, dès le XIIIe siècle, ne pouvait débattre, dans une assemblée aussi nombreuse,

Une séance solennelle du Maggior Consiglio.
(Gravure de J.B. Brustolon, d'après A. Canaletto.)

des affaires de l'État exigeant, particulièrement dans le domaine économique et financier, des études préparatoires aux décisions législatives, et la compétence de spécialistes. Le Maggior Consiglio dut s'adjoindre les titulaires de grands offices pendant la durée de leur charge, ou déléguer ses pouvoirs à des commissions restreintes. Sa véritable fonction fut dès lors l'élection à tous les organes de direction de l'État, et à la plupart des postes de fonctionnaires.

La Quarantia, émanation du Maggior Consiglio apparue en 1179, fut, au XIIIe siècle un organisme essentiel, comme le prouve la lutte des plus puissantes familles pour s'en assurer le contrôle. Elle élaborait les projets fiscaux et financiers soumis au Maggior Consiglio, et ses trois chefs faisaient de droit partie de la Signoria. Mais, tout en conservant d'importantes attributions judiciaires au civil et au criminel, elle perdit son autonomie en s'agrégeant en 1324 à un autre conseil du Maggior Consiglio, l'assemblée des *Pregadi*.

Ainsi nommés parce qu'ils se réunissaient sur invitation du doge, les Pregadi (« Priés ») étaient 60 en 1255; ce conseil élargi à 120 membres au milieu du XVe siècle et à 300 membres au milieu du XVIe siècle, hérita au cours du XIVe siècle de la plénitude des pouvoirs du Maggior Consiglio, dirigeant la politique étrangère, la défense des colonies et la conduite de la guerre, et organisant la vie économique.

L'autorité croissante de cette assemblée, qui s'honora du nom de Sénat, se marque au mouvement continu qui y fit entrer les hauts dignitaires de l'État, et, après la Quarantia, le Conseil des Dix; ainsi, les Avvogadori di Comun, chargés de veiller à l'exécution des lois, s'y agrégèrent en 1293, les Procuratori di San Marco, chargés de l'administration du trésor de Saint-Marc, de la tutelle des mineurs, et, à la requête de particuliers, de liquidations testamentaires, en 1442. En fonction des problèmes à résoudre, le travail du Sénat était confié à des commissions temporaires de Sages; les registres des délibérations du Sénat nous ont transmis l'écho des longues discussions d'experts, dont la compétence s'étendait aux domaines les plus divers, mais attestent aussi la qualité des débats préliminaires aux votes. Dans le domaine de la politique générale, se constituèrent à partir de la fin du

XIVe siècle des commissions permanentes de patriciens formés par une longue carrière à la science du gouvernement : Savi del Consiglio, puis Savi alla Terra Ferma, enfin Savi agli Ordini, chargés des problèmes maritimes, se réunirent à la Signoria dans le Collegio.

Il n'est pas surprenant que cette dernière assemblée de direction, dont les membres alliaient le prestige, l'expérience et l'autorité, ait fini par jouer au XVIIIe siècle, sous la présidence du doge, le rôle d'un véritable « ministère d'État »; les méthodes de travail gouvernemental à Venise paraissent alors assez proches de celles des grands États centralisés d'Europe, quoique les institutions demeurent fondamentalement différentes.

Si les translations du pouvoir d'un conseil à l'autre, les glissements, les chevauchements d'attributions et les conflits qui en résultent, sont au cours des siècles l'expression de l'empirisme constitutionnel vénitien, la lourde machine fonctionne, imperturbable, grâce à la compétence d'un personnel politique qui entre tôt au service de l'État : le principe de collégialité, l'apprentissage continu des responsabilités, la rotation qu'imposent le cursus et le principe électif donnent à l'expression « les sphères du pouvoir » un sens fort; l'organisme politique vénitien est un cercle, dont le centre se déplace insensiblement, mais dont la circonférence ne varie pas.

L'administration

Les magistratures vénitiennes, qui ne distinguent pas fonctions législatives, judiciaires et administratives, se prolongent dans tous les secteurs de la vie publique par une imposante administration, depuis le milieu du XIIIe siècle. Une multitude d'offices, dont les directeurs et les agents sont élus par les Conseils pour un temps limité, détient des parts du pouvoir d'exécution et de contrôle, et assure par ses bureaux et ses dossiers la continuité de l'État.

Aux deux pôles majeurs du développement urbain, Saint-Marc et le Rialto, correspondent les deux principales sections de l'administration vénitienne; les « offices du palais » sont essentiellement les offices judiciaires, les six cours qui dérivent de la *Curia ducis*, et dont les attributions ne correspondent plus nécessairement, après quelques siècles d'existence, à leur dénomination. Mais on retrouve aussi, proches du palais, des offices financiers, militaires et navals, et la chancellerie ducale, qui conserve les archives de l'État et, depuis le milieu du XVe siècle, les protocoles des notaires vénitiens. En revanche, les « offices du Rialto » concentrent la plupart des bureaux économiques, qui, faute de place, s'installent par achat ou location dans les immeubles situés de part et d'autre du pont; dresser une liste de ces offices revient à évoquer toutes les activités de production et d'échange, étroitement soumises à des *Sopprastanti* : dénomination qui évoque la responsabilité de contrôle de quelques hommes devant les magistrats de tutelle.

L'ensemble des magistratures et des offices, à Venise même, mais aussi sur la Terre Ferme et en Romanie, offre une ample hiérarchie de carrières aux fils de familles, qu'ils aient de grandes espérances, ou qu'ils se résignent au service de l'État après quelque échec dans le monde des affaires. Les magistratures sont réservées à l'étroite liste des éligibles (2 000 personnes au XVIIe siècle); or, leur nombre croissant entraîne nécessairement la brigue *(broglio)* des candidats auprès des électeurs pauvres, ceux qu'on appelle les *Barnabotti*, malgré les lois qui, depuis le XIVe siècle, tentent de lutter contre ces pratiques.

Quant aux offices, ils représentent, à tous les niveaux de responsabilité, un débouché pour les catégories sociales bloquées dans leur ascension, et, dans les temps difficiles, une sécurité, une prébende, voire une occasion de spéculer; en effet, les conseils qui, au XVe siècle, accordaient volontiers des offices à titre gracieux pour honorer une personnalité, récompenser des mérites ou venir en aide à des citoyens besogneux, en viennent aux XVIe et XVIIe siècles à pratiquer la vénalité des charges, pour nourrir la guerre contre le Turc. Les offices, que l'on afferme, sont négociables et transmissibles : entre 1650 et 1700, les postes pourvus par élection ne représentent que 5 % du total.

Damnatio memoriae... : Un voile funèbre recouvre le portrait du doge Marino Falier dans la salle du Maggior Consiglio.

Une société fermée ?

Quoique la cité soit de pierre et d'eau, les institutions vénitiennes font venir à l'esprit, par leur foisonnement organique, l'image d'un arbre vigoureux, où les rameaux se multiplient, de siècle en siècle, sur les maîtresses branches : « Les branches et la cime donnent encore des fleurs », notait en 1667 un marchand de Venise, en songeant au monde des affaires; détournée de son point d'application, la métaphore peut exprimer la part que l'inachèvement institutionnel doit à Venise aux forces de renouvellement de la société. « Cependant, ajoutait le même marchand avec mélancolie, les racines pourrissent depuis le début du XVIe siècle » : la sève ne peut circuler que si le sol demeure fécond. Or, dès le début du XIVe siècle, la classe politique vénitienne tranche ses liens avec la base populaire; elle veille en même temps à briser toute velléité du doge à gouverner l'État : l'arbre vénitien s'isole de ses racines et on le taille en pyramide tronquée. Le symbole d'une société qui se referme sur elle-même est le Conseil des Dix.

Une description des institutions vénitiennes serait incomplète si l'on n'insistait pour finir sur l'excroissance que représente ce « ténébreux » Conseil. Les conditions exceptionnelles de son apparition, le contrôle permanent qu'il s'arrogea sur la vie publique, mais aussi sur la vie privée des Vénitiens – *leges et mores* –, la part croissante que ses attributions extensives lui ont permis de jouer dans la politique intérieure et extérieure de Venise, ont fini par faire de ce Conseil un organe essentiel de la constitution vénitienne.

Il faut assurément se garder de la vision romantique, qui fit du Conseil des Dix une peinture exagérément noire. Organe de haute police, selon la définition de F. Thiriet, comprenant 10 membres ordinaires élus pour un an par le Maggior Consiglio dans des familles différentes, il s'adjoignait le doge et ses conseillers, un avocat de la commune, les trois chefs des sections de la Quarantia, et, depuis 1355, une commission *(zonta)* de 20 membres; c'est dire que cette cour de justice d'exception qui veillait à la sécurité de l'État et disposait de fonds secrets et d'informateurs, ne constituait pas – sa composition le prouve, sous la présidence du doge – un comité trop restreint ou trop indépendant.

Personne cependant n'ignorait à Venise que le Conseil des Dix était né d'une réaction conservatoire – *conservatorium nostre terre et dominii* –, pour prévenir le retour des événements violents de 1310 et de 1355, les seules tentatives désespérées des exclus, puis du plus haut magistrat de l'État, dont l'historiographie officielle ne pouvait pas minimiser l'importance. Baiamonte Tiepolo, héritier de doges populaires, représentait la volonté de rouvrir par la force le jeu démocratique, au moment où se renforçait la fermeture des Conseils; Marino Falier, héritier d'une des plus anciennes familles de Venise, élu doge au soir de sa vie en 1354, voulut, contre les oligarques, réaliser le programme de « bon gouvernement » qu'avait énoncé son prédécesseur Andrea Dandolo. Bannissement, confiscation des biens pour les uns, la mort pour les autres : le doge Falier fut exécuté, et dans la salle du Maggior Consiglio, un drap noir interrompt à sa place la série des portraits des doges.

La peur des gouvernements n'est pas un sentiment avouable; mais un fait divers peut mettre en pleine lumière des inquiétudes secrètes; ainsi, un jour de 1509, selon le récit de Marin Sanudo, « il se produisit deux grosses explosions de canon et de poudre. Tout le monde courut vers l'Arsenal. Les Sénateurs pensaient à une conspiration... » Contre les complots de l'intérieur, la malveillance des ennemis de Venise, mais aussi contre tous les écarts individuels de nature à troubler le fonctionnement de l'État et la morale officielle, le Conseil des Dix fut l'impitoyable garant de la continuité. Son autorité sortit au milieu du XVe siècle du cadre de ses attributions initiales, dans la mesure même où se renforçait l'appareil étatique.

On constate dans la seconde moitié du XVe siècle une dépossession progressive du Sénat par le Conseil des Dix de ses prérogatives en matière diplomatique et financière (mines, métaux précieux, frappe des monnaies). L'opposition se manifesta par la voie du conflit constitutionnel latent; des textes réglementaires *(correzioni)* tentèrent en vain de limiter cet impérialisme législatif, jusqu'à la crise de 1582-1583 : devant le refus d'élire, manifesté par le Maggior Consiglio, le Conseil des Dix dut admettre sa défaite et restituer au Sénat une partie de ses droits. Il attaquait alors sur un autre front; c'est dans les mêmes années que fut renforcé le pouvoir des trois inquisiteurs d'État, chargés depuis 1539, par délégation du Conseil des Dix, de dépister les cas d'intelligence avec l'ennemi. Le procès de Gian Battista Bragadin, chef des Quarante, accusé de livrer des secrets d'État à l'Espagne, et condamné à mort en 1620, fut une retentissante erreur judiciaire et une faute politique, dont surent profiter les plus anciennes familles, exclues en fait depuis la fin du XIVe siècle du Conseil des Dix et de la Signoria. Mais il est frappant que les excès de pouvoir, les abus commis par le groupe le plus étroit, la magistrature la plus redoutée, n'aient donné lieu qu'à des joutes en champ clos. La majeure partie de la population vénitienne subit en silence la toute-puissance inquisitoriale et le climat de suspicion que symbolise, au palais ducal, la bouche de lion des accusations anonymes. Une délibération du Conseil des Dix, en date du 10 août 1319, explique clairement comment la délation fut organisée dans tous les sestiers de Venise.

Que par scrutin soient élus en ce Conseil 6 nobles hommes, bons et probes comme chefs des sestiers, à raison d'un par sestier. Et que ces chefs de sestiers élisent et établissent les chefs de *contrada* et que ces derniers soient nobles. Les chefs de *contrada*, avec les plus grands soins et sollicitudes, dans les quinze jours qui suivront leur élection et leur mise au courant par les chefs de sestiers en personne ou par leurs représentants doivent enquêter du mieux qu'ils pourront, individuellement sur tous les étrangers ou les gens extérieurs, qui sont venus pour habiter et résider et qui habitent et résident dans leur *contrada* depuis trois ans et également depuis plus de trois ans et rechercher état, condition, attitude et qualité de chacun. Et avec ce qu'ils auront trouvé, qu'ils aillent s'adresser auxdits chefs de sestiers et qu'ils leur rapportent et disent ce qu'ils ont trouvé. Et que ces chefs de sestier, à la majorité (pourvu qu'il y en ait au moins quatre présents) aient autorité, faculté et pouvoir tant pour ce qu'ils ont recherché et trouvé par eux-mêmes que pour ce qu'ils ont eu par les rapports ou les déclarations desdits chefs de *contrada*, de garder ou d'expulser celui ou ceux qu'ils veulent, et, à leur choix, dans la cité ou hors de la cité de Venise, et de leur imposer et percevoir de ce fait, la peine ou les peines, avec même détention et emprisonnement des personnes ou des biens, au mieux qu'il leur semble. Et ceci s'entend uniquement de ceux et contre ceux qui sont venus habiter et demeurer depuis trois ans comme ci-dessus et de ceux qui sont venus par la suite, sauf si parmi eux se trouve quelqu'un qui a reçu sa paie pour des galères ou des bateaux de la commune ou de personnes privées, il faut alors le garder jusqu'à ce qu'il ait satisfait à ses obligations ou jusqu'à ce qu'on le mette sur la galère ou le bateau et qu'il mérite cette paie qu'il a reçue...

De même que ces chefs de sestiers, avec soin vigilant et attentif, s'occupent des tavernes et hôtelleries dans lesquelles on héberge, de ces tavernes et hôtelleries et de ce qui s'y dit et de nuit et de jour, aussi bien et aussi soigneusement qu'ils le peuvent...

De même, que l'office de ces chefs de sestiers doive durer six mois et qu'ils aient pour salaire 10 sous de gros chaque mois, et 4 sergents ou gardiens, vaillants et bien armés, chacun d'eux, aux frais de la commune pour qu'ils puissent mieux accomplir leur office. Ces sergents, qu'ils aient pour solde, chaque mois, 5 livres de *piccoli* et 2 sous par livre de toutes les condamnations ou peines, payées par ceux qui les ont encourues et perçues par lesdits sergents. Et ces 2 sous par livre sont à celui ou ceux qui les ont perçus. Ces sergents doivent avoir au moins 25 ans. De même ces chefs doivent avoir avec eux pour leur susdit office un des notaires de la grande cour, qui leur est attribué. Et les dits chefs de sestier, durant leur office, ne peuvent être élus à un autre office, sauf au conseil de Venise, au conseil des juges *de proprio* ou des « pétitions ». De même, que ces dits chefs de sestiers aient au moins trente ans (*Consiglio dei Dieci*, *Deliberazioni miste* a cura di F. Zago. Venise 1962.)

Des institutions fermées, un contrôle permanent de l'État sont l'expression d'un régime politique qui distribue la population, comme l'écrit Contarini au XVIe siècle, en deux catégories : les citoyens, c'est-à-dire, ceux qui méritent de l'être, et les autres : *universus populus in duo genera est distributus; nam quidem honestioris sunt generis cives; alii vero ex infima plebe, ut artifices et id genus hominum* (l'ensemble du peuple est divisé en deux catégories dont la plus honorable est celle des citoyens, l'autre est formée par les bas-fonds, c'est-à-dire les artisans et tout ce genre d'hommes). La seconde catégorie dépend étroitement du Conseil des Dix dès sa création, et c'est évidemment la plus nombreuse. Parmi ses attributions directes, le Conseil des Dix avait la surveillance des métiers *(arti)*, organisés en groupement professionnels obligatoires et dirigés par des syndics, les *gastaldi*, qui représentaient à la fois les maîtres et la Seigneurie. Il avait aussi autorité sur les *Scuole*, ces associations de dévotion et de philanthropie, qui ont ouvert un champ de responsabilités aux citoyens privés de toute activité politique, et ont défini le profil du pauvre respectable, assisté par ses frères en piété. Le Conseil des Dix a été, en somme, l'instrument le plus voyant de la conservation sociale.

Faut-il admettre que la réglementation très étroite des droits économiques des métiers et la force de dissuasion du Conseil des Dix furent assez puissantes pour que la population laborieuse de Venise ne sortît jamais de son silence? Quelle part de vérité contiennent les références historiographiques à l'harmonie du corps social et au sens civique des Vénitiens? Si l'on doit concilier les solidarités évidentes et la menaçante mise en scène de l'appareil répressif, quelle singulière habileté doit-on mettre au crédit de la République vénitienne! On peut sans doute les concilier si l'on distingue des niveaux de solidarité en fonction des niveaux de culture et de conscience sociale.

Les métiers n'ont jamais joué à Venise le rôle d'entraînement politique, voire séditieux, qui fut souvent le leur dans nombre de villes médiévales. La colère populaire qui éclata lors de l'élection en 1290 du doge Piero Gradenigo fut un mouvement spontané de la rue : *magnus tumultus in populo factus est*, dit la chronique; aucun métier n'aurait eu de titre à la canaliser. Les aspirations des métiers à participer à la vie publique ont été brisées définitivement à Venise au milieu du XIVe siècle, c'est-à-dire au moment où dans d'autres villes européennes, elles se sont manifestées avec un inégal succès; « As-tu pu croire un instant que tu gouvernerais mieux en compagnie de corroyeurs et de charpentiers? », dirent en 1355 à Marino Falier ses accusateurs. Dans cette capitale de l'import-export, l'artisanat occupait une position seconde; c'est une différence fondamentale de structures avec Florence, dont l'essor économique s'est bâti au XIIIe siècle sur les industries textiles, ou avec Milan, ville du fer et de la futaine. Sans doute, l'arsenal de Venise, par la construction navale et l'ensemble des métiers qui lui sont liés, représentait une des plus fortes concentrations ouvrières de l'Occident; mais son labeur, surveillé dans les moindres détails, contribuait, non à la production sur place de biens de consommation, mais à la puissance d'entreprises commerciales lointaines et à la défense d'une domination dispersée sur les mers; approvisionnement, embauche, salaires, règlements de fabrication et de sécurité, confèrent à l'arsenal, cette affaire d'État, le caractère d'un service public; les revendications des charpentiers et des calfats ne sortirent jamais du cadre de la discussion avec les entrepreneurs privés ou avec l'État.

Seule l'histoire des prix et des salaires, qui nous manque, permettrait d'établir avec précision si la stabilité ou le progrès des conditions matérielles ont contribué à désarmer, au cours des siècles, les dizaines de milliers d'habitants de Venise, que les textes appellent le peuple, ou la plèbe, l'*infima plebs* de G. Contarini. Sans aller jusqu'à suggérer, comme l'a fait G. Cracco, que le développement industriel vénitien a été, pour des raisons de sécurité politique, volontairement « saboté » au XIIIe siècle par les marchands au pouvoir, on peut dire qu'au temps du civisme offensif, qui caractérise le premier âge d'or vénitien jusqu'au XIIIe siècle, succède, dans tous les domaines, un coup d'arrêt à l'ouverture; gouvernée par une caste de gérants avisés, la République mène alors à leur point extrême toutes les virtualités suscitées par les générations précédentes; admirable épanouissement de la fin du Moyen Age, où se perçoivent déjà les premiers signes du déclin.

Cette conscience du déclin dans un monde qui change, le sentiment confus que les structures sociales, les fondements de la prospérité économique sont pour le moins matière à réflexion paraissent, à partir du XVIe siècle, partagés par les meilleurs esprits.

Si l'aristocratie de l'hérédité, de la fortune et de la compétence demeure, jusqu'à la fin de l'histoire de Venise, le seul protagoniste de la vie publique, les tensions qui apparaissent au grand jour entre les membres de cette aristocratie témoignent, en quelques occasions, des luttes acharnées et subtiles qui opposent des hommes divisés sur les méthodes, parfois même sur les choix. Discours et discussions, dans les conseils et les cercles privés, affrontent périodiquement des conceptions diverses de la survie vénitienne. L'examen de conscience s'assortit d'un bilan; l'histoire s'arrête, Venise reprend son souffle.

Il serait trop simple de réduire ces tensions à des conflits de générations, ou aux épisodes d'une lutte entre un groupe qui détient le pouvoir, et un autre qui veut s'en emparer; le tableau dressé par H. Kretschmayr a été magistralement nuancé par G. Cozzi. La distinction n'est pas même entre la plus vieille aristocratie, celle des *case vecchie*, et la plus récente; elle est plutôt entre les conservateurs, les antiquaires des techniques de la domination, et les hommes soucieux des transformations nécessaires. Ordre ou mouvement? Sans doute, faut-il mettre des limites au mouvement; mais l'immobilité est la mort, et les partisans de l'immobilité sont ceux qui ont transformé l'aristocratie, le gouvernement par les meilleurs, en une oligarchie, comme le déclare Z.A. Venier.

Comment Venise a-t-elle pu être menacée par l'immobilité? Lorsque les courants vifs du commerce se sont ralentis, gênés par la piraterie endémique, les revers militaires, la concurrence des peuples jeunes, les Vénitiens en sont venus à tourner le dos à la mer et à ses techniques. Il est dans cette analyse une large part de vérité, même si la passion des hommes de « mouvement » les conduit à sous-estimer, à la fin du XVIe siècle, les grands efforts d'adaptation, maritime ou industriel, qui ont porté leurs fruits.

C'est ainsi que Venise est, dans la seconde moitié du XVIe siècle, devenu un centre important de fabrication de draps de qualité, comme l'a montré P. Sella; la presque totalité des 25 000 pièces produites en moyenne par an dans les premières années du XVIIe siècle ont permis d'équilibrer la balance commerciale vénitienne avec les marchés du Levant. Nous avons vu, dans un autre domaine, avec quel acharnement Venise a maintenu sa marine de guerre à la hauteur de ses besoins; quant à la flotte de commerce, s'il est certain que, de la construction navale aux échanges internationaux, la concurrence ragusaine, gênoise, française, hollandaise, anglaise ravit à Venise à partir de 1560 ses

Les industries de luxe à Venise : textiles et verrerie.

positions en Méditerranée, les bâtiments vénitiens, de plus faible tonnage que par le passé, continuent jusqu'à la fin du XVIIIe siècle à rendre des services démultipliés, en dépit de la concurrence de Trieste, dans toute l'Adriatique.

Mais ce qui frappe les contemporains, parce que c'est un phénomène massif, c'est le fait que de nombreux patriciens, installés dans leurs domaines de Terre Ferme, pris par la passion de l'agronomie, s'enracinent dans la vie rurale; le phénomène donne naissance à des bons mots, tant il paraît contraire au destin de Venise : lorsqu'il monte à cheval, le Vénitien attend le vent pour partir, et, comme il ne se sépare pas de l'ancre de ses aïeux, il la jette pour arrêter sa monture...

Aux raisons qui détournent le capital vénitien de l'aventure maritime vers la terre, ajoutons les nécessités d'approvisionnement en céréales, depuis que le marché turc se ferme,

vers 1660, aux exportations étrangères. Mais depuis la seconde moitié du XVIe siècle, les investissements fonciers paraissent une activité rentable, puisque, dans les années 1590, la Terre Ferme est en mesure de fournir les 4/5 des besoins vénitiens, comme l'a montré M. Aymard. Ce ne sont que mises en culture de friches et de maigres pâtures communales, bonifications encouragées par l'État. Écoutons le témoignage d'un passionné de l'aménagement du territoire, Alvise Corner de Padoue, auteur d'un traité sur le régime des eaux et de nombreux projets de « réformation » agricole, présentés aux conseils vénitiens. Voici ce qu'il déclare dans un discours de 1540 :

« ... N'ont cessé de s'accroître dans les campagnes le nombre des hommes et de se réduire le nombre des terres; du fait des inondations, un très grand nombre de champs sur le territoire soumis à Venise a été gâté, de sorte qu'on ne peut les ensemencer que de temps à autre, et en millet et sorgho, ce qui oblige à forcer les bonnes terres, et à leur imposer plus qu'elles ne peuvent porter, à ne pas les laisser se reposer comme cela se fait en Romagne ou dans les Marches... et les champs, trop épuisés, au lieu de rendre raisonnablement dix pour un, rendent à peine cinq... » Ce triste tableau, il le précisait par la situation de ses propres terres, ces champs en contre-bas des collines Euganéennes, pour lesquels il ne trouvait pas de tenancier, parce qu'ils étaient constamment menacés par les eaux *(perchè sono de ventura per le aque)* ; mais en 1542, il entonne un chant de victoire : « Les eaux se sont retirées, et du coup le mauvais air cessa, et vint le bon; et au lieu de 40 âmes qui y vivaient, il y en a maintenant 2 000 »...

Venise devient une puissance agricole, à qui Tiepolo prête les traits robustes et gracieux d'une moissonneuse, la gerbe aux pieds. Les grandes exploitations capitalistes (le mot est courant en Vénétie au XVIIIe siècle) se consacrent à l'élevage et à la pisciculture, à la rizière, à la vigne ou à la magnanerie. Les admirables demeures, élevées sur les plans de Palladio, de Scamozzi, de Longhena, témoignent, au long de la Brenta, sur la route d'Asolo et jusque dans les Dolomites, d'une pénétration des campagnes par le capital urbain et d'un sens aigu de l'harmonie, qui magnifie les sites naturels au lieu de les défigurer. Placements, revenus, mais aussi mode de vie, qu'évoque *la Villégiature* de Goldoni; colonisation intérieure, la seule qu'il reste à faire, enracinement, qui n'est pas l'immobilité, mais l'enracinement à rebours de toutes les traditions de l'histoire vénitienne, qui oblige Venise à s'accommoder de ses dangereux voisins, l'Espagnol, l'Autrichien, l'empereur; qui l'oblige aussi à vivre en harmonie avec l'Église, garant d'un ordre social : tranquillité des sujets, apaisement du clergé.

Face à cette politique de gestionnaires, dont les horizons se limitent aux Alpes et au Pô – mais ne tendent-ils pas à se limiter, et par force, à l'Adriatique? – les partisans de la jeunesse de Venise ne peuvent proposer une politique de rechange, car elle risquerait de rompre la délicate balance de la neutralité; mais ils rongent leur frein, ils enragent des sacrifices inutiles, de l'infériorité technique qui est désormais celle des marchands. Girolamo Priuli avait senti la menace, lorsque au début du XVIe siècle, il avait lancé sa mise en garde : « C'est la marchandise et le voyage qui avaient assuré la liberté, et procuré honneur et réputation. »

Pour les hommes du « mouvement », qui ont fait l'amère expérience des difficultés du commerce – la correspondance du marchand Andrea Berengo est éclairante –, et qui, faute de domaines à cultiver, n'ont d'autres perspectives que les emplois administratifs, la solution est dans l'ouverture : il faut renoncer à des privilèges jaloux, qui ont fait leur temps et sont totalement inefficaces, car exclure les étrangers à Venise des trafics les plus fructueux ne les fera plus venir, comme autrefois, au Rialto. Ce qui enchante Niccolo Contarini, au début du XVIIe siècle, chez les Hollandais, c'est la jeunesse qui permet à cette nation d'écrire une nouvelle geste du commerce et de la liberté : liberté conquise au prix de durs sacrifices, et qui s'exerce sur toutes les mers, en dépit de l'exiguïté de leur pays et de la médiocrité des conditions naturelles. A travers l'éloge généreux que le futur doge fait des concurrents de Venise, on perçoit les regrets de la gloire passée, et la crainte qu'en formulant la comparaison qui s'impose à son esprit entre Venise et Amsterdam il ne contribue à sceller le destin de Venise dans la médiocrité.

L'ouverture, c'est, sur un autre plan, une politique sans préjugé de rapprochement avec les États qui témoignent d'une farouche hostilité à l'Espagne et d'une radicale défiance vis-à-vis de l'Église, parce que l'Espagne est une camisole de force mise à l'Italie, et que la papauté n'a pas trouvé meilleur allié pour préserver une morale sociale et une organisation temporelle. Venise, à qui l'on a souvent reproché sa tortueuse politique d'entente à tout prix avec le pire adversaire de la chrétienté, le Turc, pour peu qu'elle préservât les restes de sa puissance, est au début du XVIIe siècle un centre de profonde spiritualité; mais cette spiritualité est étrangement libérée du dogmatisme de la Contre-Réforme; à ceux qui « croient que catholique et papiste soit tout un », l'ambassadeur de France Philippe Canaye de Fresnes conseille d'étudier l'exemple que Venise donne du contraire : « S'il estoit du Pregadi de Venise, dit l'ambassadeur de l'intransigeant calviniste qu'est Casaubon, il perdroit bien tost ceste opinion. »

Ce texte de Sarpi en porte témoignage.

Il n'est pas suffisant de dire qu'il faut croire à l'Église, si l'on dit en même temps qu'il ne convient pas de rechercher, d'examiner ou de savoir ce que l'on croit. Parce que le Christ lui-même a commandé que l'on cherchât dans l'Écriture les correspondances à sa prédication; et tous les saints ont exhorté les fidèles à l'intelligence des mystères de la foi et à l'étude de la divine Écriture; alors qu'aujourd'hui on ne fait qu'interdire une telle étude, comme vaine et dangereuse. La foi assurément recherche l'humilité; mais l'humilité est vertu morale, qui consiste dans la mesure; qu'on s'en écarte vers le bas, et elle n'est plus digne de ce nom, mais peut être qualifiée de bêtise. La vertu s'accommode de l'ignorance, quand elle ne peut la faire disparaître, mais elle ne l'approuve pas et ne fait pas son éloge... Ce n'est pas perdre la foi, que de chercher à comprendre l'Écriture divine, qui ne présente pas les choses de la foi comme ténébreuses et épineuses, et qu'il faudrait recevoir les yeux fermés : au contraire, elles illuminent l'esprit, elles enflamment le sentiment... « elles donnent de l'esprit aux enfants »; qui empêcherait-on de les lire, sous le prétexte qu'elles sont écrites pour les simples en esprit? (*Relazione dello Stato della Religione*..., adjonctions de P. Sarpi à l'édition italienne de l'œuvre de sir Edwin Sandys, publiée à Genève en 1625, *in* Paolo Sarpi, *Opere* I, a cura di L. e G. Cozzi, p. 330, 1969.)

La vérité est bonne à dire, c'est même, selon Niccolo Contarini, « la principale loi de l'histoire »; et les grands esprits qui se retrouvent régulièrement au Ridotto Morosini sont partisans de l'ouverture, qui rendrait à Venise son indépendance nationale, parce que cette attitude politique est la seule qui soit payante. Quelle colère dans le mot, attribué à Contarini, et qui modifie la titulature du doge, en lui ajoutant ironiquement... *et Philippi Hispaniae regis gratia Dux* (doge par la grâce du roi d'Espagne). Mais chez ses plus chauds partisans, l'ouverture a ses limites : s'ils ont le sentiment que la faiblesse de Venise est au XVIIe siècle le sens du privilège, qui fit autrefois sa force, ils ne sauraient tirer toutes les conséquences qui s'imposent; ces hommes croient reconnaître dans les nations conquérantes de leur temps ce qu'était Venise du temps de leurs pères; mais la foi catholique est là, pour rappeler les différences : marchands hollandais et anglais ne risquent-ils pas d'apporter avec les « nouveautés » les ferments d'une dissolution, celle que l'on constate dans plusieurs pays protestants, en particulier dans les cantons suisses : *Governo disordinatissimo, sino di pura plebeità* (gouvernement qui sort terriblement des normes, voire purement plébéien)... note à regret le futur doge.

C'est paradoxalement vers le Turc, mieux connu en Italie depuis la publication à Venise en 1568 de l'*Historia universale del origine e imperio de' Turchi* de Francesco Sansovino, que regarde notre réformateur : l'État turc en effet propose, selon Contarini, un modèle de gouvernement efficace et tolérant, où les articles de foi, distincts de toute théologie, sont incorporés dans l'édifice des lois civiles; pensée libre et hardie, qui témoigne, en marge du jeu politique traditionnel, d'une curiosité d'esprit et d'un souci de renouveau singuliers. La société vénitienne est peut-être bloquée dans son développement, mais la ville, de plus en plus cosmopolite, n'a jamais cessé d'accueillir toutes les suggestions et toutes les expériences.

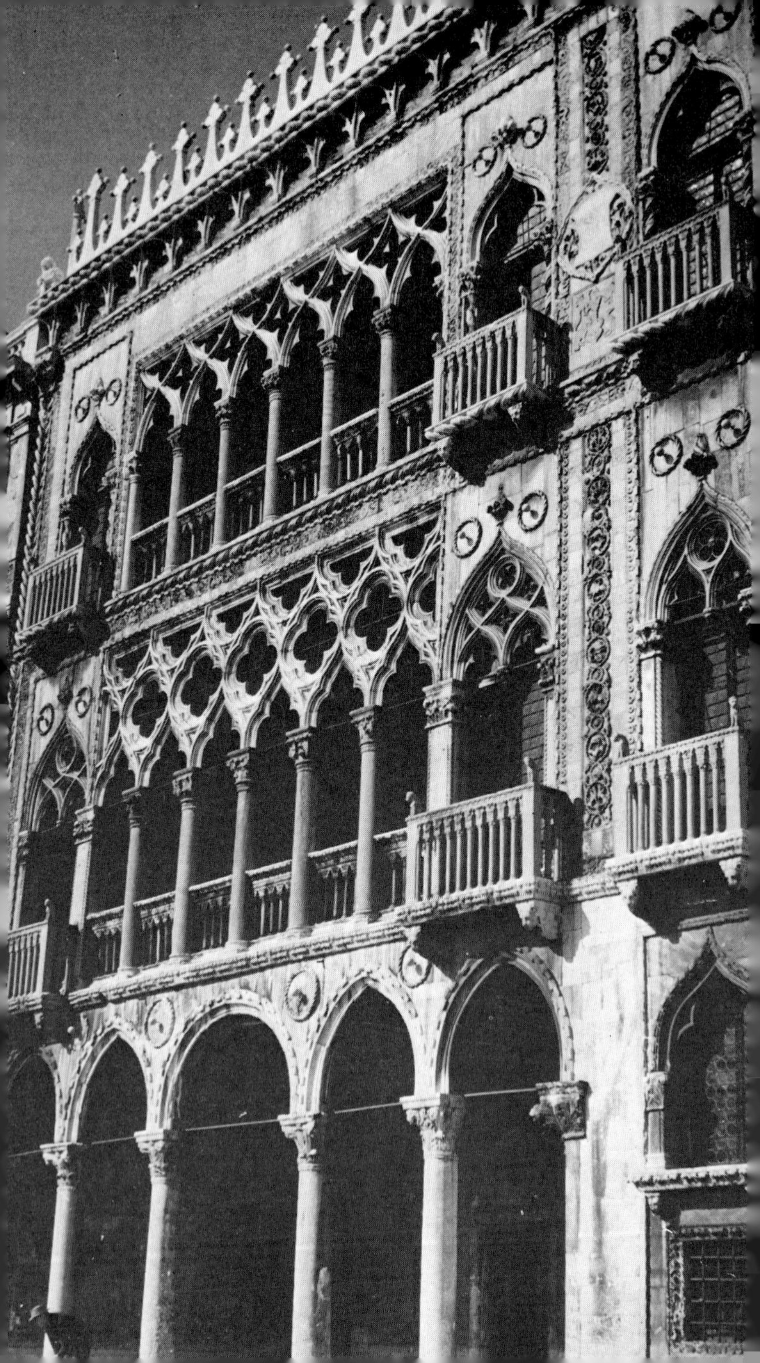

Art et culture : le filtre vénitien

Venise est capable d'accueil – mais le reflux remporte ce qu'elle ne retient pas. Ouverture sur le monde extérieur? Quoi de plus naturel, pour une métropole qui transborde sur ses quais les marchandises les plus lointaines, qui reçoit en même temps des visiteurs du monde entier, ceux qui viennent pour affaires, ceux qui s'embarquent pour la Terre sainte, ceux qui viennent pour voir, et que Venise regarde : Dürer, ébloui, dessine avec passion le costume des dames, et les crustacés qu'il découvre au Rialto; Gentile Bellini peint dans la *Procession des reliques de la Croix* des marchands allemands, en arrêt devant la fête, roides et peut-être intimidés par ces splendeurs. Les Vénitiens ont trop l'habitude des voyages, des couleurs de l'Orient et des brumes du Nord, pour ne pas être spectateurs du monde, de ce monde qui offre en raccourci à Venise des visages, des modes, des techniques.

Mais l'art et la culture des Vénitiens, que doivent-ils à ce mouvement, à cette curiosité des autres? Ils lui doivent assurément des choix, et, par conséquent, des réticences, des refus; peintres et architectes ont parfois éprouvé à leurs dépens ce qu'il en coûtait de se mettre à la mode étrangère, parce que la vie de l'esprit est, à Venise, subtile alchimie; aucun apport qui ne soit décanté, filtré avant d'être assimilé. On a dit, et l'image est belle, que les deux colonnes de la Piazzetta étaient « l'entrée symbolique, la porte ouverte » de Venise; mais entre ces colonnes, jamais ne passe un Vénitien, en souvenir des exécutions capitales qui s'y déroulèrent;

Rythme et lumière : la Ca' d' Oro.

l'espace est clos à Venise par des signes, les signes que l'histoire fait au présent. Depuis qu'elle a abattu ses tours et ses murs, sous le doge Ziani, vers 1175, Venise est protégée du monde par d'invisibles murailles.

Si l'on ne peut parler au sens strict d'art officiel à Venise, dans la mesure où aucun organe politique n'a pu prétendre, au cours des siècles, exercer un magistère culturel, le particularisme vénitien se traduit, dans ce domaine comme dans d'autres, par de constantes références au passé : timidité devant la nouveauté? Plutôt fidélité aux origines de sa culture, et souci de ne rien admettre qui contredise une évolution historique : l'art est une des formes du patriotisme vénitien.

Le patriotisme artistique

Au début, était la splendeur de Byzance, et c'est Saint-Marc qui peut le mieux nous en transmettre le reflet. Colonnes antiques, fragments de marbre, sculptures venues d'Orient et remployées, font les murs polychromes, plaques précieuses rehaussées, parements juxtaposés, ostentation des temps anciens. La *Pala d'oro*, les calices, les patènes conservés au trésor de la basilique nous permettent aisément d'imaginer la stupéfaction des nobles d'Occident pénétrant, tel Robert de Clari en 1204, dans les églises de Constantinople. Saint-Marc a été construit sur le modèle des Saints-Apôtres de Constantinople, et décoré, dans le dernier tiers du XIe siècle, d'un cycle théologique de mosaïques; conformément aux règles liturgiques de Byzance, des artistes grecs figurèrent le Christ en gloire, la Vierge et les saints. Partie de l'abside et des coupoles, cette décoration atteignit au XIIIe siècle l'atrium et les portails, où se déploient la création du monde et la légende de Saint-Marc : à la lunette du portail de gauche, la translation des reliques se déroule devant la basilique de la seconde moitié du XIIIe siècle, et le mosaïste a représenté les chevaux de bronze doré ramenés de Constantinople après le sac de 1204 : souci de fixer un moment glorieux de l'histoire vénitienne et de renforcer l'un par l'autre les symboles d'un héritage ininterrompu. Les fonds d'or, faits de petits cubes d'émail doré ou de verre réfléchissant une feuille d'or, sont à Saint-Marc, comme l'a écrit S. Bettini, « la basse continue de la musique polyphonique », l'espace intemporel où se déroulent des théories de figures et de scènes colorées.

C'est à ces figures et à ces scènes que se décèlent les influences successives, « macédoniennes » au XIe siècle, « bénédictines » et germaniques, puis le maniérisme byzantin du XIIe siècle, à l'époque des Comnène, puis les lignes décoratives du XIIIe siècle. Mais le patriotisme artistique des Vénitiens se traduit par l'attachement à un matériau, à une technique, à un mode de représentation; dans le contexte de la guerre avec Gênes et des difficultés économiques, le souci de recruter et de former sur place les mosaïstes (1268), la création des ateliers de verrerie de Murano (1308) témoignent du souci de l'État d'assurer la continuité. Les Procurateurs de Saint-Marc avaient la charge de veiller à la conservation des mosaïques, à leur restauration, de faire appel aux meilleurs maîtres, par exemple Pisanello en 1424.

A partir du XVIe siècle, les plus grands peintres qui siègent dans les commissions de concours de recrutement des mosaïstes, exécutent des cartons pour Saint-Marc; Titien, connu pour son âpreté à se réserver commandes et programmes, avait suggéré le remplacement des mosaïques anciennes par des nouvelles; il fut alors établi que les sujets remplacés devaient être fidèlement reproduits avec leurs légendes (1566). La dynastie des Zuccato travailla sur des projets de Titien et du Tintoret, et le Romain dal Pozzo exécuta la mosaïque du second portail, à partir de 1715, sur un carton de Sebastiano Ricci. Ces réfections ultimes sont un total échec esthétique, parce que le contraste est trop évident entre le style et le matériau; mais le besoin iconographique l'emportait sur le besoin esthétique. Construite sur des reliques, la basilique est elle-même vénérable relique, à laquelle les Vénitiens ont maintenu un attachement « démodé ».

On ferait des constatations analogues à propos du palais ducal, dont la construction s'est échelonnée sur plusieurs siècles. De même que la fondation du palais byzantin avait été contemporaine de la fondation de l'État, celle du palais gothique, que nous connaissons, coïncida avec l'avènement du pouvoir aristocratique. L'édifice byzantin, le palais Ziani, tombait en ruine au début du XVe siècle; ne l'avait-on pas laissé se dégrader, parce qu'il évoquait les tentatives de pouvoir personnel des doges? Mais, l'aurait-on jamais détruit si le feu ne l'avait pas attaqué en 1419? C'est au début du règne de Francesco Foscari, en 1424, que l'on fit disparaître un édifice qui n'avait aucune vertu symbolique; depuis quatre-vingts ans, la Venise triomphante des Conseils s'accommode à merveille de la façade maritime du palais, construite à partir de 1340; au nombre accru – et définitivement restreint – des éligibles aux charges publiques, correspondait la nouvelle salle, bâtie face au soleil de midi, « pour avoir de l'espace, de la liberté et de la lumière sans rompre l'unité de l'État ni sortir de l'enceinte sacrée du palais ». C'est dans cette immense salle, de 55 m sur 25 m, que siégea désormais le Maggior Consiglio.

Décorée de losanges de pierre blanche et rouge et vibrante de lumière, la muraille fonctionnelle est percée de larges baies ogivales, dont, face à la mer, celle du milieu, avec les découpures, les ciselures et les flèches qui l'encadrent, ressemble à un retable d'église. Les dentelles des crénelures ajourées, qui courent sur le faîte, les clochetons de marbre qui soulignent les angles, autant de motifs aériens, qui compensent vers le haut la simplicité majestueuse de la muraille, de même que les arcatures de la galerie basse, la jubilation à perte de vue des colonnes graciles de la galerie supérieure, où se jouent les ombres denses, rendent immatéricIle la surface pleine qu'elles supportent. Le foisonnement du gothique international pénètre à Venise, mais il y prend une gaieté flamboyante : les frères Bon, qui travaillent à la Ca' d'Oro, cette façade en clôture sculptée de 1420, et qui raccordent à la vénérable basilique le nouveau palais des doges par la luxuriante Porta della Carta vers 1440, utilisent la pierre de Vérone, vernissée et rehaussée de peinture et d'or; c'est en définitive le chromatisme des Vénitiens, l'art d'équilibrer exactement les valeurs, qui donne au gothique de la lagune son originalité, en associant aux courants venus du continent les réminiscences de la splendeur orientale : la lumière et l'ombre jouent avec la teinte des pierres, des revêtements et même des badigeons contemporains, dans une dominante rose, qui est celle de la brique, elle-même dissimulée.

Si le gothique donne à la Venise architecturale une certaine unité, c'est d'une part parce que les Vénitiens ont retenu du gothique ce qui convenait le mieux à leur goût de la splendeur et, d'autre part, parce qu'ils n'ont pas hésité, une fois encore, à être « démodés » : le gothique, qui a pénétré tardivement à Venise, s'y prolonge à la fin du XVIe siècle. Ainsi, le Palais des doges, qui subit en 1577 son troisième grand incendie depuis la construction de la salle du Maggior Consiglio, fut reconstruit tel qu'il était par Antonio da Ponte; le projet de Palladio fut repoussé, comme sera plus tard repoussé le projet du Bernin pour la colonnade du Louvre : l'un comme l'autre offensait une certaine conscience d'être soi-même.

La fidélité de Venise à un style, celui de ses souvenirs brillants, a pour conséquence une discordance chronologique entre l'art vénitien et celui du reste de l'Europe, comme l'a remarqué G. Francastel, cependant que sous les formes stylistiques dominantes, les thèmes et les idées-forces de la sculpture et de la peinture témoignent d'une grande liberté d'interprétation.

En rapports de plus en plus étroits avec la Terre Ferme, Venise fut nécessairement touchée par les courants spirituels de la pauvreté évangélique, diffusés dans toute l'Italie du Nord, tels qu'ils se manifestaient hors de l'Église et à ses marges, et tels qu'ils furent, au XIIIe siècle, canalisés par les ordres mendiants. Dominicains et Franciscains s'installèrent à Venise vers 1245, le doge Giacomo Tiepolo estimant que leur « présence dans la ville était nécessaire à l'État et au peuple ». Imposantes églises, que celles des Mendiants, S. Zanipolo (contraction vénitienne des saints Jean et Paul) consacrée en 1430, et Santa Maria Gloriosa dei Frari, église des Franciscains, terminée en 1443 : nefs aériennes, dont les murs se couvrirent au cours des siècles des monuments funéraires à la gloire de l'aristocratie vénitienne. A S. Zanipolo, les statues de saint Thomas d'Aquin, saint Dominique et saint Pierre martyr, qui dominent la façade, semblent veiller à l'orthodoxie vénitienne; mais la lutte contre l'hérésie est à Venise affaire d'État plus qu'affaire de l'Église, et l'État vénitien refuse la démesure des bûchers, tandis qu'ils flambent à Trévise, à Vérone, à Milan. Aux ordres mendiants restait la persuasion par l'image, comme l'a démontré G. Francastel.

Si l'on considère les œuvres attribuées à l'atelier du premier peintre vénitien connu, maître Paolo, on constate qu'entre 1320 et 1360 la technique, qui reste byzantine, est au service de l'actualité religieuse : le Couronnement de la Vierge, par exemple, thème de combat par excellence diffusé par les Mendiants contre l'hérésie, est l'argument central d'un polyptyque commandé par un couvent de Clarisses, et dont les panneaux latéraux, cinquante ans après Giotto, font un parallèle très conscient entre la Passion du Christ et la vie de saint François.

Mais pour que la propagande anti-hérétique soit lisible, il faut qu'elle s'exprime à Venise dans des formes qui sont ailleurs périmées : on sait que *le Couronnement de la Vierge* exécuté en 1365 dans la salle du Maggior Consiglio par un artiste de Terre Ferme, Guariento de Vérone, fit scandale; non par le thème que maître Paolo avait acclimaté, mais par son indifférence aux canons byzantins.

Réalisme et lumière

Les conquêtes vénitiennes de la première moitié du XVe siècle, le rôle que la peinture et la sculpture jouent dans la vie civile, la carrière mouvante des artistes et les liens qui s'établissent entre ateliers, autant de faits qui contribuent à faire disparaître les fonds d'or de la peinture vénitienne, à dépouiller les tableaux de toute déclaration d'intention, à diversifier les sujets selon l'humeur des peintres et le goût des commanditaires. Le symbolisme était venu d'Orient; la curiosité du réel, que l'on s'attache à rendre, l'intérêt porté par quelques-uns à l'antique redécouvert, voilà les directions dans lesquelles s'engage l'art vénitien du Quattrocento.

Du gothique précieux, Venise accueille, par l'intermédiaire de Vérone et la tradition de Pisanello, les éléments gracieux et pittoresques; du décor sculpté antique, un répertoire de formes et d'éléments scéniques apporté à Padoue par les architectes florentins; de l'art courtisan de Ferrare, le portrait.

La carrière de Jacopo Bellini illustre à merveille la diversité des voies qui s'offrent aux Vénitiens et que ces derniers empruntent tardivement. En 1423 élève à Florence de Gentile da Fabriano, Jacopo Bellini participe en 1441 à un concours organisé à Ferrare pour le portrait de Lionel d'Este; il travaille ensuite avec ses fils au *Santo* de Padoue, sans doute en même temps que Donatello, et marie sa fille au Padouan Andrea Mantegna. Ses carnets de croquis révèlent son goût pour le dessin animalier et pour les décorations à l'antique. Initiateur appliqué, mais sans génie, Jacopo a exercé jusqu'à sa mort (1470) une grande influence sur ses fils et sur son gendre. Gentile Bellini (1429?-1507) est le premier peintre vénitien qui fasse une brillante carrière : conservateur des peintures du Palais des doges, fait chevalier par l'empereur Frédéric III, il doit à sa position la mission d'exécuter à Constantinople le portrait de Mahomet II, étonnant de précision clinique. Il est aussi le premier portraitiste de sa ville natale, utilisant le thème qu'il traite, procession, miracle, etc. pour aligner les façades vénitiennes et ordonner les foules. Ce narrateur consciencieux, dont l'indifférence au sujet n'a d'égal que son amour de Venise, est le premier qui promena un miroir sur les canaux et les places : sa leçon sera reprise de façon magistrale au XVIIIe siècle.

Mais son héritier direct, Vittore Carpaccio (1455-1525) le dépasse infiniment par sa sensibilité et sa hauteur de vue; dans les vies de saint, qui lui furent commandées pour des fraternités *(scuole)*, il a adopté la solution médiévale qui multiplie les temps du récit, afin de concilier son penchant de miniaturiste et les vastes perspectives : ainsi, dans le *Départ des fiancés* du cycle de sainte Ursule, derrière la galerie de personnages aux poses élégantes, dont les brocarts et les fourrures chantent avec une allègre distinction, une série de galères de plus en plus éloignées représente une seule et même galère aux différents stades de son parcours; ces galères s'échappent vers le large par le goulet qui sépare deux ensembles d'édifices, le port anglais et le port de Bretagne, audacieusement confrontés. La virtuosité de Carpaccio apparaît, entre autres, dans le rapprochement que l'on peut faire de deux œuvres contemporaines, *le Cycle de sainte Ursule* et *le Miracle de la Croix au Rialto* : la ville épaisse aux eaux sombres, sillonnées de gondoles, éclairée par l'or qui brille aux façades, et par la mode des chausses et des robes rouges, découpe sur le ciel voilé l'étrange silhouette de ses cheminées ; on ne peut imaginer vision plus dense du cœur médiéval de Venise. Or, au même moment, Carpaccio peint les architectures géométriques et pâles, rehaussées de motifs incrustés, que les frères Lombardo ont apportées à Venise à partir de 1490 : l'église de Sainte-Marie-des-Miracles, le palais Dario sur le Canal Grande font saisir ce que Venise accepte de la Renaissance à l'antique, le goût violent pour les placages et la couleur, qui renoue aisément avec la plus vieille

Les deux pôles de la vie vénitienne, vus par Gentile Bellini (détail de « la Procession place Saint-Marc », Accademia, Venise,

tradition byzantine. Carpaccio rêve d'une ville entière aux luxueuses symétries, alors que Venise, fidèle au gothique, consent à peine à se rajeunir; comme l'écrit G. Francastel, « la magie de l'artiste nous persuade de ressentir comme une vérité vraie ce que nous savons être la pure imagination ».

Suivi ni dans ses anticipations aventurées, ni dans ses recherches sur l'espace et le temps, Carpaccio s'adresse pour finir au public le plus humble et le plus spontané, celui des *scuole* mineures, qui groupent les immigrés dalmates et albanais; avec le cycle de Saint-Georges-des-Esclavons, l'Orient des Temps Modernes fait apparition dans l'art d'Occident, un exotisme qui n'est plus byzantin, mais turc : le sol roux que broute un âne au pied d'un palmier, dans une cour de ferme transposée en caravansérail, donne son ton au récit des *Funérailles de saint Jérôme*, le ton ambigu du réalisme imaginaire.

et par Vittore Carpaccio
(détail du « Miracle de la Croix au Rialto », Accademia, Venise).

Mais l'heure n'était plus au récit; Carpaccio tenta, comme les autres, de s'aligner sur le goût du jour; Giambellino régnait à Venise, en la personne de ses épigones.

Giovanni Bellini (1430?-1516) n'est pas un homme public au même titre que l'était son frère, ni un intellectuel comme son beau-frère Mantegna. Chez ce grand poète lyrique, hanté par quelques thèmes qu'il varia à l'infini, la Vierge à l'Enfant ou le Christ mort, le paysage joue un rôle essentiel; non pas la ville de pierre et d'eau, mais les arbres, les falaises calcaires qu'il emprunte à Mantegna, puis, comme s'il découvrait les Préalpes vénitiennes qu'on aperçoit par temps clair du haut du campanile de Saint-Marc, les villages, les collines, les bois du proche arrière-pays. Le ciel immense, avec ses nuages changeants et ses halos, donne la tonalité, grave, tendre ou illuminée, de la scène du premier plan.

Giambellino partageait avec nombre de ses contemporains une vive admiration pour le réalisme, la profondeur de champ, le sens nuancé de la lumière de la peinture flamande; on sait le retentissement du voyage de Rogier van der Weyden en Italie du Nord, en particulier à Ferrare, et les inventaires après décès révèlent la vogue dont jouissaient à la fin du XVe siècle les tableaux flamands ou « à la manière flamande » dans la décoration des palais vénitiens; le phénomène ne fait que s'amplifier au XVIe siècle. A sa rencontre avec Antonello de Messine, qui travailla à Venise en 1475, Giambellino doit la technique de la peinture à l'huile, qui permet le jeu des glacis; après Van Eyck, Giambellino pousse fort loin ses recherches sur la lumière et la couleur; toute la peinture vénitienne du XVIe siècle en est sortie, la plus grande et la plus fade, celle du travail en série.

Tenons-nous-en, avec Titien, à la plus grande. Tiziano Vecellio (vers 1490?-1576) fit preuve, dès ses premières toiles, d'un dynamisme robuste et coloré. L'année où il succède à son ancien maître disparu, Giambellino, dans la charge de courtier au Fondaco dei Tedeschi (1516), il reçoit, grâce à ses relations personnelles, la commande d'une *Assomption* pour l'église des Frari : coup d'éclat de cette Vierge envolée à la robe rouge, qui rompt avec les nuances sensibles de Bellini. Ce manifeste de la couleur affirme qu'il n'y a que spectacle, et à peine un sujet, alors que son maître dosait les états d'âme. Inventeur du grand portrait, en buste, en pied, à cheval, Titien témoigne par sa carrière internationale, âprement menée, par la faveur que son talent et ses intrigues lui valent auprès de tous les grands du monde, du rattachement définitif de Venise à l'Europe des puissances. Mais, – son séjour romain et florentin (1545-1546) le prouve – l'incompatibilité reste grande entre l'art vénitien, sensuel et profond, et les épures acérées, les équilibres, et bientôt les déséquilibres construits des ateliers romains et toscans : la *Vénus et l'amour* aux tons voluptueux et sombres, les portraits aux brouillards moelleux, la *Danaé* aux chairs transfigurées de 1554, inaugurent la peinture fluide, voire vaporeuse de lumière, qui annonce, par-dessus la tête de ses contemporains, l'impressionnisme.

Danaé (Titien, Pinacothèque, Vienne).

Peinture et humanisme

Entre Giambellino et Titien, se place la courte carrière de Giorgio di Castelfranco, dit Giorgione (1477-1510); ce peintre, élève du premier, qui tenta d'imiter sa manière, maître du second, au point que certaines œuvres sont attribuées soit à l'un soit à l'autre, est sans doute le plus mal connu de son époque. On mesure son succès rapide et durable aux conversions de style de ses contemporains et au pullulement des imitations jusqu'au XVIIe siècle. Et pourtant quelle peinture fut plus savante? Les imitateurs de Giorgione ont cru en trouver la clé dans un procédé d'exposition employé par le maître : le spectateur d'une scène, figuré sur la toile, est juxtaposé aux personnages de sa propre vision. Mais les enchaînements imaginaires supposent une culture suffisante pour que le jeu de références puisse procéder par allusion; appuyer les effets ruine le charme. Or certaines œuvres de Giorgione demeurent indéchiffrables, ou du moins laissent une mystérieuse latitude d'interprétation; ainsi, dans le célèbre tableau de l'Académie de Venise, *la Tempête*, le signe qui déclenche la vision intellectuelle est assurément l'éclair qui zèbre le ciel vert; l'arsenal de la mythologie et de la poésie n'a pas permis aux commentateurs les mieux armés de franchir ce seuil. Il fallait, en tout état de cause, que Giorgione fût assuré d'être compris : ses œuvres, avec leurs allusions littéraires, musicales *(le Concert champêtre)*, spéculatives *(les Trois Philosophes)* suffisent à témoigner des raffinements intellectuels d'un milieu vénitien, qui ne semble pas, à la fin du Quattrocento, plus étroit ou moins avancé que celui d'autres métropoles italiennes. Dans tous les domaines de la création artistique, la génération de Giorgione est, à Venise, celle de l'humanisme.

L'humanisme vénitien s'est développé à un carrefour d'influences : l'enseignement de la philosophie à Padoue, les cénacles littéraires et aristocratiques, l'apport renouvelé de la culture hellénique.

L'Université de Padoue était devenue, depuis la conquête de la ville par Venise en 1405, un centre intellectuel dont la renommée s'étendait à toute l'Europe, attirant à la fin du

XVe et au début du XVIe siècle Pic de la Mirandole, Copernic et Guichardin. Ce serait durcir l'opposition entre Florence et Venise que de la placer sous le signe de Platon et d'Aristote, car les tentatives de syncrétisme ne manquent pas à Padoue; il reste que l'enseignement philosophique était à Padoue axé sur le commentaire d'Aristote par Averroès, et la discussion de ce commentaire. Les vifs débats sur l'intellect et sur le problème de l'âme font apparaître l'extrême liberté d'expression des maîtres, tel Pomponazzi, qui, en 1516, affirme qu'indissolublement liée à la matière, l'âme est mortelle, même si les aspirations de l'homme lui confèrent on ne sait quel « parfum d'immortalité ».

A Venise même, l'école du Rialto, ouverte en 1408 grâce au legs d'un marchand, préparait les futurs étudiants de Padoue à la philosophie et à la logique aristotéliciennes. Une seconde école, destinée initialement aux clercs de la chan-

Spéculation et poésie :
« Les Trois Philosophes » (Giorgione, musée national, Vienne).

cellerie, fut à la fin du xve siècle un foyer d'études des auteurs anciens, sous la direction d'humanistes et de très grands pédagogues. La polémique entre philosophes et humanistes se changea en fructueuse collaboration, lorsque, en 1497, l'Université de Padoue chargea l'un des maîtres de l'école de Saint-Marc d'un cours sur Aristote dans le texte grec. C'est aux méthodes philologiques et historiques des humanistes vénitiens, comme Ermolao Barbaro, que les intellectuels padouans durent la connaissance d'ouvrages antiques déformés par les traductions incorrectes ou les gloses incorporées, et de traités ignorés d'Aristote.

Le tableau de Giorgione, traditionnellement appelé *les Trois Philosophes*, semble faire allusion à la querelle entre les arabisants et les « modernes » : le philosophe du centre serait, sous son turban, l'averroïste; le vieil homme de droite serait, selon G. Francastel, l'Aristote vrai, dépouillé du travestissement des gloses. Le troisième personnage, qui leur tourne le dos, personnifierait le retour à la nature, qui prenait une place croissante dans les préoccupations des savants et des lettrés. Mais d'abord un retour aux sources de la culture d'Occident : il fut encouragé à Venise par le concours d'érudits venus de Constantinople après la conquête turque, et prit, de ce fait, un tour nettement hellénique : Georges de Trébizonde enseigna à l'école de Saint-Marc, le cardinal Bessarion légua à Venise sa bibliothèque de manuscrits grecs et latins, qui fut le noyau de la Marcienne; poètes, théologiens, professeurs forment autour d'Alde Manuce, le premier imprimeur d'ouvrages grecs, une équipe enthousiaste et permanente.

L'imprimerie, introduite à Venise en 1469 par Jean de Spire, fit de la ville le plus grand centre international du livre; si Alde Manuce (1450-1515) a conquis la gloire, à laquelle ne peuvent prétendre au même titre les 200 imprimeurs vénitiens de la fin du xve siècle, c'est qu'il fut à la fois, comme l'écrit A. Rochon, « un excellent artisan et un humaniste érudit »; c'est de ses presses qu'est sorti en 1499 « un des chefs-d'œuvre typographiques de la Renaissance », l'*Hypnerotomachia Poliphili* (le Songe de Poliphile) de Francesco Colonna, cette étrange encyclopédie de l'érudition et de la félicité, ornée d'admirables gravures.

Le maître et son équipe forment le noyau de l'« Accademia Aldina », où se côtoient historiens et chroniqueurs comme Marcantonio Sabellico et Marin Sanudo, auteur des *Diarii*, Girolamo Aleandro, qui enseignera le grec à Paris, le géographe Ramusio, et les fils des grandes familles vénitiennes. Des Barbaro, des Bembo, des Contarini collectionnent antiques et manuscrits, parlent grec, écrivent en latin aux humanistes de toute l'Europe, reçoivent dans leurs cénacles, à Venise, à Murano, dans les résidences d'été du Val di Brenta dans la « montagne », à Asolo, où réside la reine de Chypre, Caterina Cornaro. Par leurs liens personnels et leur mécénat, les Corner ont rapproché les affinités électives : c'est chez eux que Giorgione, qui jouait admirablement du luth, fit la connaissance du poète Pietro Bembo, le rénovateur du pétrarquisme.

Les jeux de l'esprit d'une société raffinée et sensible, l'amour des belles lettres et de la campagne arcadienne ont laissé des images élégantes et un accent nostalgique dans la peinture de Giorgione. Prématurément disparu, Giorgione peut donner son nom à la génération qui, au seuil du XVIe siècle, a préparé la voie aux débats sur l'antique et le moderne, sur l'amour divin et sur l'amour des réalités terrestres.

L'« internationale humaniste » avait frayé la voie à l'art antique par excellence, l'architecture triomphale. On a vu que par le canal de Padoue et de la Lombardie le vocabulaire décoratif et scénographique avait pénétré la peinture et l'architecture vénitiennes du Quattrocento; médaillons aveugles, rinceaux ciselés, guirlandes épaisses accompagnent et scandent les ordres superposés par Antonio Rizzo, puis par les Lombardo et Scarpagnino sur la façade intérieure du Palais des doges. Les statues de Mars et de Neptune placées par Sansovino en haut de l'escalier des Géants, rendent sensible, surtout si on les confronte au couple d'Adam et Ève d'Antonio Rizzo sur l'Arco Foscari, lorsqu'il s'y trouvait, le caractère théâtral des influences étrangères auquel se soumet le particularisme vénitien.

Glorification du corps et de l'âme de Venise

De la théâtralité, Venise accepte tout ce qui peut concourir à sa gloire; elle se complaît à se voir représentée sous l'aspect d'une blonde et vigoureuse patricienne, recevant l'hommage de Neptune, ce qui était bien naturel, mais aussi de Cérès, ce qui est plus neuf au XVIe siècle, et se laissant sans fausse humilité couronner par la renommée. Mais pour se contempler dans le miroir que lui tend Véronèse à partir de 1550, il lui faut du recul; seule la perspective peut l'assurer; l'aristocratie vénitienne s'habitue à siéger au palais ducal sous les architectures célestes et les nuées olympiennes.

La porte monumentale de l'Arsenal par Coducci, l'alignement des Fabbriche Vecchie par Bartolomeo Bon assurent des perspectives avec un vocabulaire bien connu des Vénitiens : l'entrée pompeuse, les arcatures sans fin. Jacopo Sansovino, ce Florentin échappé du sac de Rome en 1527, est, dès 1529, nommé *proto de sopra*, surintendant des bâtiments de la République; c'est lui qui, en quarante ans de magistère, élève ou remanie une quinzaine de monuments, dont l'allure équilibrée correspond parfaitement à la fonction qu'ils occupent, qu'il s'agisse de l'élégante *Loggetta* (1537-1540), de la *Zecca* aux puissants bossages (1536), ou de la *Libreria Vecchia*, terminée après sa mort; n'avait-il pas dompté sa nature pour devenir Vénitien? On peut se le demander en contemplant la hautaine muraille inachevée de la *Scuola Grande della Misericordia.*

Cette ville où « jusque-là on n'avait guère connu qu'un seul style pour les maisons et les palais, en suivant toujours les mêmes idées » (Vasari), a appris d'un autre étranger à la lagune, Andrea Palladio, combien son site se prêtait à la façade, à l'harmonie des formes simples entre le ciel et l'eau. Familier de Vitruve, inspiré par le manifeste lancé par son compatriote vicentin Trissino, *l'Italie libérée des Goths*, le théoricien des *Quatre livres d'architecture* a installé dans les perspectives insulaires de Venise les rigoureuses constructions de San Giorgio Maggiore (1565) et du Rédempteur (1577), tandis que les campagnes vénitiennes s'ornaient d'admirables demeures; perfection musicale de l'économie des

La villa Barbaro dessinée et décrite par Andrea Palladio dans ses *Quatre livres d'architecture*.

moyens, la leçon de Palladio s'insère comme une pause entre la force allègre de Sansovino et le décor de plus en plus théâtral dont ses successeurs parent Venise : Scamozzi, dans les Procuraties neuves, Baldassare Longhena qui, en 1630, conçut cette grandiose « machine flottante » qu'est la « Salute » au débouché du Canal Grande; ou le Padouan Tremignon, qui, vers 1680, reprenant les éléments de scénographie connus depuis deux siècles, dresse la façade fantastique de San Moysè, où le soleil couchant allonge les ombres des guirlandes, des frontons et des corniches.

De l'âge des humanistes, le XVIe siècle avait retenu la nécessaire collaboration des arts; ce sont les architectes qui ont sollicité le concours des sculpteurs et des peintres. Ainsi, pour l'entrée d'Henri III à Venise en 1574, Palladio dressa au Lido un immense arc de triomphe, orné de panneaux peints par Tintoret et par Véronèse; de la collaboration de Palladio, du sculpteur Vittoria et de Paolo Véronèse, naquit ce chef-d'œuvre de retenue et d'ingéniosité qu'est la villa Maser, construite entre 1562 et 1566 pour les frères Barbaro.

Paolo Caliari, dit du nom de sa ville le Véronèse, a apporté à la peinture vénitienne le style antique et lancé la mythologie à l'assaut des murs et des plafonds; mais, quoiqu'il ait appris de son compatriote Michele Sanmichele, l'architecte mili-

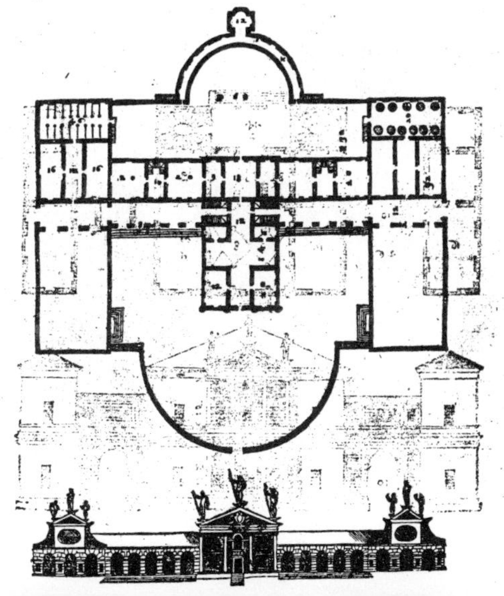

San Moïsè

« L'Église de la Salute pendant une cérémonie » (Canaletto).

taire de Venise et le constructeur de Palmanova (1593), la nécessaire distinction entre décor sacré et décor profane, la décoration de l'église San Sebastiano fait penser, comme l'écrit G. Francastel, « à quelque course de chars antique », et aux *Noces de Cana*, c'est une foule de notables insouciants qui fait à un Christ sans consistance l'honneur de l'inviter à table. Servie par un chromatisme violent aux tons froids, la fête antique, païenne ou chrétienne, charme les Vénitiens; ces derniers se reconnaissent, avec leurs chiens, leurs oiseaux et leurs serviteurs noirs dans les groupes qui prennent la pose aux balcons de Véronèse.

La *Cène* peinte pour le réfectoire des dominicains de San Zanipolo suscita la critique inattendue du prieur : il fallait remplacer le gros chien du premier plan par Marie-Madeleine. Toute la construction du tableau était remise en question, et, par ce biais, sa valeur spirituelle. Véronèse, convoqué en 1573 par le Saint-Office, s'entendit reprocher de « peindre au dernier souper de Notre Seigneur des bouffons, des ivrognes, des Allemands, des nains et autres indé-

Une société assise :

« Les Noces de Cana » (Véronèse, détail. Louvre).

cences »; il se défendit mal, et fut condamné à modifier sa toile. Condamnation bénigne, à la mesure de l'influence modeste dont jouissait à Venise l'Inquisition. Plutôt que de modifier la toile, Véronèse préféra en modifier le titre : la *Cène* devint *le Repas chez Lévi*. L'anecdote révèle l'inquiétude de l'Église devant l'emploi flatteur de thèmes et d'attitudes empruntés à l'Antiquité la plus matérielle, et transposés sans scrupule dans l'histoire sacrée. On mesure d'autre part le retard conceptuel des divulgateurs vénitiens d'images antiques, lorsque l'on confronte ces illustrations superficielles avec le programme rigoureux déployé sur les murs de Caprarola sous l'impulsion des Farnèse, tel que l'a analysé G. Labrot. Le trompe-l'œil envahit Venise et risque de lui faire perdre son âme. Mais l'âme de Venise, à la fin du XVIe siècle, s'exprime puissamment par le refus de l'antique et de l'architecture théâtrale, en la personne du Tintoret.

Nul besoin de draperies et de balustrades pour exprimer son sentiment profond à l'égard des grandes figures bibliques. Le Christ du Tintoret est l'éternel Vivant qui parle au cœur de l'homme pécheur, comme le Christ de Giambellino indi-

Le chemin de la Rédemption :

« Le Christ au calvaire » (Tintoret, détail. Scuola di S. Rocco, Venise).

quait de ses yeux illuminés le chemin du salut. Les Vénitiens, adulés par Véronèse, furent heureux d'être provoqués, bousculés par l'un des leurs, le fils du teinturier, qui leur proposait une vision héroïque de l'histoire des hommes depuis la création du monde, et inventait, de toile en toile, de nouvelles représentations de l'espace et des vérités éternelles.

Tintoret, qui peignit avec fougue les portraits des grands de sa ville et accapara, avec Véronèse, les commandes officielles, comme l'immense *Paradis* de la salle du Maggior Consiglio, a choisi pour représenter ses héros les hommes et les femmes du peuple vénitien. Ses saints et ses prophètes ont la *terribilità* des statues de Michel-Ange, mais aussi la carrure des travailleurs manuels, le hâle marin des pêcheurs de la lagune : les apôtres de la *Cène* de San Trovaso (1560) s'expriment en dialecte populaire comme les personnages de Ruzzante, ils prennent volontiers en main le fiasque de vin rouge. L'Église ne reprocha pas à Tintoret d'avoir entouré le Christ de débardeurs et de prostituées; il contribuait à rendre plus frappante et accessible la vérité évangélique, telle qu'elle était assurément répandue à Venise par les protestants, mais telle aussi que le concile de Trente tentait depuis 1566 de la redéfinir.

A la Scuola de Saint-Roch, dont Tintoret sut s'assurer la décoration exclusive, les coups de lumière et les angles de vue inhabituels mettent en scène, dans des tonalités sourdes qui conviennent autant à la splendeur qu'à la misère, l'histoire de l'Alliance et de la Grâce. Sur la multitude qui assiste, éplorée ou indifférente, à la *Crucifixion*, Tintoret a répandu, indifféremment sur les bons et sur les méchants, la lumière céleste de l'amour divin.

Par la faveur qu'elle accordait à la fois à Tintoret et à Véronèse, laissant peindre à l'un son corps, à l'autre son âme, Venise s'affirmait comme l'une des capitales de l'art italien à la fin du XVIe siècle, mais son particularisme se traduisait dans l'exaltation du destin collectif et dans l'affirmation de la conscience personnelle.

Les difficultés vénitiennes après Lépante, l'hégémonie espagnole en Italie et la collaboration étroite entre l'Espagne et la papauté, tous les symptômes du déclin qui menace Venise expliquent sans doute que la politique et la polémique prennent le pas au XVIIe siècle sur les manifestations artistiques. Venise s'aligne sur l'art romain en vogue, tandis que s'élève la querelle entre la République et la papauté : à l'interdit lancé par Paul V sur la ville en 1606 répondent l'expulsion des jésuites, l'alliance avec la France d'Henri IV, et, en 1619, *l'Histoire du Concile de Trente* de Paolo Sarpi, un des esprits les plus brillants du cercle Morosini, en qui ses adversaires papistes voyaient le fondateur possible d'une « seconde Genève ». A l'époque de Giordano Bruno et de Galilée, le thème de l'homme masqué est en train de naître.

La joie de vivre : un décor ?

L'art vénitien ressuscité au XVIIIe siècle est la chronique d'une ville de province, qui a l'adresse de retenir chez elle, au moins quelque temps, le monde entier. Pietro Longhi fixe les scènes domestiques ou élégantes, peinture de genre que Berenson a opposée à celle de Hogarth, « si brutale et si pleine des symptômes d'une révolution ». Avec une science admirable des nuances brumeuses, Canaletto lance et diffuse la *veduta*, qui annonce la carte postale ; Guardi fait frémir l'air de la lagune, chatoyer et crisser les robes de taffetas, scintiller l'or des cadres aux plafonds du palais ducal ; quant aux cieux embrasés, aux anges pleins de fougue de Tiepolo, ils témoignent de la joie et de la force de vivre d'une ville sortie de la grande histoire, mais fière de son héritage et accueillante aux étrangers. On a remarqué qu'à Venise les édifices ne sont pas faits pour être vus de toutes parts ; peut-être l'aimable peinture du XVIIIe siècle vénitien dissimule-t-elle de profondes fêlures ; qu'y a-t-il derrière le décor de la fête, et faut-il vraiment troubler la fête ? Maurice Barrès prétendait voir dans la peinture de Tiepolo « la tristesse physiologique, l'épuisement de Venise » ; il avait l'avantage de savoir que la fête allait se terminer. Ce n'était pas le cas de Piranèse, qui, « romain » d'élection, se dit toute sa vie *Venetus architectus* ; où l'inventeur des paysages secrets de l'épouvante avait-il trouvé l'incitation à graver les *Carceri d'invenzione*, sinon dans les ombres inquiétantes de Venise, derrière le décor ?

Un air de fête...
« La descente de l'ange » (Guardi, détail). ▶

Venise et son reflet

Ph. de Commynes — La plus triomphante cité que j'aie jamais vue

J. del Encima

Ciudad excelente, de mar rodeada
Tan ùnica al mundo y tan peregrina
Que cierto parece ser cosa soñada

Cité excellente, de mer entourée
Si unique au monde et si étrange
Qu'assurément elle semble être
le produit d'un rêve

P. B. Shelley

Sea girt city, thou hast been
Ocean's child, and then his queen

Cité ceinte de mer, tu as été
De l'océan l'enfant et puis la reine

A. von Platen

Und sieh! Da kam ein mut'ges Volk
Paläste sich und Tempel sich zu bauen,
Auf Eichenpfähle mitten in die Wogen

Et voici que vint un peuple vaillant,
Pour se construire des palais et des temples
Sur des pieux de chêne au milieu des flots

A. Blok

Mark utopil v lagune lunnoï
Uzornij svoï ikonastas

Marc a englouti dans la lagune lunaire
Son iconostase de lumière

Où commence le rêve? Fresques de G.B. Tiepolo dans la salle des fêtes du palais Labia.

Aspects urbains : rêves et réalités

D'Annunzio, en poète inspiré, vit en Venise l'union, incroyable et merveilleuse, de la flamme et de l'onde. Personne n'a su mieux exprimer cette impression première, que bien d'autres ont pourtant ressentie et tenté de rapporter. Ainsi Taine l'avait déjà commentée à sa manière et avait écrit, dans l'œuvre qui fut en son temps si célèbre : « Quand on regarde ces palais de marbre, cette superbe broderie de colonnes, de balcons, de fenêtres, de corniches gothiques, mauresques, byzantines, et l'universelle présence de l'eau mouvante et luisante, on se demande pourquoi on n'est pas venu ici tout de suite, pourquoi on a perdu deux mois dans les autres villes... »

Splendeur, richesse, marbre, trésors artistiques, flammes sortant directement, par un prodige, des eaux qui les reflètent, ces images pourraient passer pour une simplification poétique et passionnée d'une réalité infiniment plus complexe.

Il faut cependant souligner que, dans cette perspective, les eaux, élément fondamental, infrastructure obligatoire et omniprésente, peuvent être considérées à leur tour de divers points de vue. Les peintres et les poètes y voient essentiellement les jeux de lumière, qui souvent atténuent, et parfois réverbèrent l'éclatante clarté du soleil, ou encore les jeux de « l'ombre, palpitante et fluide, brève et cependant infinie, composée de choses vivantes, mais inconnaissables, dotée de vertus prodigieuses, comme celle des antres fabuleux, où les gemmes ont des yeux ». (*Quell'umbra, palpitante e fluida, breve e pure infinita, composta di cose vivente ma inconoscibili, dotata di virtù portentose come quella degli antri favoleggiati dove le gemme hanno un'sguardo.* G. d'Annunzio).

Et par-delà cette fascination visuelle, à laquelle succombe d'Annunzio, toute une atmosphère, un état d'âme, « le charme de cette douce et lente vie vénitienne.

« Qu'y a-t-il donc dans cet air, dans cette lumière, qui vous pénètre de leur secrète influence, qui vous impose certaines habitudes auxquelles on se conforme docilement? Pourquoi ici n'est-on pas le même qu'ailleurs? » Ce sont les questions que se posent tant de voyageurs et d'étrangers, dont Henri de Régnier s'est fait l'interprète, et auxquelles George Sand a fourni des éléments de réponse : « Quand le vent de minuit passe sur les tilleuls, quand tout est blanc, l'eau, le ciel et le marbre, les trois éléments de Venise... malheur à qui viendrait faire appel à mon âme! Je végète, je me repose, j'oublie... »

Mais, par-delà ces reflets et cette atmosphère, les eaux ont une présence beaucoup plus concrète, et non seulement par leur murmure contre les marches d'un palais, ou dans les sillages d'un bateau, par les fortes odeurs, salines ou iodées, qu'elles exhalent : elles ont déterminé dès l'origine la structure urbaine de Venise.

La ville n'a toujours qu'une seule rue – qui n'en est pas une, bien que Commynes la déclare la plus belle du monde.

Le jour que j'entrai à Venise (ils) vinrent au devant de moi jusqu'à Fusine, qui est à 5 milles de Venise : et là on laisse le bateau dans lequel on est venu de Padoue le long d'une rivière et on se met dans des petites barquettes bien nettes et couvertes de tapisserie et de beaux tapis velus pour s'asseoir dessus. Et jusque là vient la mer et il n'y a nulle plus prochaine terre pour arriver à Venise : mais la mer y est fort plate, aussi il n'y a pas de tempêtes et pour cette raison il s'y prend grand nombre de poissons et de toutes sortes.

Et je fus bien émerveillé de voir l'assiette de cette cité et de voir tant de clochers et de monastères et tant de maisons... Aux environs il y a bien soixante et dix monastères, à moins d'une demi-lieue française qui tous sont dans des îles, tant ceux d'hommes que de femmes, sont fort beaux et riches, tant les édifices que leurs parements, sans comprendre ceux qui sont dedans la ville, bien soixante et douze paroisses et mainte confrérie...

/On me fit asseoir/ au milieu des deux ambassadeurs et /ils/ me menèrent le long de la grand rue, qu'ils appellent le grand canal et qui est bien large. Les galées y passent au travers et j'y ai vu des navires de 400 tonneaux et plus près des maisons : et c'est la plus belle rue que je crois qui soit dans tout le monde... Les maisons sont fort grandes et hautes, et de bonne pierre les anciennes, et toutes peintes : les autres faites depuis cent ans : toutes ont le devant de marbre blanc qui leur vient d'Istrie à 100 milles de là et encore mainte grande pièce de porphyre et de serpentine sur le devant. Au-dedans ont pour le moins, la plupart d'entre elles, deux chambres qui ont les planchers dorés, des riches manteaux de cheminée de marbre taillé... et fort bien meublées dedans. (Ph. de Commynes, éd. J. Calmette et G. Durville, t. III, p. 106 sq., Paris, 1925.)

Le Canal Grande, sinueux comme la nature l'a tracé sur 4 500 m de long, et 40 à 70 m de large, bordé des plus beaux palais et de magnifiques églises, comme la Salute, débouche sur une étendue d'eau, immense place liquide, autour de laquelle se groupent en ordre dispersé, au gré des îles où ils ont pu être bâtis, des édifices comme Saint-Georges-Majeur ou le Palais des doges. Les nécessités du site ont, en un premier temps, subordonné le développement urbain aux voies naturelles qui lui étaient offertes : non des rues, mais des canaux, au nombre de 177, ou de petits bassins. Même si, par la suite, un certain nombre d'entre eux ont été comblés, le réseau urbain s'y est étroitement conformé.

Sur ces rues-canaux et ces places-bassins, les moyens de transport les plus appropriés, pour les charges comme pour les personnes, sont évidemment des bateaux : longues barques, péniches, gabarres, voire vaisseaux de haut bord ou galères ont côtoyé les palais ou les constructions plus humbles; mais il est un bateau typiquement vénitien, la gondole, dont le nom évoque, en grec, la conque marine, et dont l'origine est presque aussi ancienne que celle de la ville elle-même; peut-être existait-elle déjà en 697, et elle est attestée en toute certitude à partir du XIe siècle. Cet élégant esquif, fin et délié (11 m × 1,20 m), à fond plat, à proue munie du large fer à six dents, sorte de hallebarde évoquant les *sestieri* de Venise, et dont le poids équilibre celui du gondolier en poupe, n'a pas toujours été peint en noir, et n'a adopté ses formes et couleur définitives qu'à partir de 1562. Nombreux sont les tableaux qui nous le montre tel qu'il était auparavant, couvert de riches étoffes, orné de couleurs vives, avec deux fers dentelés, l'un en proue, l'autre en poupe. Tous les voyageurs, dont le président de Brosses, s'exclament sur la vitesse et le confort de « ce bâtiment long et étroit comme un poisson, à peu près comme un requin; au milieu est posée comme une espèce de caisse de carrosse... on est comme dans sa chambre à lire, à rire, écrire, converser, caresser sa maîtresse, manger, boire, etc., toujours faisant des visites par la ville... »

Même pour des courses très brèves, par exemple pour aller d'un îlot à l'autre, ou rendre visite au voisin d'en face, la gondole est obligatoire. Autrement, il faut passer les ponts, élément original et particulier à l'urbanisme vénitien. Les premiers ont été en bois et tout plats : faciles à construire et à réparer, aptes au passage des cavaliers et des chars tirés par des bœufs et des mulets, ils étaient souvent des obstacles à la circulation des gondoles, et s'accordaient mal avec la pierre qui resplendissait sur les palais voisins. Aussi furent-ils remplacés peu à peu par des ponts de pierre (il en existe 400 à l'heure actuelle), bombés pour permettre aux gondoliers de passer aisément sous leur voûte, mais, du fait des marches à gravir et redescendre, malaisés pour les chevaux. Le seul pont qui, jusqu'au XXe siècle, enjamba le Canal Grande, le pont du Rialto, ne fut reconstruit en pierre qu'en 1588, après un grand concours entre tous les architectes, et pour le prix astronomique de 250 000 ducats; quant au mince et long pont de San Pier di Castelo, il est encore en bois...

Moins célèbres et plus pittoresques que le beau et triste pont des Soupirs, sont les ponts des *Pugni*, à San Barnabà, où les garçons de Castelo et de Dorsoduro se battaient avec acharnement, et tentaient de se précipiter mutuellement dans le canal en contrebas, ou encore ceux de Santa Fosca ou de San Zulian, où se déroulaient des jeux de mains similaires, favorisés par l'absence totale de parapets jusqu'à une date très récente.

Mais l'eau présente à l'activité humaine bien d'autres obstacles, qui ne peuvent être vaincus par de seuls ponts. Bien que moins apparente, la difficulté fondamentale, pour l'urbanisme vénitien, a été l'absence presque totale de sol, et la nécessité de créer à la fois les bâtiments et leur support.

Dans les cas les moins défavorables, et mis à part l'île

Pont des « Pugni », à San Barnabà, vu par G. Franco.

de Rialto et la partie rocheuse de Dorsoduro, un embryon de sol existait, boue et vase flottant entre l'eau de la lagune et la nappe phréatique : mais comment construire sur cette éponge? Il fallut mettre au point une technique à la fois fruste et très élaborée : enfoncer des pilotis de 2 m de long et espacés de 60 à 80 cm, pour renforcer l'argile; par-dessus, un radeau de bois, en poutres croisillonnées (*zatterone*); puis les blocs de fondation en calcaire, sur lesquels on édifie le soubassement en briques et en mortier. Mais, souvent, que le sol soit trop mou ou les capitaux insuffisants, les édifices eux-mêmes furent construits en bois; Montesquieu a encore vu, lors de son séjour en 1728, « des églises superbes, mais en bois, parce que le terrain n'est pas en état de supporter un bâtiment plus fort ». (cf. illustration p. 233.)

Le Campo dei Frari (*Dorsoduro*), vu par M. Marieschi.

Le nombre de pilotis nécessaire peut être exorbitant : le seul pont du Rialto en a exigé 10 000, à seize pieds de profondeur; le campanile de Saint-Marc, lors de sa reconstruction, nécessita 100 000 arbres; l'énorme masse de la Salute est soutenue par 1 156 627 pieux, disposés concentriquement; une forêt engloutie de plus de 12 000 000 de troncs porte les seules constructions anciennes...

Le bois, la pierre viennent de loin : bois des Alpes et des Balkans, marbre des monts Euganéens ou de Grèce, calcaire d'Istrie. « C'est une merveille que la matière de ces pierres que l'on amène de Rovigno et de Brioni, places de la côte de Dalmatie; elles sont de couleur blanche et pareilles au marbre, mais dures, fortes, et résistent longtemps au froid et au soleil », écrit F. Sansovino en 1581; mieux qu'un autre, ce calcaire résiste au sel marin. Seule la brique peut, à la rigueur, être élaborée sur place avec l'argile, à condition que la terre grasse ainsi extraite soit remplacée par de la terre sèche, venue du continent et soutenue par des claies de roseaux.

C'est, de toute manière, un sol amélioré par des siècles d'occupation qui porte la maison, le palais, l'église de pierre tels que nous les voyons. Le manque de sol aurait, partout ailleurs, favorisé et rapidement généralisé la maison à étages; à Venise, il aurait fallu renforcer en conséquence les fondations, ce qui posait de nouveaux problèmes. Ceux qui tentèrent d'économiser sur les murs intérieurs, non soutenus par pilotis et radeaux, les virent s'enfoncer plus vite que les murs extérieurs; les maisons ainsi construites, lorsqu'elles subsistent, sont parcourues de lézardes, et en grand danger de s'effondrer. En fait, hors du Ghetto, dont la structure verticale est dans la ville une anomalie frappante, il est peu d'édifices dépassant deux étages, et leur construction d'une grande légèreté n'est pas un simple effet de l'art; de même que les escaliers extérieurs ajourés, incorporés dans la décoration de l'immeuble, sont aussi fonctionnels qu'harmonieux. Ajoutons que le problème de l'eau douce exigeait que chaque maison eût son puits, d'où cet autre élément caractéristique et fonctionnel qu'est la margelle (*vera da pozzo)*, souvent en marbre, porphyre, pierre noire, sculptée et traitée en véritable œuvre d'art.

Sans doute ne peut-on expliquer le plan des maisons et des palais vénitiens par les seules conditions du site; le portail ouvrant sur la rue, le *cortile* sur lequel débouche le vestibule d'entrée rappellent la maison romaine et son *atrium*; mais bien souvent, à l'étage, un immense portique (*portego*) fait communiquer pièces sur la rue et pièces sur le *cortile* et se termine sur une *loggia* aux baies ajourées et décorées, tranchant sur la façade peinte ou marquetée de marbre. C'est là que sont généralement exposés les plus beaux meubles, les tapisseries précieuses, les cadres de maîtres, les vitraux chatoyants, sous les plafonds ouvragés. Au-dessus, manque de place ou amour du soleil zénital, une grande terrasse de bois, l'*altana*, où les Vénitiennes, leurs longs cheveux épandus sur les bords d'un chapeau sans coiffe, tentaient d'acquérir cette teinte fameuse d'un blond roux dit « vénitien ». Tout en haut, les cheminées (*fumaioli*) aux formes étranges, telles que les immortalisent les tableaux de Carpaccio et telles qu'on peut encore les voir par centaines dans le ciel vénitien, par exemple au-dessus des cours de la Giudecca.

Originales en elles-mêmes, ces habitations ont contribué à rendre plus original encore l'urbanisme vénitien, par leur double ouverture : un accès au canal, le plus ancien et souvent le plus beau, un accès vers l'intérieur de l'îlot, donnant naissance à une ruelle (*calle*) tortueuse, se faufilant entre les maisons, butant sans cesse sur des impasses ou des canaux, d'autant plus obscure que les façades se rapprochent. Le lacis de ces petites rues (il y en a 3 000!) semble inextricable, dans un désordre complet, qui a beaucoup étonné les voyageurs habitués à d'autres villes occidentales, témoin Chateaubriand, qui, en 1806, déclarait : « C'est une ville contre nature; on n'y peut faire un pas sans être obligé de s'embarquer, ou bien on est réduit à tourner dans d'étroits passages plus semblables à des corridors qu'à des rues. »

La raison fondamentale de cette structure désordonnée est l'antériorité des canaux sur les espaces habités; quand il a fallu étendre le sol urbain en le créant ou le consolidant pour faire face à l'accroissement de la population, le mouvement n'est pas allé de l'intérieur vers l'extérieur, mais a rayonné autour des premiers îlots de peuplement; il a colonisé la boue, les espaces incultes, fait reculer, voire totalement détruit dans certains quartiers la végétation; mais il s'est également attaqué aux canaux, les rétrécissant par des *fondamenta* (quais de pierre) qui suivent leur cours sinueux, voire les asséchant ou les comblant : opérations qu'évoquent, au hasard des rues, les termes de *piscina* ou de *rio terrà*. Des études exemplaires d'urbanisme, dirigées récemment par S. Muratori, ont montré comment étaient nées, au cours des siècles, par bourgeonnement, les principales *contrade*; particulièrement typique est la contrada de San Zulian, dont on peut voir les états successifs dans les plans ci-contre.

On conçoit mieux dans ces conditions l'allure étonnante du tissu urbain, qui ne répond à aucun plan connu, même si on peut grossièrement l'envisager comme un développement concentrique autour de Saint-Marc et du Rialto. Ces ruelles

Évolution du quartier de San Zulian : au XIe-XIIe s...

hésitantes, conçues pour des piétons, fortement tributaires du réseau des canaux, de leur point de franchissement et de la place occupée par les bâtiments, étaient au début tracées dans la boue, encombrées d'immondices : c'étaient, pour les palais, les accès de derrière. Elles furent tardivement pavées de pierre – d'où leur nom de *salizada* –, preuve de l'intérêt croissant qu'on leur témoigna, et les endroits où elles s'élargissaient, s'éclairaient, étaient dominées par les grands édifices qu'elles longeaient, et se peuplèrent naturellement de façades de palais, d'églises aux abords dégagés. Marcel Proust, dans *Albertine disparue*, a su évoquer de manière saisissante l'un des aspects mystérieux, déraisonnables de l'urbanisme vénitien : le surgissement d'un *campo* au détour d'une ruelle.

« Je m'étais engagé dans un réseau de petites ruelles, de *calli* divisant en tous sens, de leurs rainures, le morceau de

... au XIIIe s...

Venise découpé entre un canal et la lagune, comme s'il avait cristallisé suivant ces formes innombrables, ténues et minutieuses. Tout à coup, au bout d'une de ces petites rues, il semble que dans la matière cristallisée se soit produite une distension. Un vaste et somptueux campo à qui je n'eusse assurément pas, dans ce réseau de petites rues, pu deviner cette importance, ni même trouver une place, s'étendait devant moi, entouré de charmants palais, pâle de clair de lune. C'était un de ces ensembles architecturaux vers lesquels dans une autre ville les rues se dirigent, vous conduisent et le désignent. Ici, il semblait exprès caché dans un entrecroisement de ruelles, comme ces palais des contes orientaux où on mène la nuit un personnage qui, ramené avant le jour chez lui, ne doit pas pouvoir retrouver la demeure magique où il finit par croire qu'il n'est allé qu'en rêve. »

Un seul espace, plus vaste, mieux ordonné, a droit au

titre de place : c'est le fameux trapèze de 175 m de long, et dont la largeur se rétrécit de 82 à 56 m, borné par la basilique Saint-Marc, la tour de l'Horloge et les Procuraties vieilles, les Procuraties neuves et le campanile de Saint-Marc, et prolongé en équerre par la Piazzetta, entre le palais des doges, la Librairie (bibliothèque) et la lagune. C'est le cœur politique et religieux de la cité, où se déroulaient les tournois et les processions; « c'est là qu'on voit le mélange de terre, de mer, de gondoles, de boutiques, de vaisseaux et d'églises, de gens qui partent et qui arrivent à chaque instant », et les touristes, à l'instar du président de Brosses, sensibles aux merveilles architecturales et à l'aspect grandiose et savamment ordonné des bâtiments, pensent y trouver le noyau de la ville; sommairement, ils le croient organisé pour être vu du large, puisque aussi bien aucune perspective, aucune grande rue n'y débouche.

... à l'époque actuelle.

Et tous les cris, toutes les conversations emportées dans ce mouvement, dans cette houle de foule, dans ce lent tourbillonnement, ces fragments de dialogues que l'on saisit, qui vont, viennent, s'approchent, tournent et disparaissent, montent, s'engloutissent, transparaissent les uns dans les autres, s'interrompent les uns les autres, glissent, dans toutes les langues, éclats, relents, avec des thèmes qui émergent, s'organisent en cascades, canons, agglomérats, cycles.

Pas vous tromper, vous prenez le vaporetto jusqu'à la station San Barnabà, vous vous enfilez dans la ruelle à droite, et c'est à deux pas – Garçon! Garçon! Cameriere! Deux jus d'orange, s'il vous plaît! – Mais oui! c'est lui! C'est bien lui!

Ces phrases, ces mots, ces slogans roulant les uns contre les autres, s'usant les uns les autres comme des galets, avec des violences soudaines, tels des rocs, avec des plages de sable où tout est pulvérisé, avec des moments de tumulte – on est recouvert par la vague – et puis des accalmies, une grande nappe de silence qui passe.

Êtes-vous logés? Vous n'avez pas eu trop de difficultés? – Regardez cette énorme bouteille sombre, sur la première étagère, non pas celle-ci, un peu plus loin – Ah!

Car l'eau de la foule est aussi indispensable à la façade de Saint-Marc que l'eau des canaux à celle des palais. Alors que tant de monuments anciens sont profondément dénaturés par le touriste qui s'y rue, nous donnent l'impression d'être profanés, même par nous, bien sûr, quand nous n'y venons pas dans un esprit de stricte étude, ces lieux réservés, secrets, fermés, interdits, brusquement éventrés, ces lieux de silence et de contemplation brusquement livrés au jacassement, la basilique, elle, avec la ville qui l'entoure, n'a rien à craindre de cette faune, et de notre propre frivolité; elle est née, elle s'est continuée dans le constant regard du visiteur, ses artistes ont travaillé au milieu des conversations des marins et des marchands... (Michel Butor, *Description de San Marco*, p. 12 et 14.)

En fait, le cœur de Venise est aussi bien autour du Rialto, au coude du Canal Grande, à l'endroit où sont installés marchands, banquiers, changeurs, où s'embossent les bateaux chargés des denrées de tout le monde connu, et qu'une succession de rues très commerçantes, au nom évocateur, la « Merzeria », relie à la place Saint-Marc.

Les six *sestieri* de la ville ont une organisation interne variable. Le sestier de Castelo, par exemple, présente trois aspects bien distincts : la partie la plus excentrique, autour de San Piero, qui fut cathédrale jusqu'en 1807, consiste en grands monastères, dont les jardins, sécularisés, ont donné naissance aux actuels jardins publics; la partie centrale est occupée presque exclusivement par les bassins et les bâtiments de l'Arsenal; la partie proche de Saint-Marc est très composite : monastères, demeures de marchands, colonies étrangères, constituées d'après des affinités ethniques, linguistiques ou religieuses de Grecs, d'Esclavons et d'Albanais.

Si le Canal Grande est le lieu de prédilection de l'aristocratie des affaires et des plus beaux palais, tout au long de sa courbure en S renversé, artisans et ouvriers se regroupent dans un espace en forme de T dont la jambe inférieure est enserrée entre Saint-Marc et le Canal Grande et dont la tête s'épanouit parallèlement au littoral nord, entre Castelo et Canareggio.

On voit combien la Venise qui nous est parvenue, celle des XVe et XVIIIe siècles, était diverse, sa structure singulière traduisant l'étroite dépendance des conditions naturelles, mais reflétant aussi la situation politique et économique et la répartition des groupes sociaux.

La population vénitienne à l'époque moderne
(d'après D. Beltrami, *Storia della popolazione di Venezia.*)

Par classes sociales.

	Nobili	Cittadini	Popolani	**Total étudié**
1581	4,5 %	5,3 %	90,2 %	134 861
1586	4,3	5,1	90,6	142 900
1624	(3,9)	7,4	(88,7)	(81 975)
1633	(4,0)	(10,6)	(85,4)	(80 880)
1642	3,7	7,7	88,6	120 307
1760	(3,4)	(8,3)	(89,3)	(126 886)
1766	2,5	3,9	93,7	141 056
1780	2,4	4,1	93,6	141 086
1790	2,3	4,1	93,6	137 603
1797	2,5	3,6	93,6	137 240

Par sestiers.

	1581	**1586**	**1624**	**1633**	**1642**	**1696**	**1760**	**1766-1770**	**1780-1784**
S. Marco	21 745	23 657	19 841	16 339	18 421	22 395	22 590	20 762	19 933
S. Polo	9 957	11 381	10 500	7 308	8 337	9 388	11 330	10 536	10 732
Castello	28 783	31 066	31 175	21 397	25 650	29 486	35 060	34 181	34 638
Dorsoduro	27 707	31 448	30 959	21 362	25 474	27 837	30 491	28 635	29 036
Cannaregio	31 873	34 311	31 281	24 750	28 641	33 797	34 509	33 061	32 397
S. Croce	14 806	16 774	17 869	11 087	13 784	14 714	15 496	13 881	14 350
Venise	134 871	148 637	141 625	102 243	120 307	138 067	149 476	141 056	141 086

VENISE VERS 1520

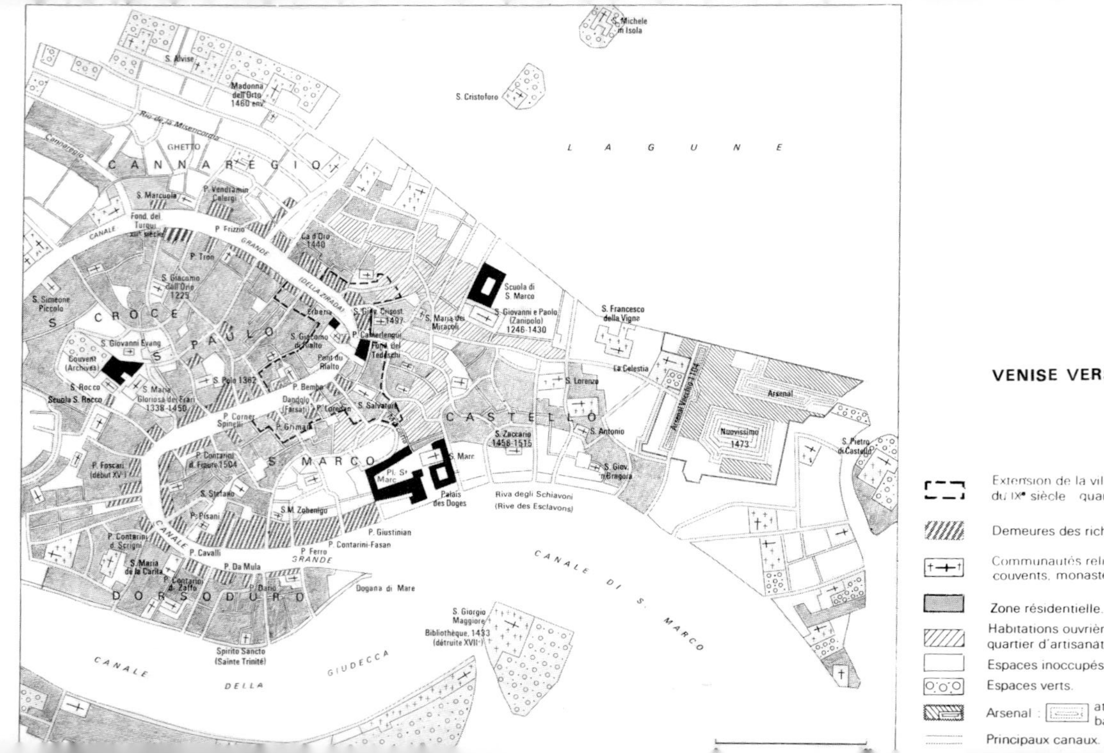

Extension de la ville au début du IX° siècle : quartier commerçant.

Demeures des riches marchands : palais.

Communautés religieuses : églises, couvents, monastères.

Zone résidentielle.

Habitations ouvrières et quartier d'artisanat

Espaces inoccupés vers 1520.

Espaces verts.

Arsenal : ateliers bassins

Principaux canaux.

La joie vénitienne

Cette cité dynamique et peuplée a longtemps paru une ville joyeuse, son lent et somptueux déclin donnant l'impression d'un transfert des activités économiques enrichissantes vers des activités ludiques et des fastes perpétuels, où se consommaient les richesses amassées pendant des siècles.

La Venise des processions de Saint-Marc, des « épousailles de la mer » et du carnaval, la Venise des courtisanes, des joueurs et des étrangers nous a laissé des images brillantes jusqu'à la chute de la République, transmises avec une exceptionnelle précision par les Vénitiens eux-mêmes et par les visiteurs étrangers, peintres, musiciens, hommes de guerre, écrivains, poètes. Cette joie vénitienne est faite d'un certain nombre de composantes, et ses principales manifestations ont varié au cours des siècles.

Les plus anciennes composantes sont assurément religieuses, cristallisées autour du culte des saints, patrons des différentes paroisses et des *contrade*, c'est-à-dire des cellules élémentaires du corps vénitien.

Parmi ces saints, certains avaient été hérités de Ravenne, comme saint Vital, saint Apollinaire et saint Moïse, rare exemple de prophète sanctifié; d'autres provenaient de Byzance, comme saint Paul l'Ermite. Les reliques, apportées à Venise au milieu des plus grandes solennités, animaient d'actifs pèlerinages. Ainsi, saint Étienne dont le corps rapporté de Constantinople, fut hébergé par le monastère de Saint-Georges-le-Majeur, qui prit désormais le nom des Saints-Georges-et-Étienne; ainsi, saint Daniel, dont un pied et un doigt se trouvent à l'église des Frari; saint Théodore, venu de Constantinople, et déposé dans l'église Saint-Sauveur; saint Nicolas, dont les reliques furent disputées à Myrrhes entre marins de Venise et de Bari, lors de la Croisade, et, par-dessus tout, saint Marc, patron de la ville, dont le transfert de reliques en 828 depuis Alexandrie, eut une résonance considérable [1].

Chaque paroisse organisait pour son saint une fête annuelle,

1. Cf. p. 18-19 et 36-37.

la *Sagra*, autour de son église illuminée et décorée de tissus précieux; cette fête devait naturellement surpasser en magnificence celles des paroisses voisines, et s'accompagnait de nombreuses réjouissances, bals sur les *campi*, exhibitions de saltimbanques, représentations de marionnettes, théâtre populaire, etc. La *Sagra* la plus renommée est celle qu'organisa, tardivement, la Giudecca pour la fête du Rédempteur : toute la ville et de nombreux étrangers se transportaient vers l'île, avec des milliers de gondoles et des barques de toute taille. L'affluence était telle dans les jardins de la Giudecca, où l'on dégustait pour la circonstance des dizaines de milliers de soles frites, que l'on devait créer de toutes pièces, sur d'immenses radeaux, des jardins artificiels, gazons en mottes, fleurs, voire arbres en pot, au milieu desquels les gens de qualité se promenaient en écoutant les orchestres. L'église du Saint-Sauveur, construite par Palladio entre 1577 et 1592, était et est toujours, le troisième dimanche de juillet, le terme d'un pont de bateaux assemblés depuis les Zattere de Dorsoduro; et la fête, après le feu d'artifice, se termine toujours par l'attente, au Lido, du lever du soleil.

Si les *Sagre* les plus célèbres mobilisaient, dans tel ou tel quartier, une grande partie de la population vénitienne, il en était *a fortiori* de même sur la place Saint-Marc pour les grandes fêtes de la Chrétienté, avec la participation des plus hauts dignitaires de l'Église et de l'État, et dans un déploiement de faste dont l'Occident offre peu d'autres exemples. Les fêtes de la Nativité s'étendaient sur plusieurs jours; le soir de Noël, une messe avait lieu à Saint-Marc en présence du doge, devant une foule énorme, attirée autant par la cérémonie que par la musique divine que l'on y interprétait. L'après-midi, le doge allait vénérer dans l'île des cyprès, San Giorgio Maggiore, les reliques de saint Étienne, et s'en retournait le soir, comme en triomphe, parmi les gondoles illuminées. Une semaine plus tard, le jour de la Circoncision, qui à Venise, n'était pas le début de l'année civile, fixé comme dans la Rome antique au 1er mars, le doge menait une procession place Saint-Marc avec les principaux patriciens et les membres du clergé.

Le cycle de Pâques voyait se dérouler des cérémonies plus

somptueuses encore. Le jour des Rameaux (Pâques fleuries), le doge faisait jeter du haut de sa loggia des fruits et des colombes. Le jeudi saint, les confréries organisaient une procession place Saint-Marc, avec les statues et reliquaires de leurs saints et leurs bannières, suivies de tous leurs membres vêtus de leurs plus beaux habits. Le vendredi saint, c'était l'embrasement, toute la nuit, du pourtour de la place; enfin le samedi et le dimanche de Pâques, c'étaient les célébrations solennelles de la fête majeure, toujours en présence des plus hauts magistrats.

Souvent fête religieuse et fête civile se trouvaient confondues. Certaines dates de l'histoire de Venise rappelaient la gratitude due à un saint; saint Guy (Vito) avait probablement intercédé auprès de Dieu pour confondre les conjurés groupés autour de Baiamonte Tiepolo; saint Roch avait sauvé la ville d'une épouvantable épidémie de peste; quant à Santa Maria della Carità, elle rappelait le souvenir du grand ami de Venise qu'avait été le pape Alexandre III.

C'est à ce pontife qu'on faisait remonter la fête vénitienne du jour de l'Ascension, plus connue sous le nom des épousailles de la mer. Pour récompenser la ville de l'appui contre Barberousse, qui avait abouti au triomphe de 1177, quand l'empereur était venu s'incliner devant le pape sous le porche de la basilique Saint-Marc, Alexandre avait accordé à Venise la domination des mers. Chaque année, en présence de tous les dignitaires de l'État et des ambassadeurs étrangers, le doge, sur son trône, à la poupe du fameux *Bucentaure*, colossale galère de 200 rameurs, ornée d'or et de pourpre, recevait des mains du patriarche l'anneau nuptial qu'il devait jeter dans la mer en disant : *desponsamus te, mare, in signum veri perpetuique dominii* (Nous t'épousons, mer, en signe de véritable et perpétuelle domination). Les tableaux que nous avons conservés et les descriptions enthousiastes des témoins nous montrent la foule des gondoles et des bateaux entourant le *Bucentaure*, le retour triomphal sur les ondes semées de fleurs, le gigantesque banquet, puis les régates et le bal, qui terminait la cérémonie; toujours aussi fastueuses, même après les succès turcs du XVIe siècle, les épousailles de la mer inspirèrent à du Bellay ces vers sarcastiques :

« **C'est quand ces vieux coquz vont epouser la mer dont ils sont les maris et le Turc l'adultère...** »

La cérémonie terminée, Venise restait en fête quinze jours et quinze nuits, car la *Fiera* (Foire) coïncidait précisément avec la *Sensa* (l'Ascension) : la place Saint-Marc était alors envahie par les galeries de bois couvertes, sous lesquelles s'alignaient deux files de boutiques, qui permettaient d'exposer et de mettre en vente les articles les plus divers : les marchandises les plus courantes voisinaient avec les tableaux de maîtres, les dentelles, les bijoux, les cristaux. L'affluence était

Tour de l'horloge et la basilique Saint-Marc.
(D'après Guardi)

énorme, car le renom de la fête et de la foire qui s'ensuivait attirait des étrangers de toute l'Europe.

De temps à autre, un événement imprévu était à l'origine de festivités somptueuses : le couronnement d'un nouveau doge, l'entrée d'un personnage important dans la ville, roi, empereur ou pape; on sait quelle réception fut faite à Henri de Valois, roi de Pologne et futur roi de France (1574).

Si l'on ajoute à ces fêtes religieuses ou officielles les nombreux jeux et concours passés dans la tradition laïque : tournois, joutes, régates, tir à l'arc, chasse aux porcs ou aux

Les épousailles de la mer : le Bucentaure devant le Palais des doges (d'après Canaletto).

taureaux lâchés dans les ruelles le jeudi gras, luttes aux poings sur les ponts entre équipes de paroisses différentes, il n'est pas exagéré de dire, après calcul, qu'il ne se passait pas de semaine sans réjouissance dans la cité des doges. Et encore avons-nous omis le célèbre carnaval, remontant probablement au Xe siècle, qui finit par s'étendre sur six mois, et éternisa la fête pendant au moins trois siècles. Commencé le premier dimanche d'octobre, il s'interrompait vers le 15 décembre, puis reprenait à l'Épiphanie, jusqu'au Carême; la *Sensa* le voyait refleurir, ainsi que toutes les solennités à caractère non strictement religieux. La période de Carnaval se marquait par l'usage universel du masque blanc, par le travesti ou le port d'une cape noire, le *tabarro*, ou d'un voile de soie noire, la *bauta*, couvrant tout ce que ne dissimulait pas le masque. Hommes et femmes étaient alors indiscernables, et de même patriciens, étrangers, prélats, nonnes, espions... La liberté était totale, et, de tout l'Occident, aristocrates désœuvrés, fausses prudes, joueurs invétérés venaient en user largement.

Représentation musicale durant le carnaval.
(Gravure de Fossati)

Il est plaisant de choisir parmi toutes les relations concernant le carnaval celle, très tardive, de Taine, qui le décrit non sans humour : « Le carnaval dure six mois; tout le monde, même les prêtres, le gardien des capucins, le nonce, les petits enfants, les gens qui vont au marché, portent le masque. On voit passer des processions de gens déguisés, en costumes de Français, d'avocats, de gondoliers, de Calabrais, de soldats espagnols, avec des danses et des instruments de musique : le peuple les suit, applaudit ou siffle. » Il est difficile de mieux souligner à quel point le carnaval, loin de bouleverser la vie vénitienne, l'anima en profondeur, et jusqu'au XIXe siècle.

Mais toutes ces fêtes n'étaient pas seules à dispenser la joie dans la ville; chacun pouvait, à son heure, chercher à Venise des plaisirs plus personnels, des plus éthérés aux plus charnels. Venise était la ville des théâtres et de l'opéra, des salles de concert, de bal et de jeux, des restaurants et des cafés, mais aussi la ville aux dix mille courtisanes, tarifées de deux sous à soixante écus...

Le théâtre est très vivant; dès le début du XVe siècle, est apparue la compagnie dite de la Calza, dont les membres portaient sur les chausses une devise de couleur; cette compagnie réunissait des acteurs de bonne famille, qui, vu leur nombre croissant, se divisèrent assez vite en sociétés distinctes. Ce sont eux qui remirent en honneur des comédies antiques, comme le *Miles gloriosus* de Plaute, ou des représentations librement inspirées de la mythologie ou des épopées antiques, comme *la Construction de Troie* ou *l'Enlèvement d'Hélène.*

Ces spectacles, qui amenèrent Palladio et Sansovino à construire chacun un théâtre à Venise, étaient très influencés par ce qu'on appelait la *momaria*, c'est-à-dire les évocations humoristiques de certains personnages, présents ou absents, à la fin des banquets. La Commedia dell'Arte devait, à son tour, naître à Venise, sous l'influence de pièces italiennes contemporaines; les principaux personnages de cette veine populaire devinrent vite célèbres, répandus d'ailleurs par centaines d'exemplaires lors du carnaval, tels le Villano et le Magnifico, Zanni et Brighella, et surtout Arlequin et Pantalon. Pantalon est le type caricatural du marchand vénitien, dont le patriotisme frise le chauvinisme, possédé par un goût excessif de l'or, mais aussi par le démon amoureux qui le rend ridicule. Son nom, Pantalone de' Bisognosi, a fait couler beaucoup d'encre; « Bisognosi » a certainement un rapport étroit avec les *bezzi*, monnaie vénitienne; quant à « Pantalone », ce prénom serait à rapprocher soit du nom d'un saint bien vénitien, Pantaleone, soit de l'expression *pianta leone* évoquant l'habitude du marchand vénitien de planter le lion de saint Marc sur toute terre conquise. On sait le succès qu'a remporté, et jusqu'à nos jours, le costume de Pantalon, non seulement par le pantalon, mais encore par le manteau à grandes manches, dérivé du caftan turc, et ancêtre de tous nos vêtements endossés.

A partir du XVIIIe siècle, le talent exceptionnel de Goldoni assure le triomphe de la Commedia dell' Arte, dans le savoureux dialecte vénitien, dont il use à ravir.

C. Goldoni, *Le Baruffe chiozzotte* (Baroufe à Chioggia),

Lucietta. – Creature, cossa diséu de sto tempo?
Orsetta. – Che ordene xelo?
Luc. – Mi no so, varé. Oe, cugnà, che ordene xelo?

Pasqua. – No ti senti, che boccon de sirocco?
Ors. – Xelo bon da vegnire de sottovento?
Pas. – Si ben, si ben. Si i vien i nostri omeni, i gh' ha el vento in poppe...

De famille bourgeoise, fils de médecin, lui-même avocat, admirateur et ami de peintres comme Piero Longhi, de musiciens comme Galuppi, lié à de nombreux nobles, doué d'un sens de l'observation et d'une verve prodigieuse, Goldoni a été, plus encore que Tiepolo, Canaletto ou Casanova, l'un des meilleurs représentants de sa patrie, dont il contribua à répandre une certaine image dans tout l'Occident.

Son compatriote Vivaldi est issu d'une longue lignée de musiciens, et profite de l'extraordinaire engouement de Venise pour les concerts. Là encore, il n'est pas difficile de remonter au Moyen Age, soit à ces « concerts champêtres » qu'a popularisés Giorgione, soit aux chants des gondoliers, soit à la musique d'église, particulièrement servie par les orgues et la maîtrise de Saint-Marc; cette dernière vit s'épanouir au XVIe siècle le talent des deux Gabrielli et eut à sa tête, à partir de 1613, Claudio Monteverdi. Le mariage de la

- Alors, mes enfants, qu'est-ce que vous dîtes de ce temps?
- C'est quel vent qui souffle?
- Ma foi, je ne sais pas. Dites, belle-sœur, c'est quel vent qui souffle?
- Tu ne reconnais pas les bouffées du sirocco?
- C'est le bon vent pour revenir du Sottovento?
- Mais si, mais si. Si nos hommes sont en train de rentrer, ils ont le vent en poupe...

acte I, scène 1, éd. bilingue, Paris, 1968.

musique et du théâtre, non seulement admis mais recherché, aboutit à la fin du XVIe siècle, à la naissance des opéras vénitiens, avec Rinuccini et Zarlino. Concerts, chant, opéra quasi permanents étaient l'un des attraits majeurs de Venise, et l'on connaît l'importance toujours actuelle de la « Fenice » dans la vie musicale européenne. Le président de Brosses, en 1729, a été pris sous le charme de ces mélodies : « Il n'y a presque point de soirées qu'il n'y ait *académie* quelque part : le peuple court sur le canal l'entendre avec autant d'ardeur que si c'était pour la première fois. L'affolement de la nation pour cet art est inconcevable. Vivaldi est un *vecchio*, qui a une furie de composition prodigieuse. Je l'ai ouï se faire fort de composer un concerto avec toutes ses parties, plus promptement qu'un copiste ne le pouvait copier... La musique transcendante ici est celle des hôpitaux. Il y en a quatre, tous composés de filles bâtardes ou orphelines... élevées aux dépens de l'État, et on les exerce uniquement à exceller dans la musique. Ainsi chantent-elles comme des anges, et jouent du violon, de la flûte, de l'orgue, du hautbois, du violoncelle, du basson... »

A la fin du siècle, Cimarosa vient, de Naples, régner sur Venise, où il meurt en 1801.

Les maisons de jeux – dont la plus célèbre, le Ridotto, avait réputation européenne – sont un autre des aspects originaux de Venise; de même, les cafés, qui s'imposent au XVIIIe siècle, et dont la fonction est multiple. Balzac, dans les nouvelles à sujet para-musical *(Facino Cane, Gambara, Massimila Doni)*, où il cherche à surpasser E.T.A. Hoffmann sur son propre terrain et dans la ville qu'il avait si souvent chantée *(Doge et dogaresse, le Conseiller Krespel, les Aventures de la Saint-Sylvestre)* nous décrit ainsi le plus célèbre de ces cafés, situé sous les arcades des Procuraties neuves, et où flotte le souvenir de Chopin et de George Sand : « Florian est tout à la fois une Bourse, un foyer de théâtre, un cabinet de lecture, un club, un confessionnal, et convient si bien à la multiplicité des affaires du pays que certaines femmes vénitiennes ignorent complètement le genre d'occupation de leur mari, car, s'ils ont une lettre à faire, ils vont l'écrire à ce café. »

Enfin Venise avait la plus forte concentration de filles de joie de tout l'Occident – « le double de ce qu'il y en a à Paris, prétend de Brosses, à une époque où Paris, la plus grande ville d'Europe, est quatre à cinq fois plus peuplé que Venise – les courtisanes par excellence, auxquelles s'ajoutaient, en temps de carnaval, tant d'irrégulières, que « l'on trouve sous les arcades des Procuraties autant de femmes couchées que debout », et que « des courtiers d'amour, abusant de leur ministère public, s'en allaient offrir à tout venant, sur la place Saint-Marc, Madame la procuratesse celle-ci ou Madame la chevalière celle-là, de sorte qu'il arrivait quelquefois à un mari de s'entendre proposer sa femme... » Le président ajoute en connaisseur que « les femmes sont plus belles ici qu'en aucun autre endroit, surtout parmi le peuple ».

On pourrait, bien entendu, recourir aux nombreuses descriptions des voyageurs, et particulièrement des Français, de Montaigne, à qui « cela sembla autant admirable que nulle autre chose d'en voir un tel nombre... faisant une dépense en meubles et vêtements de princesses, n'ayant d'autre fons à se maintenir que de ceste trafique... », jusqu'à Montesquieu, ou Rousseau, qui entrait « dans la chambre d'une courtisane comme dans le sanctuaire de l'amour et de la beauté » et croyait « voir la divinité en sa personne ». Mais les documents vénitiens sont encore plus éloquents : les lois réglementant la profession, fixant par exemple la couleur jaune du costume de ces dames, les *Diarii* de Priuli, estimant au début du XVIe siècle leur nombre à 11 000, pour une population proche de 130 000 habitants, l'extraordinaire Bottin mondain, publié en 1574, et intitulé : *Catalogo di tutte le principal et piu honorate cortigiane di Venetia*, avec « le nombre de pièces qu'ont à payer les gentilshommes qui désirent entrer dans leurs grâces », d'un demi-écu à trente, voire soixante pour les plus requises. Par ailleurs, un traité en vénitien, *La tariffa delle puttane di Venetia*, étudie nommément les principales beautés vénales de Venise, avec réflexions sur leur technique, commentaires et appréciations fort détaillés, destinés à mettre au parfum les futurs clients.

Avec des talents que d'autres ont eu ailleurs sans les voir vantés dans des guides imprimés, les courtisanes ont bénéficié à Venise d'une large tolérance; plus riches qu'ailleurs, elles ont joué un rôle dans les activités artistiques et littéraires; ainsi les six « Arétines », élèves assidues de leur maître, qui écrivit pour elles des traités de haute technicité, ou la Lucrezia Squarcia que le *Catalogo...* montre « prenant en main un Pétrarque de poche, un volume de Virgile, et parfois d'Homère ». Les plus riches, les plus séduisantes ou les plus cultivées d'entre elles pouvaient espérer un noble mariage, le cas n'est pas rarissime; d'autres, par leur charme, leur gentillesse, leur savoir-faire, contribuaient à attirer à Venise nombre de libertins d'Occident, mais permettaient aussi au peuple des économiquement faibles de se procurer une joie à la portée de leurs maigres revenus : Goethe, qui s'était fourvoyé en 1790 dans des quartiers excentriques réservés à ces courtisanes du pauvre en vit « apparaître et disparaître dans toutes les fentes (des murs) avec une prestesse de petits lézards se hâtant vers leur trou ».

Par son influence dans tous les milieux, par la bienveillante tolérance dont elle jouissait, par le renom qu'elle avait acquis, la courtisane vénitienne pose un problème d'ensemble, de même que cette fête perpétuelle dans laquelle Venise semble peu à peu s'engourdir.

Plus intéressante au niveau de l'explication que le tempérament vénitien, serait l'intervention déterminée de l'État, pour des raisons d'hygiène imposant le contrôle des courtisanes, mais aussi pour des raisons policières, étant donné l'aptitude éminente de ces dames, en tout temps et en tout lieu, à capter des confidences sur l'oreiller; mais la raison la plus consciente, quoiqu'elle n'ait pas été formulée, ne serait-elle pas de détourner de la vie politique et de l'agitation sociale une bonne partie de la population? La joie et l'oubli auraient ainsi fortement contribué à assurer la survie millénaire de ces institutions archaïques et fortes; le carnaval nivelant par définition tous les contrastes sociaux, quelles fréquentes occasions de défoulement la fête n'assurait-elle pas au plébéien misérable déguisé en prince ou en Hercule, ou à l'austère patricienne, qui allait sous son masque, voire sous un déguisement d'homme, au Ridotto, dans un joyeux monastère ou en compagnie de la canaille!

:ourtisane (d'après Gaignères). ▶

es plaisirs du carnaval (P. Longhi, Académie Carrare, Bergame). ▼

Le luxe de la fête n'est pas seulement un moyen de gouverner à l'intérieur : comme jadis Byzance, et sous des influences orientales renforcées, Venise mettait cette magnificence au service de sa politique étrangère, en la déployant largement devant les ambassadeurs, pour suggérer sa puissance, en donner l'illusion, et, de plus en plus, tenter de sauver la paix.

Il n'est enfin pas exclu que le nombre des courtisanes et leur train de vie n'aient en partie animé les circuits monétaires : au début du XVIIIe siècle, Montesquieu note leur utilité considérable, car « elles sont les seules à acquérir et à redistribuer l'argent ». Il est hors de doute que la courtisane, tête d'affiche de la fête à Venise, a fait affluer des devises étrangères que le déclin économique rendait d'autant plus nécessaires.

Qu'il vienne à Venise pour s'y masquer et rendre visite aux courtisanes, pour commander bijoux ou tableaux, pour régler des affaires de commerce ou de banque, l'étranger sait qu'il se trouve dans une ville à nulle autre semblable; il s'y installe parfois, séduit par la fête ou étonné par la liberté qui y règne, plus grande sans doute pour l'exilé que l'on surveille de mille manières que pour l'artisan vénitien que l'on ne se prive pas de contrôler. Montesquieu s'entretient à Venise avec des hommes illustres, qui y séjournent, comme Law, ou le génial comte de Bonneval. Au premier rang des étrangers qui y résident, regardons s'avancer les ambassadeurs de toutes les cours d'Europe, qui viennent s'y exercer à l'intrigue; c'est, au XVIIIe siècle, tout ce qui reste des secrets de la politique mondiale, qui faisait naguère de Venise le centre de la nouvelle.

La mort à Venise

Il est remarquable que la plupart des étrangers n'ait pas semblé voir, jusqu'à la fin de la République, parallèlement au déclin économique et politique, la ruine physique de Venise; que la joie, le voile de flammes leur ait masqué des maladies que les Vénitiens connaissaient depuis longtemps, mais dont ils ne parlaient, et entre eux, que lors des austères délibérations des conseils.

Certes, Montesquieu a noté en 1729 que les tableaux sont corrodés par l'air marin; mais c'est Goethe qui, le premier, est plus frappé par la décrépitude que par la beauté de Venise. A partir de la chute de la République en 1797, avec l'occupation française, et surtout autrichienne, la joie vénitienne devient superficielle; restent l'attrait proprement plastique, et les états d'âme que suggère la lagune.

L'étranger romantique qui y vient séjourner, y apporte son enthousiasme ou sa mélancolie, que les fêtes ne viennent plus distraire; transporté d'admiration pour les chefs-d'œuvre, il peut en déplorer l'état, et, amoureux de la ville, il en regrette l'antique splendeur. Ajoutons que cet étranger, bien que relativement aisé, a sûrement plus de problèmes matériels que les insouciants touristes des siècles précédents; il s'installe des mois, voire des années dans des lieux où le confort est moindre que dans sa patrie; les méfaits du temps sont plus apparents. Aussi le thème de la mort, du froid humide de la tombe se mêle-t-il de plus en plus fréquemment au thème de la lumière et de la beauté. Peu de visions totalement éblouies, comme celles de Mme de Staël, ou de Chateaubriand lors de son deuxième séjour (1833); l'admiration aveugle ou superficielle est remplacée par un amour passionné, plus profond et plus inquiet. On connaît, dès 1802, le sonnet de Wordsworth, « *On the extinction of the venetian Republic* », et l'on sait le retentissement considérable qu'eût l'œuvre vénitienne de Byron sur l'ensemble de l'Europe; brisé physiquement par les fièvres, et moralement par sa séparation d'avec sa femme, le poète arrive au bord de la lagune en novembre 1816; il ne devait en repartir qu'en juin 1819, après avoir terminé *Manfred*, mis le quatrième chant de *Childe Harold* sous l'invocation de Venise, et composé, sous l'inspiration de ses maîtresses vénitiennes, *Beppo*, à la manière de Boccace, et *Don Juan*, dont la belle Fornarina fut la muse, avant que ne la remplaçât la jeune comtesse Albrizzi. Le pèlerinage ou la visite à Venise des artistes ou hommes de lettres européens entra dès lors dans les mœurs : Shelley vint y voir Byron, et Keats mourut en disant : « A Venise! »; Elisabeth Browning, puis le peintre-écrivain Haylitt en eurent une vision enthousiaste et nuancée; ce dernier remarqua bien ces « caprices, incertitudes et vicissitudes » que Venise doit à la mer. Et si Dickens, dans ses *Tableaux d'Italie*, consacre ses pages les plus radieuses à la cité, il ne faut pas oublier les lentes, graves et profondes recherches de Ruskin sur les *Pierres de Venise*. Stendhal, qui passa quatre fois à Venise et y fit plusieurs petits séjours quand il était consul à Trieste (1830-1831), ne semble pas avoir été très favorablement impressionné par la ville; quant à Balzac, dont on sait pourtant l'amour fasciné qu'il lui voua, il n'hésita pas à écrire à la comtesse Maffei : « C'est une pauvre ville qui craque de tous côtés et qui s'enfonce d'heure en heure dans la tombe »; dans *Massimilla Doni*, il décrit, à côté de pages éblouies, « la sinistre verdure que la mer caresse et entretient au bas des palais... comme une frange noire que la nature y attachait en signe de mort ».

Ce thème de la mort devient vers la fin du siècle au moins aussi important, parfois plus, que celui de la beauté incomparable; et, dans ce sens, ce n'est pas aux visions de Théophile Gautier ou d'Alfred de Musset, mais à celles de Barrès que les Français doivent se reporter; c'est *la mort de Venise*, qui comporte l'apostrophe fameuse : « Cache-toi, Venise, sous ta lagune – La plainte chante encore, mais la belle bouche est morte... » De même, en 1909, Alexandre Blok, prince des poètes russes, a uni la flamboyante beauté de Saint-Marc à son engloutissement dans la lagune, tandis qu'un vent glacial passe sur les cercueils taciturnes des gondoles.

Venise fut également le miroir magique où vinrent se prendre tant d'écrivains, de peintres, de musiciens allemands, de Grillparzer à Nietzsche; *Tristan* y naquit en 1859, et Richard Wagner y mourut en 1883. Et l'œuvre de Thomas Mann, aux titres significatifs, *Tristan*, *la Mort à Venise* (1903-1913), associant de manière indissoluble l'affinement spirituel des individus et des sociétés et la décomposition physique, doit beaucoup à la rencontre, dans son écharpe d'effluves empoisonnés, de la grande Ricanante au détour d'un canal.

« La Piazzetta en 1834 », vue par J.-B. Corot (détail; Louvre).

La beauté de Venise paraît peut-être d'autant plus irremçable, qu'on la sait menacée par un danger mortel; Le Corbusier, peu de temps avant sa disparition, proposait de déclarer Venise « ville sacrée »; l'idée d'un sauvetage s'impose, et ce n'est pas l'association « Italia Nostra », ni le gouvernement italien, ni même l'ensemble des nations occidentales qui peuvent prendre les mesures nécessaires, mais, sous l'égide de l'UNESCO, l'humanité entière, comme elle le fit pour sauver le temple d'Abou Simbel.

Les dangers de la double Venise

Si Venise est sortie à peu près intacte du siège de 1849 qui la vit, sous la direction de Manin, lutter cinq mois contre les Autrichiens, si elle n'a pas trop souffert au cours des deux guerres mondiales, l'époque contemporaine a considérablement augmenté les périls qui la menacent. Et, tout d'abord, par un curieux effet du sort, le « miracle italien » et la situation exceptionnelle de la lagune, au débouché de la plaine du Pô, sur la mer que sillonnent les pétroliers venus du Proche-Orient, ont fait naître et s'accroître très rapidement une jeune Venise, dont l'existence menace l'antique cité des doges plus qu'elle n'assure sa survie.

Des industries métallurgiques, mécaniques et pétrochimiques se sont installées au lendemain de la Première Guerre mondiale et n'ont cessé de s'étendre sur les vastes

Le lion de saint Marc

terrains de Porto Marghera, animant l'agglomération de Mestre, et attirant toute la population jeune et active de la lagune et des environs : les logements fonctionnels et modernes de la nouvelle ville, dont le taux d'expansion n'était, les dernières années, dépassé en Italie que par celui de Rome, font délaisser les maisons humides du centre historique, la ville sans roues, où les véhicules à moteur sont le privilège des riches. La jeune Venise est déjà actuellement plus peuplée que l'ancienne, qui a perdu en dix ans 40 % de sa population.

Le trafic maritime considérable, qui alimente les industries, ravitaille en pétrole la Terre Ferme et exporte les produits de la plaine du Pô, a amené un approfondissement notable des chenaux d'accès, en particulier du canal de la Giudecca : outre le danger permanent de voir exploser un pétrolier face au Palais des doges ou de voir se répandre des milliers de tonnes de mazout dans la lagune, le creusement du canal dans la boue mal stabilisée entraîne le glissement des berges vers le creux central; or ces berges portent, d'un côté, Saint-Marc, le Palais des doges, ... et, de l'autre, Saint-Georges-Majeur, le Rédempteur, ...

On a prévu et réalisé un chenal permettant aux gros navires de joindre Marghera directement au « port » de Malamocco, sans passer devant Saint-Marc et sans gagner le « port » du Lido. Malheureusement, la circulation des courants lagunaires en est bouleversée : le nettoiement de Venise et sa salubrité dépendent en effet de la différence de niveau et du retardement progressif du flux et du reflux entre la lagune et la mer : le nouveau chenal tend à atténuer, par sa profondeur, cette différence de niveau, et, faisant communiquer artificiellement les bassins de Malamocco et du Lido, diminue l'activité de la marée dans Venise, tout en aspirant plus rapidement la boue sur laquelle elle est construite; les canaux rectilignes récemment aménagés contrarient également ces courants, et contribuent à produire des ressacs et des tourbillons qui affouillent les fondations.

Par ailleurs, l'alimentation en eau douce des industries et de la nouvelle et considérable agglomération a entraîné de telles ponctions dans la nappe phréatique, que celle-ci, en se réduisant, a entraîné l'affaissement du sol vénitien : seul l'aqueduc captant l'eau du Sile doit pallier ce danger en supprimant ces prélèvements ; on songe même, par réinjection, à rétablir la nappe phréatique à son ancien niveau.

Enfin, de nouvelles usines, plus encore que la nouvelle Venise ou l'engorgement des canaux de la lagune, ont provoqué une extraordinaire pollution atmosphérique, voire marine : le premier calcul fait à ce sujet, et largement dépassé depuis, a mis en évidence la diffusion de près de 15 000 tonnes annuelles d'acide sulfurique concentré, qui détruit pierres, peintures et micro-organismes.

Quant aux conséquences du passage des gros bateaux et à l'utilisation, par les services publics et par les particuliers de près de 5 000 canots à moteur, elles sont de mieux en mieux connues : ondes de choc ébranlant les fondations, plus graves encore que la pollution.

Or, ces dangers nouveaux n'ont pas fait disparaître les anciens; le sol continue à se tasser et, fait plus récent, le niveau de la mer augmente universellement depuis le milieu du XIXe siècle, par la fonte des calottes glaciaires; des micro-organismes s'attaquent aux millions de pilotis de bois qui portent la ville, et il n'est guère possible de les remplacer par des pieux de béton, qui ne sauraient flotter dans la boue.

Pollution atmosphérique, acide sulfurique combinent leurs effets à ceux de l'humidité et du sel. Outre les vibrations continuelles que les vaguelettes communiquent aux murs, l'eau agit surtout par capillarité en montant progressivement dans les parois; brouillards et variations brusques de température provoquent une condensation qui attaque les enduits, tandis que le sel accentue la corrosion. Les périodes d'*acqua alta* de plus en plus fréquentes et les inondations catastrophiques, comme celle de 1966, provoquent, de surcroît, des dommages considérables aux monuments et aux étages inférieurs des maisons.

Signalons une dernière cause de dégradation, beaucoup plus sérieuse qu'on ne pourrait le croire : les fameuses colombes de Saint-Marc. Ces milliers de pigeons souillent de leurs déjections corrosives les frontons et les statues de nombreux bâtiments; des centaines de kilos de fiente, dans les greniers et les combles, font fléchir les charpentes, entraînant la dégradation des peintures ou des fresques qu'elles supportent : à Saint-Moïse, au dos de l'immense toile de N. Bambini, qui orne le centre de la voûte, on a découvert en 1966 près d'une demi-tonne de guano!

On conçoit les dommages que Venise subit sans trêve du fait de la conjonction de ces divers phénomènes : maladie de la pierre, attaquée par les bactéries, corrodée par les agents chimiques; attaque des fresques, des peintures, des mosaïques, des meubles; affaissement des fondations et menaces de ruine. La Porte des Fleurs de la basilique est fissurée et les colonnes risquent de s'effondrer; le sol de Saint-Marc, entièrement bosselé, est recouvert d'un pavement lézardé et disjoint; la *Vénus* de Giorgione du Fondaco dei Tedeschi est devenue méconnaissable; les sculptures des Frari se délitent; les toiles exposées dans les églises noircissent...

On a pu évaluer que Venise perdait chaque année :

Marbre	6 %
Fresques	5 %
Mobilier et art décoratif sacré	5 %
Peintures sur toile	3 %
Peintures sur bois	2 %

sans compter, bien entendu, la ruine accélérée des bâtiments eux-mêmes.

Pour enrayer, sinon arrêter ce processus, il faut mettre au point de très délicates techniques de consolidation ou de restauration, qui ne sont pas encore toutes maîtrisées, ainsi pour les placages extérieurs de marbre. Il faut former de nombreux spécialistes pour les appliquer; il faut enfin des moyens financiers considérables : la restauration d'un palais coûtait, vers 1968, de 60 à 100 000 lires au m².

Il faut enfin éviter que les œuvres sauvées ne soient soumises aux mêmes facteurs de dégradation : il faudrait endiguer la pollution de l'atmosphère, en imposant des filtres aux usines et aux bateaux à moteur, détourner les

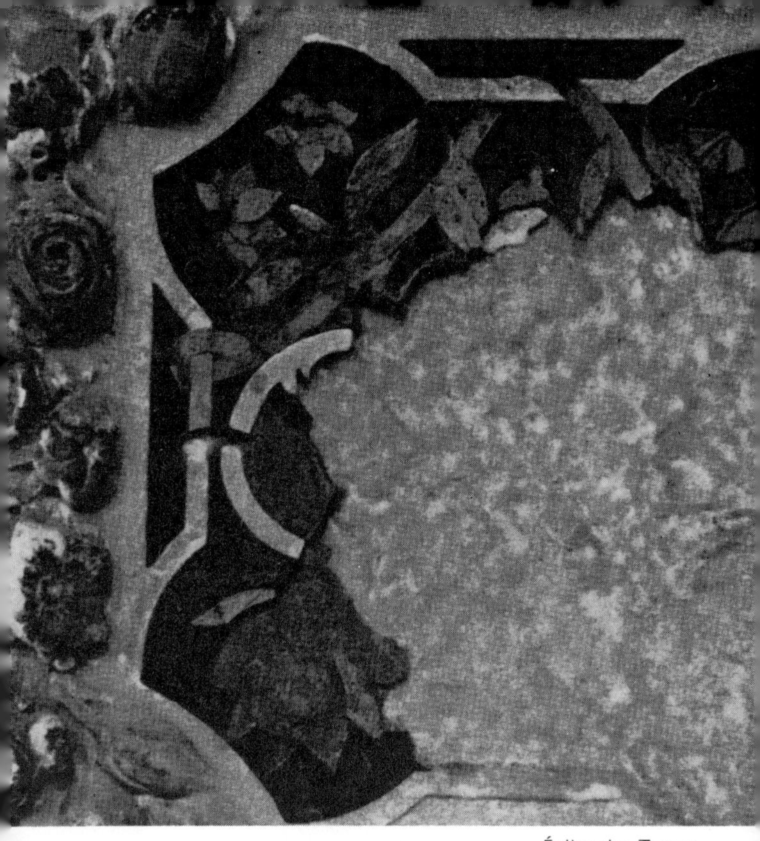

Église des Terese,
quartier de Dorsoduro.

Une colonne d'angle de
Saint-Marc et ses pilotis.

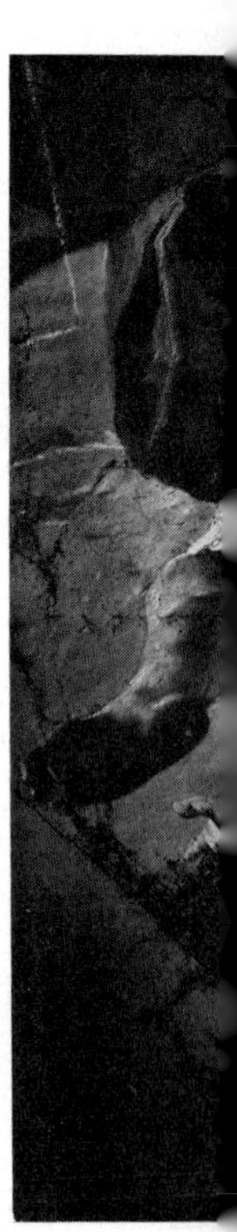

◀ Ange de la Salute

▼ Détail du plafond de San Giovanni e Paolo. (fresque de Piazzetta).

gros bateaux, reconstituer la nappe phréatique, protéger ou remplacer les pilotis menacés, régulariser les courants de marée et mettre Venise à l'abri de l'*acqua alta*. La construction d'une énorme digue circulaire, projetée par des ingénieurs hollandais, serait une solution réalisable, avec un système d'écluses approprié, mais le site en souffrirait, et la tentation d'installer sur la digue une autoroute serait incoercible.

Sans aucun doute, l'action persévérante et spectaculaire de l'UNESCO, la création à Venise même d'un centre de recherches, le laboratoire pour l'étude de la dynamique des grandes masses (1969), d'heureuses décisions prises par la communauté urbaine, ont fait avancer sur la voie d'une prise de conscience, voire d'une solution de quelques problèmes du centre historique.

Les travaux de restauration des édifices les plus prestigieux ou les plus menacés, pris en charge par différents pays (l'église de la Salute, la « Scuola » de Saint-Giovanni Evangelista, la Libreria de Sansovino, l'église de Saint-Nicolo dei Mendicanti, etc.) ont joué un rôle entraînant : on constate depuis quelques années la reprise en main d'édifices privés qui paraissaient irrémédiablement abandonnés, ainsi le palais du Chameau, près de la Madonna dell'Orto, choisi comme exemple de palais délabré dans la précédente édition de ce livre. Cette toilette monumentale marque-t-elle un point de non-retour?

Autre signe encourageant, la subsidence du sol vénitien a été ralentie depuis 1975 : les intérêts bien compris de la grande industrie et de la communauté urbaine ont fait accélérer la mise en service des aqueducs prévus depuis longtemps; on a donc fermé les stations de pompage qui alimentaient sur place les usines de Terre Ferme en eau de la nappe phréatique, et l'on a constaté la remontée du niveau de Venise d'environ 1 1/2 cm.

Ne concluons pas de cette bonne nouvelle à une prochaine solution des problèmes de fond que pose le site, puisque la zone du delta du Pô s'affaisse depuis dix millions d'années : le tremblement de terre qui a ravagé le Frioul en 1976 n'a provoqué à Venise que des fissures dans les plafonds, des chutes de stuc, des bris de verrerie; mais il a tristement rappelé l'inexorable mécanisme qui rapproche sans trêve l'une de l'autre la « plaque » Europe de la « plaque » Afrique. Revenons donc à la réalité quotidienne, car l'homme ne vit pas à l'échelle géologique, mais tente de résoudre, pour lui-même et pour ses enfants, les difficultés dont il hérite. Les problèmes posés par la survie de Venise sont assurément à la mesure du prodige qu'incarne la ville depuis 1 000 ans, mais pour les affronter, les Vénitiens ont besoin de retrouver confiance dans un programme d'actions à moyen terme.

Le défi du temps

Il est sans doute illusoire de vouloir sauver Venise sans redéfinir sa fonction vis-à-vis de son arrière-pays, voire de la région Nord-Adriatique; c'est l'ensemble de la Vénétie qui doit être dotée, conformément au plan régulateur de 1962, d'un statut analogue à celui des parcs de protection nationaux, où l'agglomération vénitienne jouerait le rôle d'une « métropole d'équilibre ». Mais il ne faut pas se dissimuler le fait que l'avenir de Mestre dépend en grande partie des capacités du port à accueillir les superpétroliers : qui peut revenir sur une tragique erreur de géographie économique? Et comment maintenir à Venise sa fonction, si l'on est tenté de transférer à Ravenne ou à Trieste les atouts dont jouit le port au débouché de la plaine du Pô?

En admettant même que l'on parvienne à disjoindre le sort de Venise de l'essor industriel de sa région, peut-on condamner la cité des doges à n'être – et à la latitude de Lyon – qu'une capitale du tourisme? Ce qui fait son charme, c'est précisément qu'elle a su jusqu'à présent repousser à ses franges la tentation de l'affairisme bon marché; on spécule difficilement sur un terrain aussi fragile que le centre historique; mais le Lido n'est pas à l'abri de toute dégradation du paysage. Comme le demandait A. Chastel, le monde « civilisé » aura-t-il la politique de ses loisirs les plus élevés?

Il faut reconnaître à cet égard les méritoires efforts accomplis depuis peu pour mettre en valeur, à l'occasion du Festival International du Cinéma, de la Biennale des Arts plastiques ou des sessions musicales d'été, des « sestiers » de Venise agréablement surpris d'être touchés par la grâce des événements culturels : projection de films en plein air sur le Campo s.Margherita, concerts au Ghetto Nuovo, exposition d'architecture dans l'église jusque-là inaccessible de s. Lorenzo, ouverture des superbes « Magazzini » (les entrepôts du sel sous la République) ou des chantiers navals de la Giudecca à l'art contemporain.

On se représente volontiers Venise sauvée comme un centre international de culture, oubliant parfois qu'elle en possède déjà les bases : l'Université de la Ca' Foscari, et surtout la fondation Giorgio Cini; sous l'impulsion d'un mécénat dont on trouve peu d'exemples hors d'Italie, l'île de San Giorgio Maggiore est l'admirable noyau d'une Renaissance, le conservatoire de la civilisation vénitienne. Mais imagine-t-on une ville arrêtée dans la contemplation et l'étude, où se réuniraient d'éternels symposiums? Même si la vie quotidienne de Venise devait évoquer les nobles assemblées de Véronèse, on souhaiterait à la vie de l'esprit le stimulant des activités les plus diverses.

Car la survie de Venise nous concerne tous : ceux qui ont construit et orné la ville ont su la défendre et la préserver pendant des siècles; la civilisation industrielle ne serait-elle pas en mesure de prendre la relève des ingénieurs, des hydrauliciens, des architectes du passé? Faudra-t-il dresser un constat de carence, qui serait moins le signe d'une déroute de l'imagination que d'une incapacité politique à trancher? Et pourtant, « Venise est aujourd'hui un admoniteur : circulations classées, royauté du piéton, échelle humaine », écrivait Le Corbusier dans *Propos d'urbanisme*. Venise nous donne une leçon singulièrement tonique, parce qu'elle avive à l'époque des embouteillages et de la pollution, de la seigneurie automobile, de la démesure médiocre, le regret de ne pas vivre comme il faudrait. Le Corbusier, qui conçut pour Venise son dernier projet, l'hôpital San Giobbe, trouvait dans les solutions apportées empiriquement aux problèmes les plus complexes que puisse poser un site à la vie urbaine, la preuve que le désir de vivre ensemble permet aux hommes de créer un tissu urbain à leur mesure. Persuadons-nous que les héritiers que nous sommes sauront accepter l'héritage et relever le défi du temps, avant que

> « Marc engloutisse dans la lagune lunaire
> Son iconostase de lumière ».

Une fabrique de brise-lames : le bouclier de Venise.

Maquette définitive de l'hôpital de Le Corbusier faite à Venise, juin 1970.

Cher Mr Ottolenghi
Président des Hôpitaux civils
de *Venise*.

Cher Monsieur.

J'ai mis dans ma tête de m'occuper de votre problème d'Hôpital nouveau à Venise.
Un hôpital est une *maison d'homme*, comme le logis est aussi une "maison d'homme".
La clef étant l'homme : sa stature (hauteur), la marche (l'étendue) ; son œil, son point de vue ; sa main, sœur de l'œil. Tout le psychisme y est attaché en total contact.

Ainsi se présente le problème. Le bonheur est un fait d'harmonie.

Ce qui s'attachera aux plans de votre Hôpital s'étend à l'alentour : osmose.

C'est par amour de votre ville que j'ai accepté d'être avec vous.

votre dévoué

Le Corbusier

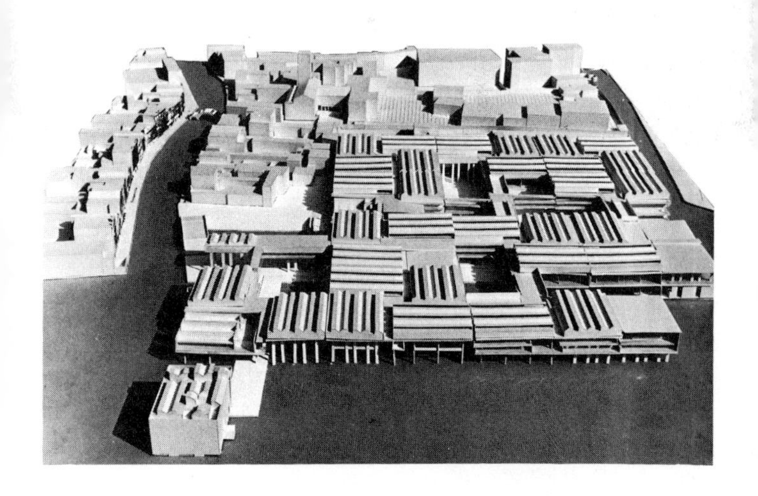

Annexes

Chronologie vénitienne

453-454	Attila et les Huns à Aquilée.
537-538	Description par Cassiodore des lagunes.
539-563	Reconquête du royaume ostrogothique d'Italie par les Byzantins.
568	Début de l'invasion lombarde.
639	Fondation d'Héraclée (Cittanova) par les habitants d'Oderzo.
726-727	Les habitants des lagunes s'opposent aux délégués de l'empereur iconoclaste. Élection du duc Orso.
751	Prise de Ravenne par les Lombards. Fin de l'exarchat. Le pape fait appel aux Francs.
775	Un évêché est établi à Olivolo.
774	Charlemagne devient roi des Lombards.
800	Charlemagne empereur d'Occident.
806	Dalmatie, Istrie, Vénétie, citées dans la part de Pépin au premier partage de l'Empire carolingien.
807-809	Combats franco-byzantins autour des lagunes.
810	Le siège ducal est transféré de Malamocco à Rialto.
814?	Construction du premier château ducal, entouré de murs et d'un fossé.
828	Le corps de saint Marc est apporté d'Alexandrie à Venise.
829	Consécration de la première église Saint-Marc, chapelle du château.
840	« Pacte de Lothaire » entre Francs et Byzantins.
888	Fortification de la ville contre les incursions de pirates.
976	Reconstruction de la basilique Saint-Marc, sous Piero Orseolo Ier, et d Palais des doges après la révolte contre les Candiano.
993	Privilèges commerciaux accordés par l'empereur byzantin Basile II.
1000	Victoire navale des Vénitiens sur la Narenta (Neretva) sous Piero Orseolo II Le doge devient « duc des Dalmates ». Institution de la fête de la « Sensa et des « Épousailles de la mer » (?)
1063	Construction définitive de Saint-Marc, avec ses cinq coupoles et sa décoratio de mosaïques, sur le modèle des Saints-Apôtres de Constantinople.
1082-1085	Victoire navale sur les Normands, maîtres de l'Italie du Sud; privilège concédés par Alexis Comnène.
1094	La basilique de Saint-Marc est solennellement consacrée en présence de l'em pereur Henri IV.
1100	Les Vénitiens en Terre sainte; prise de Caïffa.
1104	Construction de l'Arsenal.
1170	Révolte de Zara et des cités dalmates soutenues par les Hongrois.
1171	Arrestation des marchands vénitiens trafiquant dans l'Empire byzanti
1177	Rencontre à Venise du pape Alexandre III et de l'empereur Frédér Barberousse.
1180	Premier pont (pont de bateaux) sur le Grand Canal, au Rialto.
1203-1204	Prise et sac de Constantinople. Le doge maître du « quart et demi de l'Empire de Romanie ».
1250	Construction, en bois, du pont du Rialto.
1261	Reprise de Constantinople par les empereurs grecs soutenus par les Gênoi
1264	La place Saint-Marc reçoit un pavement de briques.
1271-1295	Voyage de Marco Polo à travers l'Asie.
1297	Fixation définitive des conditions d'accès au Maggior Consiglio.
1298	Victoire navale des Gênois à Curzola.
1310	Conjuration contre le doge Piero Gradenigo, dirigée par les familles Tiepo et Querini.
1324-1327	Premiers travaux de détournement de la Brenta.
1340	Début de reconstruction en style gothique du Palais des doges. On constr la salle du Maggior Consiglio.
1355	Exécution du doge Marin Falier.
1359	Conquête de la Marche de Trévise.
1365	Guariento de Padoue peint les fresques de la salle du Grand Conseil.

1378-1381 Guerre de Chioggia : la flotte gênoise triomphe des Vénitiens, Venise est bloquée par les Gênois.
1381 Paix de Turin entre Venise et Gênes.
1388 Jean Galéas Visconti reprend à Venise la Marche de Trévise.
1402 A la mort de Jean Galéas Visconti, reprise des conquêtes territoriales.
1404-1406 Venise soumet Padoue, Vicence et Vérone.
1416 Incendie de la basilique et du Palais des doges; victoire navale remportée par Piero Loredan sur la flotte ottomane dans les Dardanelles.
1420 Annexion du Frioul.
1421-1440 Construction de la Ca' d'Oro pour le compte des Contarini.
1423 Élection du doge Francesco Foscari.
1424-1449 L'explorateur Niccolo Conti parcourt l'Asie méridionale et les îles de la Sonde.
1425 Paolo Uccello travaille aux mosaïques de Saint-Marc.
1432 Procès du condottiere Carmagnola.
1438 Paix de Crémone entre Venise et Milan : Venise occupe Brescia, Bergame et une partie de la province de Crémone.
1453 Prise de Constantinople par les Turcs.
1454 Paix de Lodi : Venise atteint sa plus grande expansion territoriale.
1455-1456 Alvise da Ca da Mosto découvre les îles du Cap-Vert.
1460 Construction de la porte de l'Arsenal de Venise.
1470 Chute de Nègrepont, pris par les Turcs.
1470-1476 Antonio Rizzo sculpte les statues d'Adam et d'Ève au Palais des doges.
1475 Antonello da Messina peint à Venise le retable de San Cassiano.
1479 Paix entre Venise et l'Empire ottoman; Gentile Bellini fait à Constantinople le portrait de Mahomet II.
1481 Construction de Santa Maria dei Miracoli par Pietro Lombardo et ses fils. Verrocchio fond à Venise la statue équestre de Bartolomeo Colleoni.
1482 Guerre de Ferrare.
1489 Chypre cédée à la République par Caterina Cornaro, veuve du dernier roi, Jacques de Lusignan.
1490 Vittore Carpaccio travaille à l'*Histoire de sainte Ursule*.
1491 Venise, vaincue par le Turc, perd Modon; création de la chapelle de musique de Saint-Marc.
1494 Charles VIII en Italie.
1495 Alliance de la République de Venise avec le duc de Milan et le roi d'Espagne pour défendre l'indépendance de l'Italie.
1497 Jean et Sébastien Cabot prennent pied en Amérique du Nord.
1499 Raid turc sur le Frioul. Louis XII, appelé par les Vénitiens contre Milan, descend en Lombardie.
1500 Plan de Venise par Jacopo de' Barbari.
1503-1509 Ligue de Cambrai contre Venise.
1505 Second séjour à Venise d'Albrecht Dürer.
1508 Giorgione peint à fresque la façade du Fondaco dei Tedeschi.
1509 Défaite d'Agnadel.
1510 Giorgone meurt à trente-trois ans.
1515 Victoire de François Ier à Marignan; Venise se fait rendre Brescia et Vérone lors de la paix de 1516.
1518 Titien peint l'*Assomption de la Vierge* aux Frari.
1515? Mort de Carpaccio.
1526 Sébastien Cabot est *piloto mayor* de Charles Quint. Il découvre le rio de la Plata, le Parana, le Paraguay.
1527 Construction du Ghetto où la loi confine les Juifs.
1529 Jacopo Sansovino arrive à Venise.
1537 Venise vaincue à la Prevesa par les Turcs.
1547 Titien appelé à la cour de Charles Quint.
1553 Véronèse arrive à Venise.

1559 Traité du Cateau-Cambrésis : l'Autriche et l'Espagne se partagent les territoires italiens.
1560 Tintoret peint le *Jugement dernier* dans la salle du Maggior Consiglio.
1564 Tintoret commence à travailler à la Scuola di San Rocco.
1570 Les Turcs débarquent à Chypre : Famagouste résiste onze mois.
1571 Création de la Sainte Ligue et victoire de Lépante.
1573 Venise cède Chypre à l'Empire ottoman.
1576 Mort du Titien. Palladio construit l'église du Rédempteur (Giudecca).
1579 Un incendie détruit toutes les peintures de la salle du Grand Conseil.
1588 Construction du pont du Rialto en pierre sur le projet de Antonio da Ponte.
1589 Tintoret peint le *Paradis* de la salle du Grand Conseil.
1608 Paul V lance l'interdit sur Venise.
1613 Claudio Monteverdi, maître de chapelle à Saint-Marc.
1615 Scamozzi publie l'*Idée de l'architecture universelle.*
1616-1617 Guerre dite de Gradisca avec les Habsbourg.
1620 La frontière entre la République et l'Autriche est fixée à l'Isonzo.
1630 Édification de la basilique votive de la Salute par Longhena.
1640 Reprise de la guerre avec les Turcs.
1644 Les Turcs débarquent en Crète. Candie assiégée résiste vingt-quatre ans.
1669 Chute de Candie.
1694 Victoires de Francesco Morosini qui occupe la Morée.
1699 Paix de Carlowitz, qui confirme la conquête de la Morée.
1715 Les Turcs reprennent la Morée.
1716 La paix de Passarowitz entre l'Autriche et la Turquie sanctionne la défaite de Venise.
1723 On remplace le pavage en brique par un pavage en pierre place Saint-Marc.
1725 Tiepolo commence à travailler à Venise.
1744 Construction des *Murazzi*, digues le long de la mer, sur le littoral de Pellestrina.
1756 Fondation de l'Académie vénitienne de peinture et sculpture; le premier président en est G. B. Tiepolo.
1757 Fresques de Tiepolo au palais Labia.
1779 Antonio Canova expose à la fête de l'Ascension son premier groupe : *Dédale et Icare.*
1789 Élection de Ludovic Manin qui sera le dernier doge de Venise.
1790 Construction du théâtre de la Fenice.
1797 Bonaparte abolit la république de Venise; le traité de Campo Formio fait passer Venise sous la domination autrichienne.
1805 Traité de Presbourg. Venise annexée au royaume d'Italie.
1815 Traité de Vienne: le royaume lombard-vénitien passe sous contrôle autrichien.
1817-1819 Byron à Venise.
1848 Manin proclame la République et forme un gouvernement provisoire.
1849 Venise affamée, bombardée, dévastée par le choléra, est réoccupée par les Autrichiens après cinq mois de siège (2 avril-25 août).
1866 Plébiscite après médiation française : 674 426 voix pour l'union avec le royaume d'Italie (contre 69 non).
1883 Mort de R. Wagner, à Venise.
1894 Érection de la digue protégeant le « port » du Lido.
1895 Première biennale d'art moderne.
1915-1918 Venise, siège du commandement en chef de la marine, est bombardée à plusieurs reprises.
1943-1945 Occupation allemande. Après la guerre, développement considérable des industries de Marghera. Rayonnement du festival cinématographique du Lido.
1962 Le Conseil de l'Europe se préoccupe du sort de Venise.
1966 Catastrophique montée des eaux. L'UNESCO est saisie.
1970 Trombe sur la lagune.
1970 Stravinski se fait inhumer à Venise.
1975 Tremblement de terre au Frioul.

Les doges de Venise

Les deux premiers sont considérés actuellement comme des officiers (exarque et maître des soldats) byzantins; ne figurent pas ici le doge Domenico Orseolo (juin 1032) qui fut déposé un jour après son élection; le doge Orso Malipiero, élu en 1172, qui refusa la charge (et ne l'accepta qu'en 1178); Giovanni Tiepolo, acclamé par le peuple en novembre 1289, mais à qui fut préféré Piero Gradenigo; Giovanni Sagredo (1676), dont l'élection fut considérée comme nulle et non avenue.

1. **Paoluccio Anafesto** 697-717.
2. **Marcello Tegaliano** 717-726.
3. **Orso Ipato** 726-737.
4. **Diodato Ipato** 742-755.
5. **Galla Gaulo** 755-756, déposé.
6. **Domenico Monegario** 756-764.
7. **Maurizio Galbaio** 764-787.
8. **Giovanni Galbaio** 787-804.
9. **Obelerio Antenorio** 804-809 ou 810, déposé.
10. **Angelo Partecipazio** 810-827.
11. **Giustiniano Partecipazio** 827-829.
12. **Giovanni Partecipazio I** 829-836 ou 837, déposé.
13. **Pietro Tradonico** 836 ou 837-15 mars 864.
14. **Orso Partecipazio I** 864-881.
15. **Giovanni Partecipazio II** 881-887, déposé.
16. **Pietro Candiano I** 17 avril?-sept. 887.
17. **Pietro Tribuno** mai? 888-fin mai? 912.
18. **Orso Partecipazio II** 912-932, abdiqua.
19. **Pietro Candiano II** 932-939, abdiqua.
20. **Pietro Partecipazio** 939-942.
21. **Pietro Candiano III** 942-959.
22. **Pietro Candiano IV** 959-976.
23. **Pietro (S.) Orseolo I** 12 août? 976-1 sept. 978, abdiqua.
24. **Vitale Candiano** 978-déc. 979.
25. **Tribuno Memmo** déc.? 979-992.
26. **Pietro Orseolo II** mars 992-sept. 1009.
27. **Ottone Orseolo** 1009-1026, déposé.
28. **Pietro Centranico** 1026-1032, déposé.
29. **Domenico Flabianico** 1032-1042.
30. **Domenico Contarini** 1043-1070 ou 1071.
31. **Domenico Selvo** 1070 ou 1071-1084, déposé.
32. **Vitale Falier** 1084 ou 1085-1096.
33. **Vitale Michiel I** 1096-1102.
34. **Ordelaffo Falier** 1102-1118.
35. **Domenio Michiel** 1118-1129, abdiqua.
36. **Pietro Polani** 1130-1148.
37. **Domenico Morosini** 1148-fév. 1156.
38. **Vitale Michiel II** fév. 1156-28 mai 1172.
39. **Sebastiano Ziani** sept. 1172-13 avr. 1178.
40. **Orio Malipiero** 17 avril 1178-14 juin 1192.
41. **Enrico Dandolo** 21 juin 1192-14 juin 1205.
42. **Pietro Ziani** 5 août 1205-3 mars 1229.
43. **Iacopo Tiepolo** 6 mars 1229-20 mai 1249, abdiqua.
44. **Marino Morosini** 13 juin 1249-1er janv. 1253.
45. **Raniero Zen** 25 janv. 1253-7 juillet 6 mars 1268.
46. **Lorenzo Tiepolo** 23 juil. 1268-15 août 1275.
47. **Giacomo Contarini** 6 sept. 1275-6 mars 1280.
48. **Giovanni Dandolo** 25 mars 1280-2 nov. 1289.
49. **Pietro Gradenigo** 25 nov. 1289-13 août 1311.
50. **Marino Zorzi** 23 août 1311-3 juil. 1312.
51. **Giovanni Soranzo** 13 juil. 1312-31 déc. 1328.
52. **Francesco Dandolo** 4 janv. 1329-31 oct. 1339.
53. **Bartolomeo Gradenigo** 7 nov. 1339-28 déc. 1342.
54. **Andrea Dandolo** 4 janv. 1343-7 sept. 1354.
55. **Marin Faliero** 11 sept. 1354-17 avr. 1355, déposé et décapité.

56. **Giovanni Gradenigo** 21 avril 1355-8 août 1356.
57. **Giovanni Dolfin** 13 août 1356-12 juil. 1361.
58. **Lorenzo Celsi** 16 juil. 1361-18 juil. 1365.
59. **Marco Corner** 21 juil. 1365-13 janv. 1368.
60. **Andrea Contarini** 20 janv. 1368-5 juin 1382.
61. **Michele Morosini** 10 juin-15 oct. 1382.
62. **Antonio Venier** 21 oct. 1382-23 nov. 1400.
63. **Michele Steno** 1er déc. 1400-26 déc. 1413.
64. **Tommaso Mocenigo** 7 janv. 1414-4 avril 1423.
65. **Francesco Foscari** 15 avril 1423-23 oct. 1457, déposé.
66. **Pasquale Malipiero** 30 oct. 1457-5 mai 1462.
67. **Cristoforo Moro** 12 mai 1462-9 nov. 1471.
68. **Nicolo Tron** 23 nov. 1471-28 juil. 1473.
69. **Nicolo Marcello** 13 août 1473-1er déc. 1474.
70. **Pietro Mocenigo** 14 déc. 1474-23 fév. 1476.
71. **Andrea Vendramin** 5 mars 1476-6 mai 1478.
72. **Giovanni Mocenigo** 18 mai 1478-4 nov. 1485.
73. **Marco Barbarigo** 19 nov. 1485-14 août 1486.
74. **Agostino Barbarigo** 30 août 1486-20 sept. 1501.
75. **Leonardo Loredan** 2 oct. 1501-22 juin 1521.
76. **Antonio Grimani** 6 juil. 1521-7 mai 1523.
77. **Andrea Gritti** 20 mai 1523-28 déc. 1538.
78. **Pietro Lando** 19 janv. 1539-9 nov. 1545.
79. **Francesco Donato** 24 nov. 1545-23 mai 1553.
80. **Marcantonio Trevisan** 4 juin 1553-31 mai 1554.
81. **Francesco Venier** 11 juin 1554-2 juin 1556.
82. **Lorenzo Priuli** 14 juin 1556-17 août 1559.
83. **Girolamo Priuli** 1er sept. 1559-4 nov. 1567.
84. **Pietro Loredan** 26 nov. 1567-3 mai 1570.
85. **Alvise Mocenigo** 11 mai 1570-4 juin 1577.
86. **Sebastiano Venier** 11 juin 1577-3 mars 1578.
87. **Nicolo da Ponte** 11 mars 1578-30 juil. 1585.
88. **Pasquale Cicogna** 18 août 1585-2 avril 1595.
89. **Marino Grimani** 26 avril 1595-25 déc. 1605.
90. **Leonardo Donato** 10 janv. 1606-16 juil. 1612.
91. **Marcantonio Memmo** 24 juil. 1612-29 oct. 1615.
92. **Giovanni Bembo** 2 déc. 1615-16 mars 1618.
93. **Nicolo Donato** 5 avril-9 mai 1618.
94. **Antonio Priuli** 17 mai 1618-12 août 1623.
95. **Francesco Contarini** 8 sept. 1623-6 déc. 1624.
96. **Giovanni I Corner** 4 janv. 1625-23 déc. 1629.
97. **Nicolo Contarini** 18 janv. 1630-2 avril 1631.
98. **Erancesco Erizzo** 10 avril 1631-3 janv. 1646.
99. **Francesco Molin** 20 janv. 1646-27 fév. 1655.
100. **Carlo Contarini** 27 mars 1655-30 avril 1656.
101. **Francesco Corner** 17 mai-5 juin 1656.
102. **Bertuccio Valier** 15 juin 1656-29 mars 1658.
103. **Giovanni Pesaro** 8 avril 1658-30 sept. 1659.
104. **Domenico Contarini** 16 oct. 1659-26 janv. 1675.
105. **Nicolo Sagredo** 6 fév. 1675-14 août 1676.
106. **Alvise Contarini** 26 août 1676-15 janv. 1684.
107. **Marcantonio Giustinian** 26 janv. 1684-23 mars 1688.
108. **Francesco Morosini** 3 avril 1688-6 janv. 1694.
109. **Silvestro Valier** 25 fév. 1694-5 juil. 1700.
110. **Alvise II Mocenigo** 16 juil. 1700-6 mai 1709.
111. **Giovanni II Corner** 22 mai 1709-12 août 1722.
112. **Alvise III Mocenigo** 24 août 1722-21 mai 1732.
113. **Carlo Ruzzini** 2 juin 1732-5 janv. 1735.
114. **Alvise Pisani** 17 janv. 1735-17 juin 1741.
115. **Pietro Grimani** 17 juin 1741-7 mars 1752.
116. **Francesco Loredan** 18 mars 1752-19 mai 1762.
117. **Marco Foscarini** 31 mai 1762-31 mars 1763.
118. **Alvise IV Mocenigo** 19 avril 1763-31 déc. 1778.
119. **Paolo Renier** 14 janv. 1779-13 fév. 1789.
120. **Lodovico Manin** 9 mars 1789-12 mai 1797, déposé.

Index

Sources

– De nombreux recueils de documents imprimés facilitent la tâche des historiens. En particulier la série des *Monumenti storici della Deputazione Veneta di Storia Patria*, dont 8 vol., par exemple, concernent les *Libri Commemoriali* de la République et dont plusieurs doivent être consacrés aux *Deliberazioni del Consiglio dei* XL... *Les Senato Misti* (délibérations du Sénat) sont également en cours de parution : les registres des délibérations du *Maggior Consiglio* (jusqu'en 1299) ont été publiés, en 3 vol., par R. Cessi.

– Un florilège d'actes et traités importants a paru dans les *Fontes Rerum austriacarum* t. XII et XIII, par Tafel et Thomas, ou dans le *Diplomatarium veneto levantinum*.

- R. Morozzo della Rocca et A. Lombardo ont publié des documents commerciaux : *Documenti del commercio veneziano nei secoli* XI-XIII, Turin, 1940, et *Nuovi documenti del commercio veneto*, 1953.

- Les fonds notariés ont fourni le *Imbreviature di Pietro Scardon*, éd. A. Lombardo Turin, 1941 ; le registre de *Benvenuto da Brixano*, éd. Morozzo della Roca, Venise, 1950, celui de *Moretto Bon, notario a Venezia, Trebizonda e Tana* (1403-1408) éd. S. Colli, Venise, 1963 ; le dernier registre publié dans la série des *Fonti per la storia di Venezia* est celui de Bernardo de Rodulfis (1392-1399), éd. G. Tamba, 1974.

– Enfin, les règlements des corporations ont été édités en partie par G. Monticolo et E. Besta, *I capitolari delle arti veneziane*, Rome, 1896-1914 ; et au moins un livre de comptes de marchand vénitien, *El libro de Giacomo Badoer*, par U. Dorini et T. Bertelè, Rome, 1956.

– Depuis les *Cronache veneziane antichissime*, par les soins de Monticolo, de nombreuses chroniques médiévales ont été publiées : la plus importante, dite la chronique Morosini, qui date du début du XVe siècle (vers 1433), l'a été partiellement par Dorez et Lefebvre-Pontalis, *Extraits de la chronique Morosini relatifs à l'histoire de France*, 4 vol., Paris, 1898-1902 ; et de même, celle de Giorgio Dolfin par Thomas en 1868 dans les *Sitzungberichte* (Hist. Klasse) de l'Académie de Munich. Les *Annali* de Malipiero, éd. en 1843, par A. Sagredo, dans *Archivio Storico italiano*, couvrent les années 1457-1500.

– Les *Diari* de G. Priuli, allant de 1494 à 1512 ont paru dans les *Rerum italicarum scriptores*, grâce à A. Segre et R. Cessi. Mais le monument du genre est l'ouvrage considérable de Marin Sanudo (les *Diari*) qui, pour les années 1496-1533, a été publié en 42 vol., par Barozzi et Berchet.

– Parmi les autres types de sources, citons D. Olivieri, *Toponomastica veneta*, 1962 ; E. A. Cicogna, *Delle iscrizioni veneziane*, 6 vol., Venise, 1824 sq ; N. Papadopoli, *Le monete di Venezia* 1893, etc.

Bibliographie

OUVRAGES GÉNÉRAUX

La monumentale *Geschichte von Venedig* de H. Kretschmayr (3 vol. Gotha-Stuttgart, 1905-1934) n'est pas encore remplacée. La *Storia di Venezia*, commencée en 1956 et prévue en 96 volumes, semble interrompue après le tome III ; elle est fondamentale pour la période des origines jusqu'en 1381. On dispose depuis 1973 du livre de F. C. Lane, *Venice, A. Maritime Republic*, Baltimore-Londres, traduction italienne, *Storia di Venezia*, Einaudi, 1978 et traduction française, *Venise, une République maritime*, Flammarion, 1985.

Excellents aperçus, plus sommaires, dans R. Cessi, *Storia della Republica di Venezia*, 2 vol., Milan 1944-46 ; Brunetti-Lorenzetti, *Venezia nella storia e nell' arte*, Venise, 1950. L'ouvrage de Ch. Diehl, *Une république patricienne*, Venise-Paris, 1915, rééd. 1967, est bon mais un peu ancien ; A. Bailly, *la République de Venise*, Paris, 1946 et Alain Zorzi, *la République du Lion*, Paris, 1988, sont passionnés et utiles.

La meilleure initiation en français, est le petit ouvrage de F. Thiriet, *Histoire de Venise*, Paris, 1952, rééd. 1965. D. S. Chambers, *The Imperial Age of Venice, 1380-1580*, Londres, 1970. Des œuvres fort anciennes mais très sérieuses fournissent une mine de renseignements : ainsi Romanin, *Storia documentata di Venezia*, 10 vol., 1853, rééd. 1925 ; et même Daru, *Histoire de la République de Venise*, 10 vol., 1810 ; ou Fabio Mutinelli, *Annali Urbani di Venezia* (810-1797), 1841.

Fondamental apparaît également l'ouvrage, plusieurs fois réédité, de Pompeo Molmenti. *La Storia di Venezia nella vita privata dalle origini alla caduta della Republica*, 3 vol., 7e éd. Bergame, 1927.

Sur des sujets plus restreints, on peut signaler, comme descriptions générales, James Morris, *Visa pour Venise*, 1964; J. Rudel, *Nous partons pour... Venise*, 1965; Michelangelo Muraro, *Initiation à Venise*, 1963. Le guide rouge du Touring Club Italiano, *Venezia*, 1951, rééd. 1956; la vieille *Guida artistica e storica di Venezia e delle isole circonvicine*, Venise, 1881; ou M. Mac Carthy, *Venise connue et inconnue*, Lausanne, 1956. Ne pas oublier les publications de la *Fondation Cini*, qui forment de remarquables collections, toutes consacrées à Venise; ni les revues *Archivio Veneto*, *Nuovo Archivio Veneto*, *Studi veneziani*, *Ateneo Veneto*... et les revues locales couvrant les 3 Vénéties (par ex. *Archivio Veneto Tridentino*).
Les problèmes posés par le site de Venise sont surtout mis en lumière par la *Storia di Venezia*, tome I, 1956; par le numéro spécial de *The Unesco Courier*, décembre 1968, sur *Venice in Peril*; et par le rapport de l'UNESCO, *Sauver Venise*, Paris, 1971. Nombreux détails dans *Venise et ses lagunes* de P. Molmenti, 1929, et l'ouvrage collectif, *Venise au temps des galères*, 1968. Voir aussi J.-C. Hocquet, *Histoire et cartographie. Les salines de Venise et de Chioggia au Moyen Age*, Atti dell'Istituto Veneto di Scienze, Lettere ed Arti, t. CXXVIII, 1970, 525-574.

LE DYNAMISME VÉNITIEN

Les débuts de Venise (jusqu'aux croisades) sont bien étudiés dans les ouvrages généraux auxquels on peut ajouter : R. Cessi, *Documenti relativi alla storia di Venezia anteriori al Mille*, Padoue, 1942-43.

Marins et marchands :
L'ouvrage fondamental est G. Luzzatto, *Storia economica di Venezia*, Venise, 1961 (excellente bibliographie), mais il faut l'étoffer par les œuvres de J. Sottas, *les Messageries maritimes vénitiennes*, Paris, 1938; de F. C. Lane, *Venice and history*, Baltimore, 1966 (recueil de ses principaux articles); et *Andrea Barbarigo, merchant of Venice*, Baltimore, 1944; de C. Manfroni, *Storia della marina italiana dalle invasioni barbariche al trattato di Ninfeo*, Livourne, 1899; de H. Simonsfeld, *Der Fondaco dei Tedeschi in Venedig*, 2 vol., Stuttgart, 1887.
Excellents aperçus dans Y. Renouard, *les Hommes d'affaires italiens du Moyen Age*, 2e édition, 1968; *les Villes d'Italie de la fin du Xe au début du XIVe siècle*, Paris, 1969.
Sur le commerce du sel, mais aussi sur le fonctionnement de la vie économique et le trafic maritime, J.-C. Hocquet, *Le Sel et la Fortune de Venise : I, Production et Monopole ; II, Voiliers et Commerce en Méditerranée 1200-1650*, Lille, 1978-1979.
Sur institutions et pratiques financières, F. C. Lane et R. C. Mueller, *Money and Banking in Medieval and Renaissance Venice*, I, Baltimore-Londres, 1985.

Les Vénitiens et les frontières du monde :
Les explorateurs vénitiens ont été étudiés par P. Zurla, *Di Marco Polo e degli altri viaggiatori veneziani piu illustri*, Venise, 1818; ou G. Marinelli, *Venezia nella storia della geographia cartografica ed esploratrice*.
On trouvera de nombreux éléments dans le tome II (par M. Mollat) de l'*Histoire des explorations*; ou dans *l'Expansion européenne du XIIIe au XVe siècle* par P. Chaunu, Paris, 1969. En 1955 a paru à Venise un volume consacré au 7e centenaire de la naissance de Marco Polo; la même année, M. Hambis publiait une excellente édition de la *Description du monde*; signalons l'étude de L. Olschki, *L'Asia di Marco Polo*, Florence, 1957. Ca' da Mosto a été plus récemment étudié par son éditeur T. Gasparrini-Leporace, 1966; et par W. Brulez dans le *Bulletin de l'Institut historique belge de Rome*, 1968.

Sur l'histoire de la colonisation :
On trouvera dans les études de Ch. Diehl, de R. Janin, des descriptions et études topographiques des colonies étrangères, en particulier vénitiennes, à Constantinople. La meilleure étude d'ensemble, sur le plan du droit et de la vie économique, demeure : W. Heyd, *Le colonie commerciali degli Italiani in Oriente nel Medioevo*, 3 vol., Venise, 1868.
Des vues intéressantes sur les principes de la colonisation vénitienne, dans : B. Dudan, *Il dominio veneziano di Levante*, Bologne, 1938.
Plus précises dans leur objet, plus pénétrantes aussi, sont les études suivantes : R. Cessi, *La Repubblica di Venezia ed il problema adriatico*, Naples, 1953, qui expose la politique suivie pendant des siècles en Adriatique et sur ses rives par Venise; G. Luzzatto, *Capitalismo coloniale nel Trecento*, *Studi di Storia economica veneziana*, Padoue, 1954,

p. 117-124, qui traite essentiellement des Corner, et de leur implantation dans l'île de Chypre; F. Thiriet, *la Romanie vénitienne au Moyen Age; le développement et l'exploitation du domaine colonial vénitien (XIIe-XVe siècle)*, Paris, 1959. C'est un ouvrage fondamental, particulièrement riche et précis en ce qui concerne la Crète.

Demeurent fort utiles les ouvrages suivants :
E. Gerland, *Histoire de la noblesse crétoise au Moyen Age*, Paris, 1907; G. Gerola, *Monumenti veneti nell'isola di Creta*, 5 vol., Venise, 1905; L. de Mas Latrie, *Histoire de l'île de Chypre sous la maison des Lusignan*, Paris, 1852, 3 vol.; *id.*, « Les ducs de l'Archipel », *Miscellanea di Storia Patria per le Venezia IV*, Venise, 1887; H. Noiret, *Documents pour servir à l'histoire de Crète sous la domination vénitienne (1380-1485)*, Paris, 1895.

Sur les problèmes que pose l'économie vénitienne à partir de la fin du Moyen Age, on a utilisé les relations des ambassadeurs vénitiens à Constantinople, les documents publiés par V. Lamansky, *Secrets d'État de Venise*, Saint-Pétersbourg, 1882; les admirables pages que consacre à cet immense sujet F. Braudel, *La Méditerranée et le monde méditerranéen à l'époque de Philippe II*, Paris, 1949, 3e éd. 1976, *passim*.
Signalons les rapports présentés au Congrès de Venise et publiés sous le titre *Aspetti et cause della decadenza economica veneziana nel secolo XVII*, Venise, 1961; et en particulier C. Livi, D. Sella, U. Tucci, « Un problème d'histoire : la décadence économique de Venise », p. 287-317. La question a été reprise, dans l'un de ses derniers articles, par G. Luzzatto, « L'economia veneziana nei secoli '400 e '500 », *Bergomum* 38, 1964. Elle a été également traitée par J. J. Wolf, « Problems of the Change from commercial to landed activities », dans le volume d'études réunies par B. Pullan sous le titre *Crisis and Change in the Venetian Economy in the 16th and 17th Centuries*, Londres, 1968. R. T. Rapp, *Industry and Economic Decline in Seventeenth century Venice*, Londres, 1976.

Sur le commerce international de Venise à l'époque moderne, citons : P. Sardella, *Nouvelles et spéculations à Venise au début du XVIe siècle*, Paris, 1948; M. Aymard, *Venise, Raguse et le commerce du blé pendant la seconde moitié du XVIe siècle*, Paris, 1966; U. Tucci, *Lettres d'un marchand vénitien, Andrea Berengo* (1553-1556), Paris, 1957; V. Magalhaes-Godinho, *L'Économie de l'Empire portugais aux XVe et XVIe siècles*, Paris, 1969; Ph. Braunstein, A propos de l'Adriatique (XVI-XVIIIe siècles), *Annales E.S.C.* 1971.
Sur l'industrie vénitienne :
D. Sella, *Commerci e industrie a Venezia nel secolo XVII*, Venise, 1961.

Sur la population et la vie rurale :
D. Beltrami, *Storia della popolazione di Venezia dalla fine del secolo XVI alla caduta della Republica*, Padoue, 1954; *Saggio di storia dell' agricoltura nella Repubblica di Venezia durante l'età moderna*, Venezia, 1955; *Forze di lavoro e proprietà fondiaria nelle campagne venete dei secoli XVIIe-XVIIIe*, Venezia, 1961. A. Ventura, « Considerazione sull'agricoltura veneziana e sulla accumulazione originaria del capitale nei secoli XVIe-XVIIe », *Studi Storici*, 1968. Les recherches de J. Georgelin ont apporté matériaux et points de vue nouveaux sur l'économie rurale en Vénétie à la fin de l'ancien régime, par exemple : « Une bonification dans la « Bassa » frioulane (1779-1809) », *Studi Veneziani*, 1971. Cf. surtout son livre, *Venise au siècle des Lumières*, Paris, 1978.
G. Fiocco, *Alvise Cornaro e il suo tempo*, Vicence 1965, présente des textes fort intéressants de ce spécialiste de l'hydraulique et de la bonification.

Sur la marine vénitienne :
G. Luzzatto, « Per la storia delle costruzioni navali a Venezia nei secoli XVe-XVIe », *Studi di Storia economica veneziana*, Padoue, 1954, p. 37-52. F. C. Lane, *Venetian Ships and Shipsbuilders of the Renaissance*, Baltimore, 1934; éd. française, *Navires et constructeurs à Venise pendant la Renaissance*, Paris, 1965. A. Tenenti, *Naufrages, corsaires et assurances maritimes à Venise d'après les notaires Catti et Spinelli*, Paris, 1959; *Venezia ed i corsari*, Bari, 1961; *Cristoforo da Canal et la marine vénitienne avant Lépante*, Paris, 1962.

Sur la diplomatie vénitienne et la politique internationale, signalons, outre le livre de F. Ganshof, *Histoire des relations internationales*, I, 1953, G. Volpe, *La Repubblica di Venezia e i suoi ambasciatori*, Milan, 1928. F; Chabod, Venezia nella politica italiana ed europea del Cinquecento, *Civiltà veneziana del Rinascimento*, Florence, 1958; D. E. Queller, *Early Venetian Legislation on Ambassadors, Travaux d'humanisme et Renaissance*, 88, Genève, 1966. W. J. Bouwsma, *Venice and the defense of Republican Liberty*, Berkeley, 1968.

Sur la politique de Venise à l'égard des Turcs, on a utilisé au premier chef les relations

des ambassadeurs vénitiens à Constantinople, telles qu'elles ont été publiées par Alberi, *Relazioni Venete...*, vol. 12, 13 et 14.
Pour la période antérieure à la disparition de l'Empire byzantin : F. Thiriet, *Régestes des délibérations du Sénat de Venise concernant la Romanie*, Paris-La Haye, 1958-1962. M. Silberschmidt, *Das orientalische Problem zur Zeit der Entstehung des türkischen Reiches nach venezianischen Quellen* (1381-1400) Leipzig-Berlin, 1923.
Pour la période postérieure à la chute de Constantinople : F. Thiriet, « Les lettres commerciales des Bembo et le commerce vénitien dans l'Empire ottoman à la fin du XVe siècle », *Studi in onore di A. Sapori*, Milan, 1957. P. Coles, *The Ottoman Impact on Europe*, Londres, 1968; trad. française : *la Lutte contre les Turcs*, Paris 1969. P. Preto, *Venezia e i Turchi*, Florence, 1975.

LES SOLIDARITÉS VÉNITIENNES

Institutions et société :
On dispose en français, après les livres de Bailly, Diehl, Alazard, d'une bonne vision d'ensemble grâce à A. Tenenti, « La Sérénissime République », in *Venise au temps des galères*, Paris, 1968; mais il est toujours utile de se référer à A.T.L. de Saint-Didier, *la Ville et la République de Venise*, Paris, 1680 (réédition en 1891). L'analyse de H. Kretschmayr manque parfois de précision; il faut recourir à Maranini, *La costituzione di Venezia dalle origini alla serrata del Maggior Consiglio*, Venise, 1927; *... dopo la serrata del Maggior Consiglio*, *ibid*, 1931, nouvelle édition 1974. Sur les formes de la vie publique, E. Muir, *Civic Ritual in Renaissance Venice*, Princeton, 1981.

Sur les pouvoirs du doge, voir : A. da Mosto, *I Dogi di Venezia nella vita publica e privata*, Milan, 1960; et la remarquable étude de A. Pertusi sur les insignes du pouvoir ducal : « Quaedam regalia insignia. Ricerche sulle insegne del potere ducale a Venezia durante il Medioevo », *in Studi Veneziani*, VII, 1965, p. 3-123.

Sur les conseils et la noblesse qui les peuple, on peut consulter l'article ancien de B. Cecchetti, « I nobili e il popolo di Venezia », *Archivio Veneto* III, 1872; les études de M. Merores, en particulier « Der venezianische Adel », *Vierteljahrschrift für Sozial- und Wirtschaftsgeschichte*, 19, 1926; l'étude de E. Besta, *Il Senato veneziano*, Venise, 1897; G. Fasoli, « Comune Veneciarum », *in Venezia dalla prima Crociata alla conquista di Costantinopoli*, Florence, 1965. Une vue d'ensemble suggestive sur l'évolution des institutions vénitiennes en rapport avec l'évolution économique et sociale est donnée par G. Cracco, *Società e Stato nel Medioevo veneziano (secoli XII-XIV)*, Florence, 1967; les conclusions de l'auteur vont dans le sens qu'indiquait pour la Terre Ferme et pour la fin du Moyen Age, A. Ventura, *Nobiltà e popolo nella società veneta del' 400*, Bari, 1964. Voir aussi J. Cusham Davies, *The Decline of the Venetian Nobility as a Ruling Class*, Baltimore, 1962.

Sur le peuple des métiers et la politique « sociale », voir les travaux de B. Pullan, surtout *Rich and Poor in Renaissance Venise, The Social Institutions of a Catholic State, to 1620*, Oxford, 1971.

Sur les Juifs vénitiens, C. Roth, *The Jews in Venice*, Philadelphie, 1930, et R. C. Mueller, « Les prêteurs juifs à Venise », *Annales E.S.C.*, 1975; et surtout, les actes d'un congrès international, *Gli Ebrei e Venezia, secoli XIV-XVIII*, Milan ,1987.

Pour l'époque moderne, citons F. Seneca, *Il doge Leonardo Donà*, Padoue, 1969; et surtout G. Cozzi, *Il doge Niccolo Contarini. Ricerche nel patriziato veneziano agli inizi del Seicento*, Venezia-Roma, 1958, portrait d'un groupe social, qui dépasse largement les limites biographiques; l'importance des problèmes religieux dans la politique intérieure et extérieure de Venise au XVIIe siècle apparaît dans les études consacrées à P. Sarpi, ainsi F. Chabod, *La politica di Paolo Sarpi*, Venise, 1962; ou dans la longue préface de A. Stella aux relations des nonces à Venise, *Chiesa e Stato nelle relazioni dei nunzi pontifici a Venezia*, Rome, 1964.
Sur un point particulier, élection et vénalité des charges, signalons l'article de R. Mousnier, « le Trafic des offices à Venise », *Revue historique de droit français et étranger*, 1952.

Vie intellectuelle et artistique :
Les aperçus généraux et les études particulières abondent; aux chapitres que lui consacrent Kretschmayr et, à l'époque de la Renaissance, Alazard, ajoutons deux exposés d'en-

semble : A. Rochon, « Scolastique et humanisme », et J. Rudel, « La plus triomphante des cités », dans le volume collectif, *Venise au temps des galères*, Paris, 1968.
Signalons aussi les volumes publiés par la Fondation Cini dans la série *Civiltà europea e civiltà veneziana* sur les apports de l'Orient à Venise, sur l'humanisme ou sur le baroque, et les livres suivants : M. Valsecchi, *la Peinture vénitienne*, Paris, 1954. R. Pallucchini, *La pittura veneziana del Trecento*, Venise-Rome, 1964; *La pittura veneziana del Settecento*, Venise-Rome, 1960. Nous sommes particulièrement redevables au livre de G. Francastel, *l'Art de Venise*, Paris, 1963, dont la bibliographie donne les titres essentiels pour chaque période de la peinture jusqu'au XVIIe siècle.

Nous nous contenterons d'indiquer ici quelques titres :
O. Demus, *The Church of San Marco in Venice. History, Architecture, Sculpture*, Washington, 1960; *Bisancio e la pittura a mosaico del Duecento a Venezia, Venezia e l'Oriente, Civiltà europea e civiltà veneziana* 4, Florence, 1966, p. 103-116; B. Nardi, *La scuola di Rialto e l'umanesimo veneziano, Umanesimo europeo e umanesimo veneziano, Civiltà europea e civiltà veneziana* 2, Florence, 1963, p. 93-140; R. Wittkower, *L'Arcadia e il giorgionismo, Umanesimo europeo...*, p. 473-484; P. Zampetti, *L'Oriente del Carpaccio, Venezia e l'Oriente...*, p. 511-527; H. Tietze, *Titien*, Vienne, 1936; R. Pallucchini, *La giovinezza di Tintoretto*, Milan 1950; *Gli affreschi di Paolo Veronese a Maser*, Bergame, 1940, 1943. M. Muraro, « Palladio et l'urbanisme vénitien », *in l'Urbanisme parisien et l'Europe* (1600-1680), Paris, 1969, p. 211-217. G. Mazzotti, *Ville venete*, Rome, 1963, somme d'architecture et de culture vénitiennes. O. Logan, *Culture and Society in Venice. The Renaissance and its Heritage*, Londres, 1972. J. R. Hale (éd.), *Renaissance Venice*, Londres, 1973. Dans l'excellente collection « Tout l'œuvre peint », *Les Classiques de l'Art* (Flammarion), les volumes consacrés à Mantegna, Bellini, Giorgione, Titien, Véronèse et Tintoret.

Venise et son reflet :
Aux ouvrages généraux, déjà cités, on peut ajouter : J. Alazard, *la Venise de la Renaissance*, Paris, 1956; E. R. Labande, *l'Italie de la Renaissance*, Paris, 1954; l'ouvrage collectif, *Venezia nelle letterature moderne*, Venise, 1955. M. Jonnard, *la Vie quotidienne à Venise au XVIIIe siècle*, 1963; S. Muratori, *Studi per una operante storia urbana di Venezia*, 1959. Une belle introduction aux monuments de Venise et à leur histoire, E. Trincanato-U. Franzoi, *Venise au fil du temps*, éd. Cuénod, 1971. G. Perocco-A. Salvadori, *la civiltà Veneziana*, 3 vol., Venise, 1972-1976. B. Jestaz, *la Chapelle Zen à Saint-Marc de Venise*, Stuttgart, 1986.

Sur l'œuvre de G. Bellini, N. Huse, *Studien zu Giovanni Bellini*, Berlin-New York, 1972. L. Puppi et alii, *Architettura e utopia nella Venezia del Cinquecento*, Milan, 1980; sur l'iconographie du palais ducal, W. Wolters, *Der Belderschmuck des Dogenpalastes*, Wiesbaden, 1983; sur la peste à Venise et ses images : *Venezia e la Peste, 1348-1797*, Venise, 1979.

Un ouvrage fondamental : S. Settis, *la Tempesta interpretata*, Milan, 1978, traduction allemande, 1984, traduction française: *l'Invention d'un tableau, la Tempête de Giorgione*, Minuit, 1987.

Table

Le « miracle vénitien »

Le dynamisme vénitien

Les solidarités vénitiennes

Illustrations

B.N. : cv. 30b, 40, 50, 58, 68, 70, 73, 74/75, 89, 90/91, 104, 105, 111b, 125, 138. - B.N. Seuil : 20, 69, 85, 142a, b, 183, 184, 185, 197, 198, 199, 221a. - Bibliothèque du Vatican : 45. - Bulloz : 22, 120/121, 186, 213, 216, 217. - Collection Guillaume Budè : 99. - André Martin/Delpire : 18/19. - Giraudon : 30a, 117, 130, 148, 179, 212, 225. - Alinari/Giraudon : 143. - Anderson-Giraudon : 143, 152, 174, 175, 177, 187, 221b, 226. - Anderson : 152. - G. Berengo-Gardin : 6/7, 128/129, 240. - R. Jullian : 239a, b. - Lotti/Mondadori : 231a. - Musée Correr : 110, 122, 137, 160, 161. - Réalités : 190/191. - Rapho : 166. - Roger Viollet : 84, 116. - UNESCO/A.T.L. : 8, 232, 233, 238.
D'après J. Goimard, *Venise au temps des galères :* 55, 208. - D'après F. Thiriet, *la Romanie vénitienne :* 53, 88. - D'après *Rapporto su Venezia :* 12. - F. C. Lane, *Navires et constructions à Venise pendant la Renaissance :* IIa. - G. Malipiero : *Antonio Vivaldi il prete rosso :* 214. - P. Molmenti : *la Storia di Venezia nella vita privata :* 28, 41, 231b. - S. Muratori, *Studi per una operante storia urbana di Venezia :* 202, 205.

Travaux photographiques : R. Bardet, F. Duffort.

IMPRIMERIE TARDY QUERCY S.A. A BOURGES (2-89)
DEPOT LÉGAL 2e TRIM. 1971 - No 2820-6 (14994)

Collection Points

SÉRIE HISTOIRE

DERNIERS TITRES PARUS